潮起潮落

帝国海关秘辛

CHAOQI-CHAOLUO
DIGUO HAIGUAN MIXIN

杨智友◎著

看百年海关起落兴衰
阅近代中国风云变幻
一宗海关档案，半卷晚近通史

中国海关出版社有限公司
中国·北京

图书在版编目（CIP）数据

潮起潮落：帝国海关秘辛/杨智友著．—北京：中国海关出版社，2019.4
ISBN 978-7-5175-0351-4

Ⅰ.①潮… Ⅱ.①杨… Ⅲ.①海关—历史事件—研究—中国—近代
Ⅳ.①F752.59

中国版本图书馆 CIP 数据核字（2019）第 056615 号

潮起潮落：帝国海关秘辛

CHAOQI-CHAOLUO：DIGUO HAIGUAN MIXIN

作　　者：杨智友
策划编辑：史　娜
责任编辑：黄华莉
出版发行：中国海关出版社有限公司
社　　址：北京市朝阳区东四环南路甲 1 号　　邮政编码：100023
网　　址：www.hgcbs.com.cn
编 辑 部：01065194242-7531（电话）　　01065194231（传真）
发 行 部：01065194221/27/38/46（电话）　　01065194233（传真）
社办书店：01065195616（电话）　　01065195127（传真）
http://www.customskb.com/book（网址）
印　　刷：北京鑫益晖印刷有限公司　　经　　销：新华书店
开　　本：710mm×1000mm　1/16
印　　张：17.5　　字　　数：260 千字
版　　次：2019 年 4 月第 1 版
印　　次：2019 年 4 月第 1 次印刷
书　　号：ISBN 978-7-5175-0351-4
定　　价：48.00 元

序

历史写作不仅仅是对历史的书写，更是对历史的思考乃至阐释。遍观当下图书，当“史学书籍”变得越来越有“史”无“学”时，如何站在新的高度来译解或诠释历史，成为一个新的命题。由中国海关出版社有限公司推出的《潮起潮落：帝国海关秘辛》《潮起潮落：民国海关秘辛》即将付梓，确实带给我们不一样的惊喜。

中国近代海关为外籍税务司所掌控，实乃近代西方与中国关系的缩影，其管理范围非常广泛，业务相当庞杂，渗透到各个领域，在中国近代史上占有独特的重要地位；海关经办的业务和活动，涉及近代中国财政史、对外贸易史、港务史、洋务史、外交史等多门学科。因此，海关史研究既是探究中国现代性全球起源的一扇窗口，亦是管窥中国近代史堂奥的一面镜子。尽管中国近代海关史的研究已有时日，取得了累累硕果，但海关历史文化的探究是一项综合性工作，不仅需要学术争鸣，多出成果，还应该不遗余力地进行专门史的普及工作，将严肃的学术以更大众化的方式呈现于社会。因为，要让更多的人了解历史、喜欢历史，就必须使用他们更易接受的方式。从某种意义而言，这种工作或许更为重要。再精美的镜子，如果在小众的象牙塔里搁久了，也有生锈之虞。

杨智友先生的《潮起潮落》系列图书，就其篇幅而言，确实不能算鸿篇巨制，但就是这两本他自谦为“普及读本”的“小册子”，却称得上是“严谨而又不失汉语之美”的佳作。该系列图书对中国近代海关制度的形成与运作，对海关所参与重大事件的历史背景、具体进程进行了翔实的梳理，不仅深入考察了晚清到近代以来中央政府及地方政权与海关之间的互动关系，还深刻揭示了海关外籍税务司制度的分裂危机，探讨了中国在收回海关权益方面所作出的努力。而且，该系列图书结构考究，通过大大小小的海关事件，巧妙地串联勾勒出晚清到民国时期整个海关历史，并透过海关视野，提供了一个观察那个时代的视角，呈现出独特的晚清与民国历史镜像。

书名中的“海关秘辛”，绝非时下诸多书刊封面上夺人眼球的“噱头”，而是“名副其实”。全书有关中国近代海关变迁的史事构建，均以海关自身历史档案和海内外相关机构藏档为基础。正如我们所知，厦门大学1985年即成立了中国海关史研究中心，成为海关史研究的重镇；中国第二历史档案馆是收藏中国近代海关档案最多且全的中央级国家档案馆。作者既是厦门大学中国海关史专业毕业的硕士生，又在第二历史档案馆坐了不止十年的“冷板凳”，功底扎实，笔耕不辍。其学历专长与工作环境密切结合，加上自身的刻苦，厚积薄发，自是水到渠成。尤其是近年来作者明显发力，除出版多部专著外，尚有大量作品见诸文史刊物、新媒体专栏。

作为杨智友先生多年来史海遨游、档房寻宝的结晶，该系列图书的另一特色也值得与大家分享。我们不难看出，作者捻字成文，娓娓道来，通过新史料、新方法的运用，对重点海关事件与人物作了更深入细致的探讨，其评价进一步趋向客观，深化拓展了这一领域的研究。如对于那些曾在中国这片土地上叱咤风云的洋客卿，无论是名闻遐迩的赫德、戈登，还是一般读者比较陌生的李泰国、丁韪良，均提供了出版物中甚少述及的“秘辛”；而对于奕訢、李鸿章、孙中山、唐绍仪、顾维钧、阎锡山这些风云人物与海关的交集，也有颇多新的发现；至于张福运和丁贵堂这两位对中国近代海关贡献良多的人物，作者也尽其所能，填补了学界有关其著述的空白。

虽然相较于盘根错节、包罗万象的中国近代海关变迁进程而言，书中提及的各桩海关事件确实只能是掠影，但在流畅而生动的文笔之下，体现出的不仅是作者阐释宏大历史题材中钩沉稽古、串珠连玑的功力，更是时刻不忘与读者分享中国历史文化深厚底蕴的情怀。

是为序。

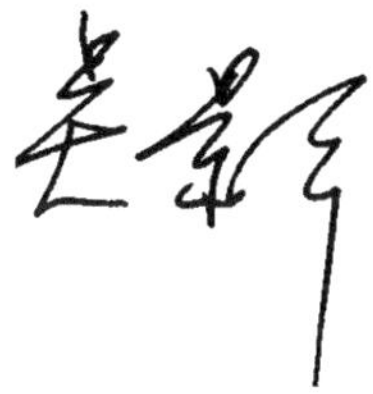

复旦大学历史系教授

2019 年 3 月

出版前言

中华人民共和国海关关徽是由商神杖与金黄色钥匙交叉组成的。商神杖是古希腊神话中商神赫尔墨斯的手杖，传说可以点石成金，被世人视为商业及国际贸易的象征；金钥匙则寓意国门钥匙，象征海关把守国家经济大门。然而，那一段海关主权旁落的耻辱历史，令每一个中国人刻骨铭心。

1840 年，第一次鸦片战争爆发，西方列强凭借坚船利炮，敲开了闭关锁国的清王朝大门。中英《南京条约》等一系列不平等条约的签署，催生出海关外籍税务司制度。这种骑着大炮炮管进来的制度，将原本独立自主的中国近代海关彻底异化。明明是清政府的行政机关，却在洋员的管理之下——1859 年到 1949 年，掌控中国近代海关的五任总税务司为 4 个英国人和 1 个美国人。中国的国门不是由中国人看守，而是由外国人把持！中国海关主权一点点被蚕食殆尽，陆上国门破碎，海上门户洞开，中国陷入半殖民地半封建社会的深渊。

中国近代海关因实行外籍税务司制度，故被形象地称为“洋关”。及至民国以降，这种制度依然尾大不掉，西方列强继续以海关为据点，干涉中国的内政外交，攫夺诸多与海关无关的特权。为实现关税自主，自清末以来直至中华人民共和国成立，历届中国政府都与列强进行过这样或那样的较量，也逐步收回了部分海关权益。中华人民共和国成立后，海关主权才真正全部重新回到中国人民手中，正如 1950 年“五一”国际劳动节时，中央人民政府副主席刘少奇庄严地宣告：“我们已把中国大门的钥匙，放在自己的袋子里!”

岁月不居，时节如流。2019 年是中华人民共和国成立 70 周年，在这个具有特殊意义的纪年，中国海关出版社以中国近代海关历史变迁为主题，重磅推出《潮起潮落》系列图书作为献礼。一部海关史，就是国家和民族发展历程的缩影，既见证了国运的兴衰浮沉、民族的成败荣辱，又昭示了这样一个朴素的真理：落后就要挨打，只有国家真正强大，才能永保国门不失。

作者杨智友先生是中国第二历史档案馆研究馆员，其主要研究方向和学术兴趣是中国近代海关史。在作者看来，相对高冷的学术也应该有温度，为了能写出吸引和感染公众的作品，近年来，他作出了可贵的探索和不懈的努力，除了以海关主题发表文章、撰写专栏外，还出版了一系列海关史专著。《潮起潮落》这部融学术、审美、阅读享受于一体的史著，则凭借考据的严谨审慎，文笔的隽永酣畅，结构的精巧别致，堪称其非虚构性历史书写的代表作。

如果说历史的骨架是事件，那么其灵魂则在于人物。杨智友先生的《潮起潮落》以海关事件为切入点，以海关人物为线索，透过全新的海关视角，重新解读重大历史事件，让读者反思历史、观照现实。在《潮起潮落：帝国海关秘辛》中，作者依据海关史料和清廷档案，参阅国内外学者的论著以及众多当事人如李泰国、赫德、郭嵩焘、斌椿等人的日记和书信，对海关洋员参与的一系列晚清重大历史事件进行了梳理，但凡鸦片战争、英法联军侵华、太平天国运动、洋务运动，以及边疆危机、中法战争、戊戌变法、义和团运动等，均有涉及。作者紧扣人物和事件最紧要的特点，将这段复杂的历史娓娓叙来，以小见大、以真证伪、以文说史，不仅披露了一些鲜为人知的历史事件，还力争将陈旧题材写出新意。该书在全景展现晚清海关风云变幻的同时，也折射出海关视野里波诡云谲的历史镜像。

《潮起潮落：民国海关秘辛》则以孙中山、唐绍仪、顾维钧、阎锡山、张福运、丁贵堂这六位民国风云人物参与的海关事件为切入点，不仅深入考察了民国时期地方政权与外籍税务司控制下的海关之间的互动关系，还深刻揭示了国民党内部的矛盾斗争以及外籍税务司海关制度的分裂危机，全景展现了收回海关主权的艰难历程。作者独具慧眼，通过大大小小的海关事件，将读者带入彼时的历史情境，使其感受民国时期从共和肇建到军阀割据，从北伐洪流到抗战军兴，直至中华人民共和国成立这段时期内一幕幕波澜壮阔的历史大事件。作者除凭借“引子”部分对晚清到民国的海关历史进行串联外，还对唐绍仪这个“两朝元老”进行了着力刻画，从而使该系列图书的内容衔接更为自然。

本系列图书是作者在广泛地占有第一手史料包括学界最新研究成果之后，经精心梳理、鉴别、取舍才投入创作的。全书因史料的丰富、扎实而显得生动丰满，对重要历史人物和重大历史事件的描写忠于史实、定位准确，结合精准的历史叙事，使全书具备一种真正经得起历史检验的品质。诚如本书的推荐者，著名学者王奇生先生所言，“作者在他的创作世界里，俨然是一个王者，自信满满地统驭史料，驾驭文字，带领我们穿越百年海关风云，身临海关事件的历史语境”。民国史大家吴景平先生亦欣然为本系列图书作序，实令本系列图书增色不少，在此一并表示感谢。

由于审校者水平有限，本系列图书难免存在漏误或欠妥之处，烦请读者见谅并不吝指正，以便再版时更正完善。

中国海关出版社
2019 年 3 月

目录

扫码注册
免费听书

引子

为皇家金库充当“看门狗”

李泰国死了。

▲第一任海关总税务司李泰国

彼时，这个不到弱冠之年便远涉重洋闯荡的英国人，早已穷困潦倒，“晚年处境凄凉”。或许，死亡是他最好的解脱。在这座拥有600万人口的大英帝国首都，李泰国之死，和任何一个普通的伦敦人一样，不会泛起一丝涟漪，而不是像他自视的，如一个高贵的英国绅士那样引人瞩目。除了他的至亲，没有一个人在意他的离世。

这一年，是1898年。总会有那么一小部分不怎么健忘的英国人，依稀记得他曾经给大不列颠带来的荣光。尽管斯人已去，他所奠定的海关外籍税务司制度，还将在那个遥远的东方帝国，运行半个世纪。

的确，李泰国建功立业的所在，正是“中华帝国”。他在中国近代海关的9年，正是他人生中最精彩的华章。不过，就像一首诗所描述的，他“在五月就挥霍了整个夏季”。

伟大姓氏

1847 年 7 月 29 日，当稚气未脱的 Horatio Nelson Lay（以下简称H. N. Lay）带着弟弟抵达香港，他的第 15 个生日仅仅过了两天。那时的香港，已是英国管理下的殖民地，这个“不甚开发而美丽的地方，对外国人来说，生活并非十分舒适”①。但小 H. N. Lay 显然既无心抱怨，也无暇观光，因为他的中国之行只有唯一一个目的——谋生。

一年多前，他们的父亲，英国驻厦门领事馆领事 George Tradescant Lay 去世的噩耗传到伦敦。顶梁柱倒塌了，这个家庭随之陷入窘境，“贫困如洗”。他们的母亲，一个负担着 4 个孩子并有孕在身的女人，不得不作出这样的打算，将两个年长的儿子送来中国。

清政府签订城下之盟已经整整 5 年，却依然顶袭着康乾盛世的华衮，保持着最后的体面。就拿北京来说，这座人口 300 万，光是紫禁城面积就超过 1 平方英里的城市，比当时刚刚扩建的伦敦城足足要大三分之一。在一般英国民众看来，中国的富庶是那么令人垂涎，他们是自己国家发动的那场“通商战争”（鸦片战争）的直接受益者，不管是香港岛，还是那五处通商口岸，都是讨生活的好去处。

但谁又能想到，H. N. Lay，这个被迫辍学，原本只想谋口饭吃的少年郎，在 12 年之后因缘际会，居然当上了清王朝的第一任海关总税务司。

总税务司是中国近代海关的行政首长，风光显赫，权倾一时。在外籍税务司制度存在的近百年历史中，一共产生了 5 位总税务司，H. N. Lay 的任期最短，但作为开先河者，他的名字成为中英关系史和中国近代海关史上无法抹去的记忆。是的，他的确值得骄傲，正是他开创了“提供秩序、规章、利益和税收”的新型中国近代海关，但也是从他登上人生巅峰的那一天起，中国近代海关主权旁落的耻辱历史便开始了……

---

①（加）葛松著，中国海关史研究中心译：《李泰国与中英关系》，厦门大学出版社 1991 年版，第 14 页。

母凭子贵，骄傲的还有 H. N. Lay 的母亲，这位英国海军统帅霍雷肖·纳尔逊（Horatio Nelson）的后裔，一定陶醉于自己坚持给儿子取名“Horatio Nelson”。

纳尔逊，一个充满传奇的伟大姓氏。

还是在 1805 年的 10 月，英法大战的弥漫硝烟仍然笼罩着欧洲大陆。在西班牙海域，两支庞大的舰队迎来了决一死战的时刻。经过多天的追踪，英国地中海舰队终于盯上了法国、西班牙联合舰队。只见英国海军“胜利”号旗舰的尾楼甲板上，一位独臂独眼将军跃上桅杆，一声令下，英国军舰排列为两路纵队，犹如太极拳之“双峰贯耳”，同时击向法、西联合舰队。谈笑间，这位比海盗还要“海盗”的“双独”将军，指挥战舰酣战在血与火的海洋上。最终，英国人笑到了最后，取得了这场风帆战舰时代空前规模海战的辉煌胜利，自此奠定了日不落帝国的地位。

“胜利”号上带领英国人大获全胜的“海盗”将军，却不幸被法舰“敬畏”号上的步枪手击中。伟大的海战天才、身经百战仅剩独臂独眼的将军永远地倒下了。他就是纳尔逊，成为众人敬仰的海上英雄，被誉为“英国皇家海军之魂”。

将星陨落，精神不死。英国凭借着强大的海军纵横四海，英国海军的制度、传统、舰船设计，也深远地影响着全世界的海军，其中包括纳尔逊精神——不墨守成规，力争战场主动，不怕死，“逞勇斗狠”。

纳尔逊的在天英灵，会不会佑护着小 H. N. Lay 呢？不管怎样，身上流淌着正统纳尔逊血液的 H. N. Lay，似乎得到了纳尔逊精神的真髓，他用自己的表现，向世界证明了他配得上这个伟大的姓氏，而且将它变得更加光荣！

父子“同名”

年轻的 H. N. Lay 无法预知他有这样荣耀的未来。眼下，他和他的弟弟唯一要做的，便是珍惜现在师从香港商务监督署汉文正使郭士腊的机会，要知道，这可是母亲苦苦哀求才争取到的。所谓汉文正使，其实就是汉文文案[①]，大约相当于中文秘书。兄弟俩居住在亡父故友郭士腊正使的家里，潜心学习汉语，以作为将来谋生之手段，自立之门径。

原来，为了促进对华贸易，“女王陛下的政府每年花费 30000 英镑，维持设立 4 名领事，6 名副领事，12 名各级助理和 16 名中文写作人员或语言学家的人事机构——这些人都归在香港这块‘不毛岩石’上的女王陛下的贸易总督约翰·包令（John Bowring）爵士麾下掌管。此外还有 1 名汉文正使和 5 名翻译充任现职。和中国当局的来往就是通过他们进行的”。[②]

没有这些人，英国的利益无从谈起。

不过，这些官员常年背井离乡，“备受气候之害”，或病或死，减员严重。而“活下来的这个机构的成员都不得不回家休假一年至一年半”。为解决这种令人不安的状况，唯一途径看来就是派出见习译员，或隶属于在香港的总督，或分派到通商口岸的领事馆，以集中力量学习中文为目的，通过考试后，即可挣到 150 英镑的年薪。发展得好，甚至还有晋阶的可能。作为老师兼监护人，郭士腊对 H. N. Lay 谆谆告诫：“你是寡母的长子，理应负起重大的责任。你还应该以你伟大的祖先（指纳尔逊勋爵）为榜样，这位伟人从来不是什么受人提携的人，而是以自己的努力来赢得最高的荣誉！”[③]

这段话，少年 H. N. Lay 不仅听进了耳里，也埋在了心中。不然的话，他不会将老师的教诲工工整整地誊抄下来。历经百年沧桑后，这幸运的手抄本流转至今，成为我们可以谛听那个时代脉搏的珍贵档案。

既然 H. N. Lay 以通晓汉语为立身之本，日后在中国从讨生活到捞世界再到打天下，一路飞黄腾达，那么，这个在中国近代史上不得不提的人物，到底是谁呢？他的中文名字当然就是——李泰国。

“李”姓，是英文“Lay”的音译，这毫无争议，但神奇的是，他的汉

---

① 汉文文案（Chinese Secretary），是西方人的职衔。

② （美）布鲁纳、费正清、司马富编，傅曾仁等译：《步入中国清廷仕途——赫德日记（1854—1863）》，中国海关出版社 2003 年版，第 10 页。

③ 引自郭士腊撰写的备忘录，此为李泰国手写的抄本。

名到底是“泰国”还是“国泰”？正如这个传奇人物一样，多年来有关书刊各说不一，甚至在同一本书中，两名并存。著名历史学家、外交家蒋廷黻在其《近代中国外交史资料辑要》里就记载“查有英人李国泰，在上海帮办税务有年……”① 笔者倾向于前者，即“李泰国”。

不为别的，只因为他的父亲。

单纯从中文发音来看，“老 Lay”和儿子的名字一模一样！他就是“李太郭”。

如果从中国人的取名习惯来较真，这样的事情匪夷所思。但谁叫他们“非我族类”呢？何况，“小 Lay”之所以会与中国结下不解之缘，全都是拜“老 Lay”所赐。父子“同名”，彼此烙下相同的印记，又何尝不是最好的寄托或者纪念？

子承父志

在从事对华贸易和外交的英国人里，李太郭是个特立独行的人物。这个以传教为副业的博物学家对学习汉语及研究中国社会与文化，有着与生俱来的狂热。在中英战争即将开打之际，他就向英国政府毛遂自荐，但得到的答复仅仅是“Thanks”，不甘心的李太郭在 15 个月后再表忠心，要求前往“中国战区”，仍被婉言谢绝。直至第三次请命，执着的“老 Lay”凭借他出版的著作《中国人的真相》，终于谋得一份在英国代表团里当翻译的差事，“他自信到华后在特派代表团里工作期间，必能奋勉工作，严谨操行，以博得任命为领事的机会”。

① 蒋廷黻编著：《近代中国外交史资料辑要》，湖南教育出版社 2008 年版。

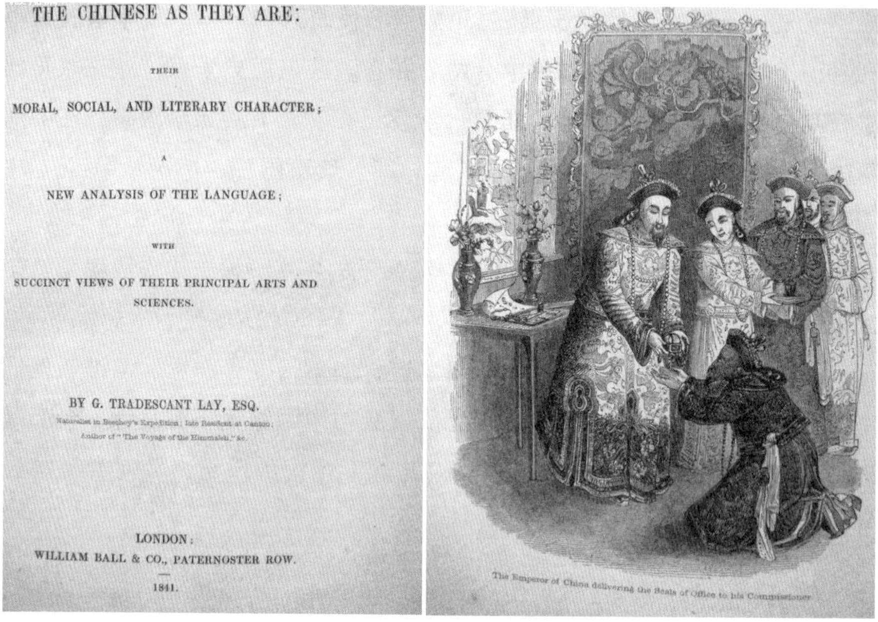
THE CHINESE AS THEY ARE:

THEIR

MORAL, SOCIAL, AND LITERARY CHARACTER;

A

NEW ANALYSIS OF THE LANGUAGE;

WITH

SUCCINCT VIEWS OF THEIR PRINCIPAL ARTS AND SCIENCES.

BY G. TRADESCANT LAY, ESQ.

Naturalist in Beechey's Expedition; late Resident at Canton; Author of "The Voyage of the Himmaleh," &c.

LONDON:
WILLIAM BALL & CO., PATERNOSTER ROW.

1841.

▲G. Tradescant Lay 著《中国人的真相》

果不其然，战争结束后，李太郭成为英国驻广州第一任领事。在包括以后任福州及厦门领事期间，他一般是一位“不会拍桌子指骂清朝官员”的谦和人物。但如果需要的话，他也会咄咄逼人，把桌子拍得山响。

从 1841 年成为英国政府在华机构雇员，到 1845 年死于“水土热”，在这短短的几年中，很少有资料显示出李太郭领事有哪些政绩，但他的大名却出现在一则非常重要的史料里，有力地证明了钓鱼岛及其附属岛屿是中国的固有领土。

那是 1845 年的 6 月，一艘名为“沙马朗”号的英国军舰抵达琉球，并计划测量我国台湾附属岛屿花瓶山至钓鱼岛之间的水文地理。“沙马朗”号船长为登岛测量之事，曾通过英国驻福州领事馆领事李太郭和琉球国中山王驻福州琉球馆官员①，向福建布政司提交申请，得到允准后才前往测量。这充分说明了在日本吞并琉球以前，外国人登陆钓鱼岛必须事先获得中国政府的允许！而“沙马朗”号经中国政府批准登上钓鱼岛之后的 39

① 琉球馆又名柔远驿，位于福州市台江区琯后街，始建于清康熙六年（1667年），为接待琉球国等朝贡宾客和与琉球贸易的场所。

年，即1884年，才有日本人声称首次登上钓鱼岛，发现该岛为“无人岛”，并将其视为“无主地”。上述史料表明，日方这一说法罔顾历史，纯属无稽。

▲英国驻福州领事馆

言归正传，正如那个时代的英国青少年很少有机会自选职业，因此小李泰国的职业可以说是老李太郭强加的。除了给这个长子一般的家庭影响外，李太郭与中国日益加深的关系，为李泰国开辟了一条他必须遵循的道路。

李泰国对父亲的深刻印象似乎停留在孩提时代，那时的太郭先生经常带他去田野，欣赏自然的美景。从少年时起，和父亲的主要联系就是那来自遥远东方的一封封书信。在这些家书里，李太郭除了以学无止境的教导来谆谆告诫他的长子，就是发出让儿子来中国的召唤。

“你在毕业以后，如我还未被召回的话，务必来此团聚。”父亲的话没有商量余地。

“按照我的指示分隔出来的一间房间，它对你非常合适……前面有个阳台，足供你尽情作体育运动。”李太郭时不时也会打打亲情牌。

于是，还在李泰国13岁半的时候，中国便成了决定他前程的中心。

在中国最后的日子里，不知道李太郭是否听到了死神的跫音，他在书信中以日益坚定的口吻要李泰国前来中国寻找职业：“你我应将以中国为家，它是一个好地方，你将得到尊重并谋得一个既高尚又有利益的职位。”①

① 李太郭致李泰国函，1844年1月19日于广州。此为加拿大约翰·L·李收藏的手稿。

1845 年 11 月 6 日，45 岁的李太郭咽下了最后一口气。一年多后，李泰国或者说“小李太郭”登上了远赴中国香港的邮轮，在那里，英国外交部为了体恤雇员遗族，提供了一个在香港商务监督处寄读学习的机会。这个注定要继承父亲遗志的少年，从此开始了与中国的不解之缘，身不由己地卷进了“中英关系的漩涡”……

江海北关

岁月如刀，一晃就到了 1853 年 9 月，李泰国已是香港商务监督处二级助理，薪水虽然不多，却足以贴补远在英伦的寡母；工作尽管琐碎，但供职的所在对于有心人来说，却是个绝佳的地方，这里有大把的机会，可以去“熟悉中英关系中存在的各种问题，从而取得有关外交原则和实践的相当全面的知识”。

千里之外的上海，此时正被蜂拥而至的“叛军”占领。李泰国眼里的“叛军”就是“小刀会”，他不会想到，“小刀会起义”这一历史事件不仅改变了中国海关的进程，也改变了他的命运。

如果不是因为那块小小鸦片引发的战争，上海也还只是沿海的中等县城。10 年之前的 11 月 8 日，对英国驻沪第一任领事巴富尔来说，自然是一个黄道吉日。这一天，根据英、美、法等列强胁迫清政府签订的《海关税则》，他来到江海关关署，与上海文武官员举行了第一次会议，议定大英帝国驻沪领事馆地址、开港时间、开放港区范围以及外国船舶停泊区域等事宜。9 天后，江海关在洋泾浜北岸设置新关盘验所，实施对外籍船舶的监管和征税。就是这区区三间平房，赫然成为上海对外开埠的正式标志。

江海关在“上海小东门外，向系查验内地商船”，和近代中国的其他海关一样，组织管理散漫松弛，规章制度形同具文，现在多了一项“开征夷税”① 的新任务，更是有了受贿纵私的空间。几年后，为便利英商报关，

① 1860 年以后，列强以“夷”字是对外国的贱称，不许使用，于是一般文件改为“洋”字。夷税也就称为洋税。

巴富尔“说服了道台在英租界中心处的一所大庙里单独设立海关”[①]，即江海北关，专门办理洋商征税事宜。“这是个有着铸铁栅栏围墙的院子，中国牌楼式大门上，‘江海北关’四个大字极其醒目。”[②] 为和小东门外的江海关有所区分，当地百姓将其称为“江海新关”。渐渐地，江海关的业务只剩下办理华商海船进出口税务，其地位被新关取代，也只有匾额上的“江海大关”四字，还能唤起对往昔盛景的回忆。

▲江海北关

如今，上海这座西方对华贸易的第一口岸，俨然是“中华帝国的大门”，取代了传统的广州，成为清政府新的对外贸易中心。无数具有冒险精神的外国淘金者如过江之鲫，鱼贯而来。一位英国商人如此赤裸裸地表述他来上海滩的目的：“我希望顶多在二三年内发一笔财，然后离开，那么即使以后整个上海毁灭在火里或水里，这对我有什么要紧呢?”

除了投机商人，还有形形色色的行政官员，这其中，便有将要在此大显身手的李泰国。

---

① （英）魏尔特著，陈敩才等译：《赫德与中国海关》（上），厦门大学出版社1993年版，第97页。

② 赵长天著：《孤独的外来者——大清海关总税务司赫德》，文汇出版社2003年版，第282页。

相应地，江海关也取代粤海关，成为全国最大的海关，光是征收的税款，就占到了全国海关的四分之一强。然而，天降大任于斯城，注定要让其承受万般苦楚，年轻的上海，迎来了它的第一次阵痛。

> "在上海，大家先是关切地，后来是不安地注视着这次进展如此迅速的暴动。既然江苏省首府也被占领，这股浪潮不会冲至上海来吗？中国官府焦虑万分，考虑着防御措施；商界——英、美商界和中国商界一样——眼看着自己的利益受到了威胁，交易已经减少。自1852年年底起，货物就开始积压，有人估计这时上海各货栈堆积的百货价值二千万英镑……"①

这次进展迅速的"暴动"，就是几乎颠覆了清王朝的"太平天国"运动。

尽管上海到处弥漫着令人恐慌的谣言，英国现任领事阿礼国（R. Aicock）甚至说上海"道台吴爽官使他预感到，中国官方可能会被迫求助于欧洲列强来保卫南京和其他大城市……"②，而吴健彰也"急函广州，雇用双桅船2只及海船25艘"前来救援，但太平军却在占领南京、镇江后，兵锋不再向东挥进。于是，上海侥幸成为暴风眼中的避风港，江南一带大量民众纷纷来此避难。

好景终究不长，短暂的平静终于在1853年9月7日这天凌晨被打破，趁着文庙正举行祭祀孔子的大典，一支属于天地会支派的秘密团体"小刀会"突然发难，攻入上海县城，吴健彰自然也成了起义军的阶下囚。他原以为逃过了"太平天国"一劫，不想却栽在了自愿接受太平天国领导的这支民间武装手里。唯一欣慰的是，他没有像上海知县一样身首异处。

---

① （法）梅朋、傅立德著，倪静兰译：《上海法租界史》，上海社科院出版社2007年版，第40页。

② 同上。上海道台吴健彰早年以贩鸡为生，加之小名阿爽，故得诨名"卖鸡爽"，成为上海大买办后被洋人改称为"爽官"。当时道台兼任海关监督，又称作海关道。故上海道台吴健彰即为管理江海关的海关道。

步步紧逼

在阿礼国看来，小刀会叛乱实在是天赐良机。由于清政府漕运咽喉被掐，江海关关税便成为十几万围剿“发逆”① 的清军最重要的军饷来源，一旦英国掌控了海关管理权，便可以勒索清政府，在租界特权、通商贸易等方面予取予求，进而控制清政府命脉。如能心想事成，那么大清国便会成为第二个印度。

机不可失。当日，英、美、法三国领事便宣布中立，以清朝海关官员不能继续在租界办公为由，武力逼迫江海北关的全体工作人员撤离，海关关署顿时人去楼空。次日，愤怒的上海群众捣毁了江海北关，并把搜获的枪支交给小刀会。这时的英军却以保护为名，马上从停泊在黄浦江中的“斯巴达人”号军舰上调集士兵，武装占领了江海北关。

鉴于上海海关行政已被迫停顿，阿礼国借口“在本埠海关机构及合法当局尚付阙如的状态之下”，为了履行庄严条约，保障中国关税的征收，联合美国方面，自行公布了《海关行政停顿期间船舶结关暂行条例》，规定英、美两国船货出口的结关手续由英、美驻沪领事馆来代办。

阿礼国串通美国领事策划的这种“领事代征”制度，使借口战事拒付关税的外商披上了“合法”外衣，这样的僭越之举，明显违背国际条约。不过时值战争状态，在此非常时期，英、美领事公布的这个条例，要求商人出具保票，限期完税，比听任船货不完税自由出入上海口，自是要有利得多，因此对清政府来说也算是两害相权取其轻。

就在著名的海盗型人物阿礼国趁火打劫，策划如何进一步攫取更多海关权益的当口，吴健彰迎来了他的生死时刻。或许是命不该绝，小刀会的领袖刘丽川与他既是同乡又有交情，力排众议，只将其囚禁于广粤会馆，这为他赢得了生还的转机。在美国公使的营救下，他被乔装成商人“缒城而走”，成功遁出。

---

① 清朝入关后强令剃发易服，太平军因拒绝此俗，亦被清廷称作“长毛”“长毛贼”“发贼”“发逆”。

吴健彰逃出上海后，给朝廷上奏，谎称县城失陷时恰逢自己外出，一时竟然蒙骗了朝廷，得以留任。他深知，江海关关税收入对于急需军饷清剿太平军的清政府来说，意味着什么。便在郊区给英美领事发出照会，要按照旧制恢复征收关税，因上海失陷时，他的江海关监督官印丢失，只好发出通告，将常州督粮通商的官印借来代用。

阿礼国的回复不无刁难，“须俟大清官军收复上海县城，阁下到江海关复职视事之日，本领事始准备与阁下进一步谈判征收关税事宜”①。10月12日，吴健彰再次照会阿礼国，须交付英国10艘船只在9月7日前所欠交的丝茶税银4.5万两，并随时通报代收英国商人在9月7日以后所欠缴的丝茶出口税，遭到断然拒绝。10月底，吴健彰意欲恢复原先在外滩的海关用房，“自行带着一支军队进入租界，企图在海关原址恢复办公”，又遭到驻守海关大楼的英军卫兵阻挠。

无奈之下，可怜的江海关监督只得在陆家嘴附近找了两艘破旧的兵船“羚羊”号和“羊神”号，权作临时海关办公所，并将这一决定通知了外国领事。不料两天后，“羚羊”号发生爆炸，当场炸死5人、炸伤8人，征税之事又遭挫折。这样，阿礼国就更有理由拒不承认吴健彰设立的“水上海关”了。

吴健彰一门心思如此执着地要恢复征税，俨然是维护大清海关主权的忠臣。其实他一方面是将功赎罪；另一方面，这白花花税银的个中妙处，也只有他自己最清楚。既然他煞费苦心设立的税船被洋人讥讽为“随时可以被赶跑的海关”，那么，还得在陆地上找辙。直到来年的2月，才在苏州河北岸租用了一所民房作为海关临时收税处，英、法、美三国考虑到与清政府的长期关系，表面上承认，实际上外国商船动辄扬帆而去，海关征税仍不尽如人意。

黔驴技穷的吴道台已经对外商绝望了，惹不起还躲不起吗？他在上海通往内地的主要通道闵行镇和白鹤渚设立内卡，只向华商课税。未料退到

① 中国科学院上海历史研究所筹备委员会编：《上海小刀会起义史料汇编》，上海人民出版社1958年版，第305页。

如斯地步，列强还是不依不饶，借口说海关应设在通商口岸，像这样设在内地，“显系违反条约”。

阿礼国们似乎不把吴健彰逼疯，誓不罢休。之所以如此使坏，其目的无外乎借机对清朝官员施压，迫其交出江海关行政管理权。

泥城之战

发生在上海滩弹丸一隅的海关风云变幻，李泰国或有耳闻，但仅仅是听说而已。他的“学徒”时期已经结束，并且“成为颇有造诣的语言学家”，却依然只是一个“勤奋有力的低级行政人员”，① 赚着324英镑的年俸。但机会总是留给有准备的人，这么多年的砥砺之后，命运之神总算向他露出了微笑。

这个机遇，就是英国驻沪领事馆人手告急。

彼时，由于“外交和贸易领域中的情况日见恶化。大量的援助由租界内的华洋商人不断地运往叛军方面”，上海局势混乱如麻，对社会安宁和商人利益造成了明显的威胁。这一切，使英国领事馆的官员们感到极度困难，“领事阿礼国健康欠佳，时常因病卧床”②，副领事威妥玛不得不兼任翻译员工作。

鉴于上海“宛然像是没有一个海关这样的机构存在一般”③，完全成了走私犯的乐园。深谙殖民之道的阿礼国，眼见时机成熟，采纳了副手威妥玛提出的由上海官员“募用外人帮办税务”主张。外人者，外国人也。就是试图在上海海关建立一个洋人管理机构。因他不会汉语，故在行将进行的关于条约解释和海关管理等问题的谈判中急需得力助手。

因此，阿礼国只能向总督约翰·包令紧急吁请支援。

---

① （加）葛松著，中国海关史研究中心译：《李泰国与中英关系》，厦门大学出版社1991年版，第26页。

② （美）费正清：《中国沿海的贸易和外交：1842—1854年通商口岸的开埠》，哈佛大学出版社1953年版，第437页。

③ 姚贤镐：《第一次鸦片战争后中国海关行政权丧失述略》，载《社会科学战线》1983年第3期。

尽管香港商务监督处人手不足，但包令还是从大英帝国的商业利益大局出发，忍痛割爱，将李泰国派往上海担任翻译员。经过 7 年的历练，“李泰国不但在汉语的书面语及官话方面，而且在广东话方面都有长足的进步，值得推荐”。

在那个年代从事对华贸易和外交的英国人里，中文翻译可是凤毛麟角的稀缺资源。

就在李泰国对“冒险家的乐园”——上海滩满怀憧憬，即将赶赴英国驻沪领事馆履新前夕，一场不大不小的战争爆发了！原来，自从小刀会占领了上海县城，上海的租界当局就以“武装中立”为由，拒绝清军借道租界进城镇压，并将边界上的一条不知名的小河拓宽挖深为护城河。于是，清军只得暂驻租界以西等待时机，双方倒也相安无事，直到被一个偶然事件打破僵局。

那是 1854 年的 4 月 3 日，一个洋人带着女伴在护城河边的跑马场散步，卿卿我我的“西洋景”，惹来一帮百无聊赖的清兵上前调戏，双方不但发生冲突而且愈演愈烈。见捅了娄子，上海道台吴健彰赶紧致函英国领事阿礼国，承认事端因清军行为失检所致，表示将查明祸首，希望英方克制。第二天拂晓，在有意扩大事态的英方授意下，吃了亏的租界“万国商团”（Shanghai Volunteer Corps）纠结英、美海军向清军发动攻击，小刀会也借机杀来。双方激战两个小时，清军伤亡 300 余人，美英军队仅死 4 人，这场局部战争遂以清军战败而告终。

据记载，当《北华捷报》记者采访一位英国士兵时，他指着自己的一脚泥水兴奋地嚷嚷，这一仗可以叫作“the Battle of Muddy Feet”，意即泥脚之战。发稿排印时，排字员无法理解，就擅自将“Muddy Feet”改为“Muddy Flat”，变成了“泥城之战”。

那条“护城河”也被将错就错地叫做“泥城浜”，沿用至今。

从表面上看，这场偶发的战争似乎与海关无关，但洋人此时此刻祭出的“坚船利炮”神器，极大地炫耀了武力，气焰更加嚣张，加快了外国势力对江海关的控制。

“娃娃”领事

1854 年 5 月 1 日，新翻译李泰国抵达上海，由于长期的语言训练和行政工作，以及对中国事务的知识，这个年轻人如鱼得水，就像乃父老李太郭希望的那样，有了用武之地。他除了办理领事馆的例行公事，就是协助领事阿礼国与清政府官员进行接洽。

此时，阿礼国染指中国近代海关主权的构思逐渐成形，在他看来，“解决问题的最好办法不是换酒，而是找个新型的瓶子。换言之，就是建立一个全新的海关”①，当然，得有中国当局的参与。

阿礼国的新瓶子就是他适时抛出的“外籍海关税务司”制度，即由英、美、法三国领事指派一个外国税务委员会，和上海道台指派的中国官员组成海关税务司，共同管理海关事宜。

处于内外交困中的清政府，自江海关关税断供后，嗷嗷待哺。阿礼国趁机利诱，提出只要建立“海关税务司”制度，清政府就可以有稳定的关税收入，且英国愿意补交商人所欠关税 48 万两。于是，两江总督怡良下令吴健彰从速谈妥此事。

作为翻译，原本只需像鹦鹉学舌一样，再转换一下而已，但李泰国由于在香港商务监督处的积累，成为“熟悉内幕的人，对重要决定的来龙去脉都能了如指掌”，因此，阿礼国在胁迫上海官员改变江海关制度的交涉中，很多时候不得不依靠李泰国来效劳。“这样，他小小的年纪，倒是说得一口漂亮的中国话，能够在谈判桌上讨价还价了。”

经过两个月的拉锯谈判，趁着中国官员“一筹莫展和秩序混乱之际”，阿礼国煞费苦心的杰作——一个“诚实与精干的外国成员和中国当局相结合”的上海半殖民地海关组织方案正式出笼。6 月 29 日，决定中国近代海关未来走向的历史性会议在昆山召开，曾被列强逼得无路可走的吴健彰，只能再次屈服，在同英、法、美三国领事签订的《上海海关征税规则》上

---

① （英）魏尔特著，陈敦才等译：《赫德与中国海关》（上），厦门大学出版社 1993 年版，第 130 页。

画押。

条款规定，英、法、美三大条约国领事从本国人中各选派一名委员（税务监督），共计三人组成江海关关税管理委员会。他们由领事提名道台任命，分别是英国人威妥玛、法国人史亚实和美国人贾流意，皆为这三个国家的驻沪副领事。

这个机构与其说是中国近代海关的部门，毋宁说是各领事馆的附属机关。

1854 年 7 月 12 日，中国历史上第一个由洋人管理的海关，开张了！办公地点就设在几个月前吴道台曾经租用的苏州河北岸的民房。关税管理委员会也于同日成立，威妥玛、史亚实、贾流意“这三人在各自的领事面前宣誓就职，开始了上海海关税务监督的工作”。威妥玛因精通中文，“曾彻底研究上海海关问题，并发表过这方面的论著”①，所以英国一开始就在这个机构中占有领导地位。

▲江海关旗帜

功劳簿上自然也少不了李泰国。包令批准了阿礼国的推荐，将劳苦功

① （英）魏尔特著，陈敩才等译：《赫德与中国海关》（上），厦门大学出版社 1993 年版，第 134～135 页。

高的李擢升为代理副领事。

觊觎多年的江海关行政管辖权一朝得手，作为回报，列强们索性撕开“中立”面具，不仅断绝了对小刀会的军械粮饷接济，还放下“泥城浜”吊桥，“带兵携炮相助”，配合吴健彰率领的清军，举起了屠刀。

拥有当时最先进武器的洋枪队加入战团，胜负的天平立现。杀伤力巨大的法制红夷大炮的轰鸣声中，一道道火光划破天空。顿时，上海县城砖石飞崩，浓烟翻滚。密集的来复枪子弹封锁了出路，小刀会众人“狼奔豕突”，唯一逃生通道就是租界。一些洋人为了报答以往与小刀会首领所做的交易，试图协助他们逃脱。在某种程度上，这也可以解释为“人道主义”。

在这场血与火的杀伐中，新官上任的李泰国杀红了眼！他以指挥官和翻译员的双重身份，手持火枪，率领一批英国海军陆战队及清军兵勇，乒乒乓乓一路掩杀而来，脸上满是肃杀，哪里还有丝毫的“童子气”？为追击穷寇，李泰国不依不饶，不惜对同胞翻脸，强行“进入及搜查外国人的住宅和仓库，叛军主要首领之一身亡”①。

他就是对吴健彰网开一面的刘丽川。至此，延续17个月的小刀会起义失败了。

这一事件引起了极大惊愕，英国居民们对李泰国独断专行的行径十分反感，赠送给他一个嘲笑性的绰号——“娃娃领事”。但清政府当局却对他赞赏有加，甚至咸丰皇帝都发问可否对其褒扬。李泰国却“以限于职位规例，未予接受”。不过他采取的果断行动，却得到英国外交部的认可和表彰。不久，李泰国便如愿以偿地当上了江海关英国税务监督，为日后上位海关总税务司，迈出了坚实的一步。

李太郭假如在天有灵，应该很是欣慰了。儿子小小年纪就当上副领事，现在又进入海关，这都是步己后尘，按照他的规划一步一个脚印向前迈进。犹记得，他走马上任广州领事时曾得到这样的指示：“如果你有确

① （加）葛松著，中国海关史研究中心译：《李泰国与中英关系》，厦门大学出版社1991年版。

切的毫无疑问的证据，证明珠江上任何英国商船曾经或正在从事走私，你应该立即采取措施。"[①] 好了，如今一切都后继有人了。

始作俑者

在体制初创的年代里，外籍税务监督的处境颇为艰难。“他必须是精力旺盛，咄咄逼人，才能扮演那为皇室金库充当看门狗的角色。"[②]

李泰国恰好堪当此任。他继任税务监督后，确实为英国做了很多事情，据有限的记载，他上任5个月间就向英国商务监督汇报了几次和上海官员有关政治问题的私人谈话。非但如此，他还和当地高级官员发生了密切的联系，甚至搭上了两江总督兼各口通商大臣何桂清这样的大人物。

这样的表现，当然深得英国在华官员的赞许。可是，如果不是因为又一次的中英战争，李泰国不可能就此发迹。

战争貌似偶然，实则必然，不来一场狂热的暴力活动，怎能迎合那些英国工商业集团扩展鸦片贸易和商品市场的强烈欲望呢?

因此，不管“亚罗”号三桅帆船上有没有江洋大盗，哪怕法国的马神甫奇迹生还，英法联军的大炮照样会找到机会“发言”的。

1856年12月，广州失陷，第二次鸦片战争爆发了。[③]

在英国远征军统帅额尔金（Lord James Elgin）看来，用接二连三的战争来对付中国，也不是长久之计。若能改而扶植这个衰弱的清政府，使之充当英国的工具，似乎对英国在华利益更有保障。外籍税务机构管理下的海关，就是一个不错的模式，他设想，受到一个或所有大国支持而不是控制的外籍税务司制度，可以保证外国利益得到满足。

李泰国在江海关的优异表现早已进入额尔金的视线，尤其当他需要制

---

① 英国外交部档案228/24，第88号，附件第5号，1843年7月26日璞鼎查致阿伯丁函。

② （美）布鲁纳、费正清、司马富编，傅曾仁等译：《步入中国清廷仕途——赫德日记（1854—1863）》，中国海关出版社2003年版，第226页。

③ 1856年秋，为进一步打开中国市场，扩大侵略权益，英国借口“亚罗”号事件，悍然出动军舰袭击广州城，法国借口“马神甫事件”，同意和英国共同出兵。这次侵略战争实际上是鸦片战争的继续，故称为第二次鸦片战争。

定远征中国军事方案时，李税监更是不失时机地将有关情报送上。如此，当 1858 年 5 月额尔金北上天津胁迫清政府签约时，除了带上李泰国，还能有别的选择吗?

▲额尔金

额尔金是这样函邀李泰国的："如果你能乘'狂暴'号旗舰和我一起作北方之行，我将深为快慰，因为你通晓中国海关制度又熟谙中国语言，定能在此关键时刻助我一臂之力。"

李泰国没有让额尔金失望，由于他"精通汉语，这成了他的看家本领"，并与中国官员私交深厚，在谈判中常常被中方代表当做国人对待。中国官员或出于想预先了解英国要求的目的，或企图增进自己一方的利益，他们往往邀请李泰国共同商量，甚至将一些秘密提前剧透。当然，李泰国也会乘机提出建议，送上"劝告"。而这些"劝告"往往就是额尔金拟定的。

在"劝告"不起作用的时候，李泰国的本色——一个"难以驾驭的骄悍外夷"便原形毕露了。他"与钦差大臣当面肆争，语言狂悖，并以立即向北京进军相威胁。然后他愤怒地离去……清政府官员一时感到手足无措。"①

签订条约是为了改善贸易与商业。李泰国这方面的知识与经验，在 1858 年英国在华人员里无人企及。在上海制定《天津条约》续增章程时，他凭借对税务监督制度成立 4 年来所有贸易统计了如指掌，轻松地编制出进出口货物的详细税则。附约中第十款规定的"各口划一办理""任凭总理大臣邀请英（美、法）人帮办税务"的条款，更是其独特创造，成为把在上海实行的外国人管理海关的制度推向全国的条约依据。

① （加）葛松著，中国海关史研究中心译：《李泰国与中英关系》，厦门大学出版社 1991 年版，第 82 页。

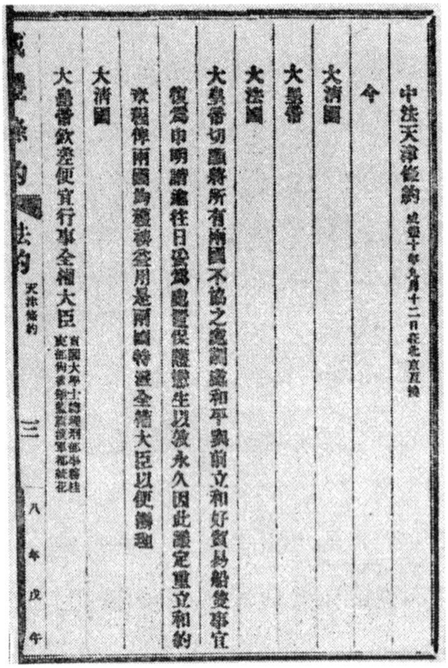

中法天津條約 咸豐十年九月十二日在北京互換

今

大清國

大皇帝

大法國

大皇帝切願將所有兩國不協之處調處和平與前立和好貿易船隻事宜

復爲申明講求往日睦好之處以保護懋生以致永久因此議定重立和約

章程俾兩國均獲利益爰用是兩國特派全權大臣以便籌辦

大清國

大皇帝欽差便宜行事全權大臣 東閣大學士總理刑部事務桂良 吏部尚書鑲藍旗漢軍都統花沙納

咸豐條約 法約 天津條約 三 八年戊午

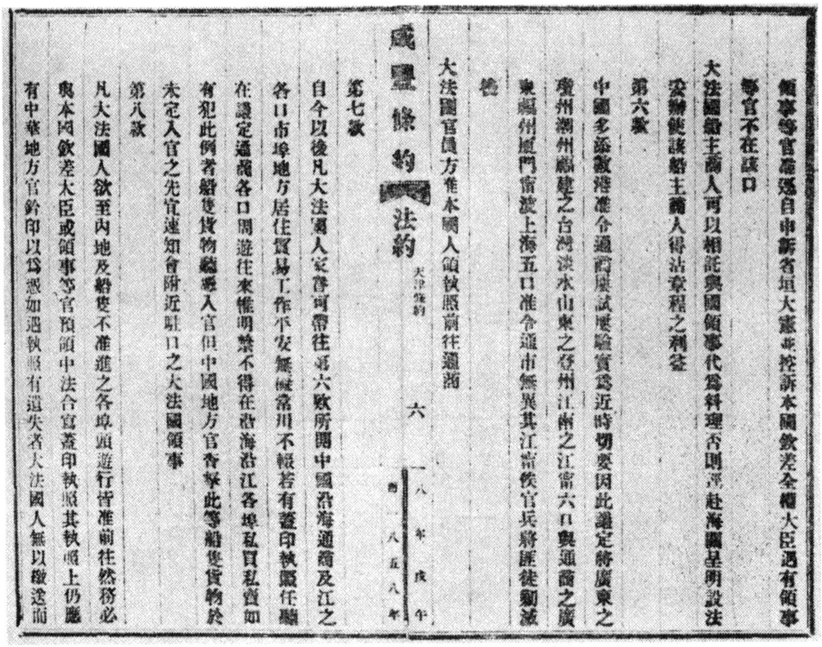

領事等官應逕自申訴省垣大憲並控訴本國欽差全權大臣遇有領事

等官不在該口

大法國船主商人可以相託與國領事代爲料理否則逕赴海關呈明設法

妥辦俾該船主商人得沾章程之利益

第六款

中國多添數港准令通商屢試屢驗實爲近時切要因此議定將廣東之

瓊州潮州福建之台灣淡水山東之登州江南之江寧六口與通商之廣

東福州廈門寧波上海五口准令通市無異其江寧俟官兵將匪徒剿滅

後

大法國官員方准本國人領執照前往通商

咸豐條約 法約 天津條約 六 八年戊午 西一八五八年

第七款

自今以後凡大法國人家眷可帶往第六款所開中國沿海通商及江之

各口市埠地方居住貿易工作平安無礙常川不輟若有蓋印執照任聽

在議定通商各口往來惟明禁不得在沿海沿江各埠私買私賣如

有犯此例者船隻貨物聽憑入官但中國地方官查拏此等船隻貨物於

未定入官之先宜速知會附近駐口之大法國領事

第八款

凡大法國人欲至內地及船隻不准進之各埠頭遊行皆准前往然務必

與本國欽差大臣或領事等官預領中法合宜蓋印執照其執照上仍應

有中華地方官鈐印以爲憑如遇執照有遺失者大法國人無以繳送而

▲中法《天津条约》部分条款

李泰国一战成名，他的名字在英国官方文件中频频出现，他的事迹甚至在英国本土广为流传。额尔金相信，李泰国将来必定成为清政府的一位有影响力的官员。

虽然无法考证是否是额尔金的主意，其弟卜鲁斯（Frederick Bruce）在发给英国外交部的备忘录里，不惜用了下面一大段溢美之词，来印证哥哥的观点。

> “李泰国讲官话流利，并具有高度的能力来抓住上级的意图，及以最好的方式表达出来使清政府易于接受，因此一开始最好就让他与威妥玛一起工作。但现在我获悉清政府有意让他按照上海采用的、由他自己成功地执行的制度组织各地海关。
>
> 我们当然不宜使他辞卸这个任务，因为在一个中国行政的重要部门任用一名干练、正直的外国人将是清王朝复兴的第一步，并且有利于我们将来的交往。我可以说，额尔金勋爵在天津谈判中所以要突出李泰国，并使他能够机密地向清方建议他们应如何行事。其用意就是希望清政府钦差大臣能看到把李泰国留用作为他们的外事顾问是可取的。”①

的确，海关将实行一种崭新的制度，受雇佣的外国人再也不由领事推荐，它已经成为“纯粹的中国机构”。而“负责确定这种统一的（海关）制度如何组织，采用什么形式，以及应该怎样推广到其他口岸的责任，落在了皇帝的各口通商大臣何桂清的身上”。新任驻华公使卜鲁斯的情报是准确的，何桂清已经在为重用李泰国造舆论了。

> “用之为江海关司税，辛工优厚，该夷尚知感激，为我稽查偷漏，是以近年夷税，较开市之初加增三四倍。该夷恐为各夷所憎恨，后又随赴天津，大肆猖獗，献媚于夷酋，以见其公。迨回上海，则驯服如昨，为我所用。解铃系铃，仍当责诸

① 卜鲁斯在伦敦撰写的备忘录，1858年10月21日。

该夷。”①

在这篇高明的上奏里，李泰国在天津的恶行得以缓颊。中方官员集体研究认定，应该“任命一位有能力的可靠的外国人，最好是精通汉语又有上海试验经验的人，为海关总税务司——任命他在所有的通商口岸建立上海模式的海关”。

这个选拔条件，不就是为李泰国度身定做?！虽然他在策略上不太讲究，行为上粗暴专横，可谁教人家“驯顺如昨”了呢！

一个身上流淌着纳尔逊血液的“骄悍外夷”，当真能在清朝的官僚体制里“驯顺”起来?

……

① 《筹办夷务始末》（咸丰朝）第3册，卷30，中华书局1979年版，第1133页。

第一章 挂龙旗的神秘舰队

日本帝国海军组建于 1872 年，比大清国的北洋水师成军整整早了 16 年！其实，中国本来是有机会将日本“甩开”几条大街的。如果不是那两个英国人“头脑风暴”太过猛烈，中国早就拥有自己的舰队了。而那一年是 1863 年！

最让人扼腕的是，这支悬挂着龙旗的舰队已然穿越万里骇浪，静静地停泊在中国的港口。但谁也没有想到它居然是英国插手近代中国海军建设的一个阴谋，史称“阿思本舰队”事件。两个有着共同目标的大清洋客卿— 海关总税务司李泰国和他的继任者赫德（Robert Hart），分别在事件中饰演了不同的角色，也导致了相反的结局。前者下台，黯然离去，后者上位，从而把持中国近代海关近半个世纪。

要发达去中国！

1854年5月，怀揣着带有父亲体温的100英镑，赫德搭乘“勘地安”号前往一个比印度还要遥远的东方古国——中国。19岁的他对这个国度知之甚少，除了瓷器、茶叶和丝绸，他还知道十几年前，他的国家英国打败了中国，“使那个伟大的国家对所有的国家都开放了门户”。

彼时，英国的势力正处于上升阶段，一个年轻人到中国去为贸易和女王服务，是肩负着重任的。他就要去这个战败的国家，用已经学到的知识、个人的机智和能力，为他的祖国赢取远东的利益，并借此实现自己少时的夙愿。

“对一个有见识的青年人来说，1854年，正是去中国的幸运时刻。”

▲1866年时的赫德

欲望之壑

正如李泰国的身上继承了伟大的纳尔逊血统，整个赫德家族都笃信，他们的祖先也曾有过显赫的历史！当然，这是未经考证的传说。据称，这位了不起的祖先原是荷兰人，在跟随威廉三世渡海征服爱尔兰的战役中屡建奇功，得以晋爵封赏，荣耀一时。

到了赫德父亲这一代，家道早已中落。作为北爱尔兰波塔当一个小酒厂的经理，他不可能像李太郭那样为儿子指明远大的人生目标，说不定，他还是因为赫德才意识到中国的存在呢。

但是，或许从开始懂事起，少年赫德便对那段无法证实的家史产生了浓厚的兴趣，祖先的光荣业绩虽是口口相传，虚无缥缈，却激励着小赫德，成为他日后奋发进取的潜在动力。赫德可不愿继承父亲的小作坊，去做那些“下等的工作”，他那颗小小的脑袋里，早就埋藏了一个大大的梦想，那就是，重新获封一个爵位，恢复家族昔日的荣光。

要知道，在维多利亚时代，对普通英国民众来说，获封爵位不仅是巨大的荣耀，还能获得政府在衣食住行等各方面的津贴。成为一名爵士后，不论走到英国何地，都会受到别人的尊重和优待，人们在遇到爵士时，一般都要将其封号一同称呼。

带着这样的美好梦想，赫德考进了爱尔兰女王大学所属的贝尔法斯特学院。家乡亚尔马郡波塔当小镇是他的出生地，而真正令他终身魂萦梦绕的，却是贝尔法斯特，这里就是他灵魂的栖息地。多年之后，每当思乡之情像决堤一般不可遏制时，赫德首先想到的，便是贝尔法斯特，他在日记里这样写道：“只要想起 1849 年贝尔法斯特大学的情景，我就不免流泪，我们不曾忘怀一丝乡音，气息和影像都会唤起儿时的回忆和甜蜜的故乡景致，走笔至此，泪水已湿了双眼。”

在学院里，相貌英俊的赫德既没有时间多愁善感，也没有精力谈情说爱，他把全部时间都用来学习。促进他苦读的直接动力，除了那个藏在心中的远大目标，还有就是为了争取女王学院颁发的为数不多的奖学金，这对于家里有 8 个弟妹的赫德来说，显得至关重要。

3 年后，赫德开始面临职业的选择。他先后放弃了去美国西部淘金、去医院当医生、学法律当律师的机会，甚至拒绝了父亲让他去自家的酿酒厂工作的想法。这些前景有限的职业，都无法填平他内心深处那个要建功立业的欲望之壑。

1854 年春天，赫德凭借优异成绩获得文学士学位后，继续攻读硕士学位，正当他心猿意马不知将来从事何种营生之时，一个机会不期而至。原来，英国外交部为派驻中国的领事馆募员，分配给爱尔兰 3 个名额，女王学院得到其一。

还是在17岁那年，赫德在学校曾经听过一次关于中国的演讲，那个遥远而又神秘的国家，让他无比神往。他坚定地认为：一个未开垦的地方更容易施展抱负，一度萌生去中国当一名传教士的念头。如今，到中国去的机会说来就来，触发了赫德心中深埋着的隐秘欲望，少年时的梦想刹那间迸发，他仿佛望见了一块肥沃的处女地，那里，足以栽植他的野心之树！

学院总共有36人报名，原本打算举行考试择优录取，可当院长在志愿名单上看到赫德的名字，他立刻改变了主意。还有比赫德更优秀的学生吗？

赫德“抓住了这个好机会的裙边”，但他争取到的是免试而不是免费。对于他的家人来说，连伦敦都是无比遥远的地方，更不用说远隔千山万水的中国了。他的父亲，向来目光短浅的小作坊主作出了一生最英明的决定，支持儿子的行动！临行前，他塞给了赫德也许是大半辈子来最大的一笔支出——100英镑路费，这对于一个年收入仅几百英镑的家庭来说，实在是足够慷慨了。

到中国去！就为“图个发迹”。从此，赫德一生的命运，便与这古老的帝国紧紧地联系在了一起。

见习翻译

李泰国前脚赶往上海履新，赫德后脚便登上了香港的码头。否则，两人的第一次人生交集不会延迟到5个月之后。经过若干年的发展，港岛早已摆脱“不毛之地”的恶名，但头上的那顶“弹丸之地”的帽子，恐怕永远也摘除不掉。

香港总督包令又多了一个光荣的使命——英国驻华公使，这个62岁的语言天才早已跻身世界上最伟大的语言学家行列——“他的天赋使他的人生最后学懂了200种语言，并能流利说出和互相交谈其中100种语言”。除了忙公务和做学问，包令还善于发现人才，成功地将李泰国派往上海

▲香港海关九龙关宿舍

后，他的这双慧眼，又被新来的爱尔兰优秀青年赫德所吸引。

很快，包令便成为第一个唤起赫德对中国的生活和习俗感兴趣的人。他给赫德的教诲："观察你周围的一切。"[①] 并劝导这个依旧勤奋好学的年轻人：不要一直关在室内，要经常外出走走，在大街小巷中留心观察中国人的语言举动，风俗习惯；要注意听中国人的谈话，阅读所能见到的一切中文读物，就是路牌、店号、商标也不应轻易放过——在中国，学习中国语言文字的机会是无所不在的。

的确，李泰国只凭借扎实的汉语才能就可以崭露头角，赫德也不需要向总督看齐，他只需非常专一，精通一门"汉语"，便足以安身立命，甚至有机会实现他的爵士梦。

3 个月的培训期很快结束，赫德奉包令指派，前往英国驻宁波领事馆担任见习翻译。宁波不比那个弹丸小岛大多少，常住外国人，也就区区 20 来人。可是，这里靠近上海，靠近风暴中心。

赫德是乘坐"爱渥娜"号蒸汽轮船前往上海再转往目的地的。当瓦特带着蒸汽机出现时，世界就此改变。蒸汽轮船已经问世整整 70 年，而彼时的中国，还停留在风帆舰船时代。"中兴"四大名臣之一胡林翼当年看见长江上的英国兵船，即蒸汽船滚滚上驶的时候，"勒马回营，及至下坠"。

① 卢汉超著：《中国第一客卿——鹭宾·赫德传》，上海社会科学院出版社 2009 年版。

就是说胡大人不相信世界上居然有这种突突冒烟的怪物，有这种奇特的机器。他被惊住了！差点儿从马背上跌落下来。

黑格尔说，中国是一个与海洋不发生积极关系的民族。千百年来，中国自成一体，“东已尽海，西被流沙，北为大漠，南为瘴林”。这些天然屏障阻挡了外敌侵略，然而在新航路开辟后，天朝的统治者绝没有料到，英国的殖民舰船会在一向风平浪静的海面上，迭起狂澜。

赫德也不会料到，若干年后，当清政府终于下决心购买一批蒸汽舰船时，居然是经他之手，而置办船炮这一商业行为，竟然演变成一桩外交大事件。最后博弈的结果，居然是他成功上位！

当然，这都是后话。此时，年轻的乘客无暇憧憬自己的前程，风大浪急中，赫德饱受晕船之苦。或许，若不是乘坐先进的蒸汽船，早就葬身海底了呢。

从“勘地安”号到“爱渥娜”号，这是赫德第二次长途海上航行。正是中途遇上了特大风暴，原本从香港到上海的正常旅程一星期变成了 3 个礼拜，“爱渥娜”号在海上苦苦折腾，因为备粮不足，船上的人最后只能在沿海岛屿上捕捉野牛和挖掘花生充饥，以致赫德最终吃倒了胃口，后来终身不碰这两样食物。

1854 年 10 月，赫德历经艰辛总算安全抵达上海港，航海遇险锻炼了他的意志，航行中对广袤中国的直观了解，更增强了他要在此谋取功名的信念。

一年前，这里爆发了小刀会起义，起义军占领了上海县城，但未进入外国租界。“泥城之战”后，租界内的外国人撕下了“中立”的伪装，和清军勾结起来，联合镇压小刀会。一道横亘于县城和法国租界之间的围墙正在堆筑，意在困束起义军。同时，外国领事们利用上海江海关在起义中被捣毁的机会，抢夺中国关税主权，开海关“聘请”外国税务司的先例。

这一切，都直接关系到赫德日后在中国的事业。但此时此刻，作为一个赴任途中的领事馆见习翻译，赫德只是完成了他人生中与李泰国的第一次交集。"娃娃"领事李泰国，一颗正冉冉上升的新星。事后，赫德在日记中感叹："他们这里的副领事多么孩子气。据我所知他才22岁，而看上去不过19岁。他在中国已有七年半，身体差不多全垮了。"[①]

生遇其时

在宁波，在这个"条约口岸新的双元环境"，一方面，"我们看到了一个朝气勃勃的年轻人入乡问俗，在熟悉社会风情"[②]；另一方面，赫德也有说不清的孤独与彷徨。刚来不久，他便在日记里吐露心声："今晚我可以说已下定决心，明年回爱尔兰去，到家乡做一名律师。如果我每月省下四十（铜）元，我将会有一百八十镑五先令，这足够我乘二等舱回家，还可剩下五先令。"

这是成长过程中必然的阵痛。为排遣寂寞，赫德模仿他的同事，与一位船家女阿瑶（Ayaou）同居，两情缱绻的副产品，便是赫德更加熟练地掌握了中文。很快，他就成为一名正式的翻译——"一个在双方起中介作用的特殊官员，以他的英国上司命令式的语气对不幸的清朝官员说话，但又代表中国方面向他粗鲁的同胞解释中国皇帝的臣仆所面临的事实和考虑。"

作为一个有心人，赫德在利用工作之便，搜集关于中国外贸情况第一手资料的同时，也关注着离宁波不远的上海，尤其"密切地注视李泰国（Lay）及其同事们正在进行的海关对外贸管理的试验"[③]，这种试验使他对海关管理产生了浓厚兴趣。凭着敏锐的嗅觉，赫德相信，新兴的大清海关

---

① （美）布鲁纳、费正清、司马富编，傅曾仁等译：《步入中国清廷仕途——赫德日记（1854—1863）》，中国海关出版社2003年版，第28页。

② （美）布鲁纳、费正清、司马富编，陈绛译：《赫德与中国早期现代化——赫德日记（1863—1866）》，中国海关出版社2005年版，第2页。

③ （英）魏尔特著，陈敩才等译：《赫德与中国海关》（上），厦门大学出版社1993年版，第235页。

是一项伟大的事业，在那里，大可施展他的生平抱负。

就在李泰国施展各种恐吓，“英国人打赢了在天津进行的外交战”的同时，赫德于1858年3月被任命为英国驻广州领事馆的二等翻译，不久又出任攻陷广州城后成立的英法联军委员会秘书。“经过4年的锻炼，他已才思敏捷，看到什么都能作出反应，完全走上了自己在中国的历程。再经过更长时间的锻炼，他就将由观众一变而为演员。”不知是否预感到这种变化，在乘炮舰“福雷斯特”号赴粤途中，赫德情绪饱满，开始续写中断已久的日记。

此时的广州是一座仇恨之城，“随着英法军队的主力开往北方，广州及其近郊的骚乱因素立即失去了控制，抓住这个机会兴风作浪，为他们的皇上报仇”，作为一个精通双语的秘书，赫德必须同那些既妄自尊大又谦卑下礼的清朝傀儡官员打交道。他的成功，取决于他懂得怎样在极端尴尬的情况下，适当保全这些官员的面子，维护他们的尊严。

赫德已经入戏，开始“扮演构成他全部生涯的角色”，即以英国的强大力量为后盾，不动声色地为这个古老帝国“提供真诚意见”。如此，他必须对汉人和满人的情绪很敏感，必须了解他们的想法和利益，必须参加错综复杂的斗争和谈判。

这要求年轻的赫德具备很强的按中国方式行事的能力，尤其是在中文听说写方面。难道这不是赫德先生的强项吗？他的上司都批评他在汉语方面使用方言过多了。

广州的外国航运由于几年来遭到城内和周边动乱、战斗的破坏，迫切需要一个新体制。当地官员无力处理江轮贸易，也无法制止与鸦片销售有关的臭名昭著的走私。看来，过去的海关管理方式已经不合时宜，依照上海模式进行改革提上了议事日程。经过充分讨论，新任两广总督劳崇光和粤海关候补道恒祺试图刺激海关机构，使之成为有效的组织。他们信任赫德，要求已经回到领事馆翻译任上的他，在广州建立一个和李泰国在上海掌管的机构相类似的海关。

赫德知道，整个海关机构未来的管理问题正在上海进行讨论，因而运用了外交手腕，以超越权限为由，谢绝了这个盛情的邀请。但他建议说，如果李泰国先生受到邀请，毫无疑问会愿意到广州来帮助此事。为了给李提供指南，赫德主动撰写了一份长长的备忘录，说明广州的事态。①

这应该被视为一个信号。赫德准备接受新的挑战，投入海关这项“伟大的事业”了。果不其然，1859 年 5 月 29 日，翻译官赫德提交了辞呈。

在李泰国于 10 月到达广州的前 3 个月里，赫德虽然没有被分配多少任务，但他已开始处心积虑地调研新型海关将面临的问题。在广州，眼下最中心的问题是鸦片走私，由于附近有香港和澳门这两个如此繁荣的鸦片储运地，如果能有效加以控制，无疑“是一个潜在的巨大财源——首先是对于中国政府，其次是对于粤海关候补道”恒祺。明眼人都知道，粤海关道向由皇帝简派，带有钦差色彩。既管理“天子南库”这一巨大税源，又可谓皇帝派在广东的耳目，其地位在广东的省级官员序列里差不多居于中游。因此，恒祺计划建立一个由两名以上的洋行商人专办的垄断机构。

▲1859 年建的粤海关大楼

英国领事馆不同意这一方案。建议说，既然李泰国就要前来组建新型海关，就应当将鸦片的关税征收置于新式海关的管辖之下。恒祺犹豫很久，最终还是接受了李泰国和赫德的观点，于是在 10 月 13 日宣布，“他打算

① 海关档，总税务司第 25 号通令。

于本月24日开设按照上海海关工作方式的广州和黄埔海关。”为此，他照会英国领事，任命费士来（Fits Roy）先生为粤海关税务司，赫德先生为副税务司。

尽管仍然是英国公民，赫德却成为中国政府的文职雇员。他生遇其时，被真正推到了风口浪尖。

“鬼子六” 最关心的事

1861年的春天，李泰国回到了阔别已久的家乡，俨然已是一个人物。英伦三岛的父老乡亲对“亚罗”号商船引起的战争记忆犹新，皇家夏宫圆明园被付之一炬，成为公众瞩目的焦点。这些大事件的背后，或多或少都有他李泰国的身影。不是吗？他在《天津条约》及后来的海关税则谈判中维护大英帝国利益的出色表现，不仅是俱乐部的谈资，更登上了《泰晤士报》的头版！但最令李泰国自豪的是，这5年来，他在上海成功地创立了新型的海关，并开始向大清国的各个口岸推广。

静观其变

李泰国走得不是时候。在恭亲王用人孔急的时候，他却闪了。

恭亲王奕訢是道光帝的六皇子，当朝咸丰皇帝奕詝的弟弟。由于他思想较为开放，懂得与洋人打交道，所以，有关与洋人的外交谈判、办理洋务诸多事宜均是他一手主持，因此得了个外号“鬼子六”。

▲恭亲王奕訢

上一年即咸丰十年（公元1860年），皇帝从北京逃到长城外的热河，留下奕訢与英法议和。如此，咸丰和他倚重的肃顺实际已经脱离了北京的事务，而奕訢却因为在谈判中所起到的重要作用，“在清朝的对外关系中上升到显著的地位”①。与英、法等国签订《北京条约》后，对外交涉事务更为繁剧，最突出的问题，便是如何向英国和法国各支付 800 万两白银赔款。

于是，恭亲王奕訢奏请在京师设立总理各国事务衙门，接管以往由礼部和理藩院所执掌的对外事务。

咸丰准奏后，这个专为办洋务及外交事务而特设的中央机构，便于 1861 年 1 月在大学士赛尚阿的宅邸开张办公了。总理各国事务衙门相当于外交部，简称“总理衙门”，在它林林总总的职掌里，关税也是其中重要的一项。按照条约规定，海关关税被明确用来还债。

▲总理各国事务衙门

新机构的最初行动之一，是正式任命李泰国为海关总税务司。

虽然李泰国早在 1859 年 5 月就收到了何桂清发给他的委任札谕，但何

① （美）布鲁纳、费正清、司马富编，傅曾仁等译：《步入中国清廷仕途——赫德日记（1854—1863）》，中国海关出版社 2003 年版，第 305 页。

总督当年是专门办理外交事务的钦差大臣，现在办理外交事务的权力已被总理衙门取代了，因此，仍然需要重新确认这项委任，或者另请高明。

亲王显然没有考虑其他任何人，认定比自己还小一岁的李泰国就是最适合的海关首长，相信雇佣他“除了对政府财政很有价值外，在外交事务方面也是位可信赖的顾问”。希望他能来北京述职，并商量开办天津海关事宜。

通过陆邮，新的委任札谕和邀请北上的信函送到了身在上海的李泰国。亲王甚至在委任状中提到了李任上海监督时海关税收增加这一显著功绩，授予他全面督察的权力。

没想到，热脸贴上了冷腚，李泰国压根就不把当今皇上的亲弟弟当回事，他并不拒绝派给他的职位，认为这只不过是“迟来的对早先委任的确认”，但拒绝北上。原因很简单，身体状况欠佳，需要申请休病假。

李泰国当真病得不轻?

确实，他并非诈伤，但他20个月前的无妄之灾纯属自找。作为一个名声在外的“骄悍外夷”，当他在上海某处治安不太好的地方看见一名欧洲人被暴徒围殴时，不自量力地上去解救成了唯一选项。后果当然也很严重，那就是肚子上被捅了几个窟窿。

李泰国强调，那些伤口至今还在影响着他，加上前些年的紧张工作，使他的健康更加恶化，他需要休息调养。

恭亲王并非不近人情，他愿意准假，只不过强调先来北京一趟面商一切。倒是新任英国公使卜鲁斯闻讯后大发雷霆，他发誓说如果李泰国拒绝来京，将永远得不到原谅，甚至暗示：“没等他休假回来，就会有人代替他。”①

李泰国依然故我，尽管赫德以及其他新建立的海关成员努力规劝，这

① 李泰国：《我们在中国的利益：给鲁塞尔勋爵的一封信》，第7~8页，1861年3月15日卜鲁斯致李泰国函。

头犟牛还是撇下他们，以回国养伤为由溜之乎也。临行前，将总税务司的职责交给了费士来和赫德二人来共同承担。

到底是什么原因让李泰国像中了邪一样地固执，上司也好，同事也罢，什么人的话都听不进，置若罔闻？

原来，身中数刀，从鬼门关兜了一圈回来后，李泰国进行了深刻反思：从摧毁江海关的叛军，到抗议外国水手的暴民，还有那个已经存在十年之久的政权——太平天国，挟二破清军江南大营之余威，克宁波、占杭州、直逼上海，大有彼天朝取代此天朝之意。这一连串刺激导致李泰国的三观发生了重大改变，他越来越“认为清廷的生存前景极为不妙，他不愿与一个可能就要覆亡的朝代紧密地连系在一起”。

这，才是李泰国不听任何劝阻，执意要赶紧地离开这块是非之地，回国静观其变的真正原因。他比“鬼子六”还鬼，那些腹伤，其实早已痊愈。

北京之行

李泰国就这样不管不顾地走了。离开上海前，他通知总理衙门，委派赫德为他的代表，前往北京听候恭亲王的差遣。

那一天，标志着赫德作为一个重磅级角色，登上了中国的舞台。

赫德登上北京舞台的时间，正是中英关系刚刚发生转折的时候。“19世纪50年代后期，中英逐步走向交战，而且1860年为获得新条约批准而派遣的远征军规模甚至比1858年的远征军规模更大。但是，一旦北京于1860年接受了新秩序，英国的政策不久就转变为帮助清朝打败叛军，因此接着而来的是一个中英合作的时代。”①

恭亲王也在等待着这一历史时刻的到来。他一直都是一个“极为小心

① （美）布鲁纳、费正清、司马富编，傅曾仁等译：《步入中国清廷仕途——赫德日记（1854—1863）》，中国海关出版社2003年版，第308页。

谨慎”的人，很难想象，如果卸去权柄，年轻的掌权大臣也还是“一位有点怯懦的年轻人”呢。

面对即将到来的合作，恭亲王的内心无法强大。想当年，“以30余艘舰船和万余人组成的英国远征军，远涉重洋，闯入中国的宁静海湾，使拥有近百万常备兵员的中国军队一触即溃。清廷从全国各地调兵遣将，动用了一切可以动员的部队和武器装备，但在历时两年的战争和绵延数千公里的战线上，却没有打过一场胜仗”！①

还有刚刚经历过的“1860年痛苦的夏秋。联军攻占大沽炮台，天津失陷，皇帝逃往热河……”

庚申之变，创巨痛深。这一切，都是恭亲王挥之不去的梦魇。明眼人都知道，“鬼子六”带有明显的贬义，可他除了忍辱含垢留下来与“鬼子”周旋，还能有什么别的选择？现如今，新成立的衙门缺乏知识和经验，需要像赫德这样既精通汉语，又通晓条约，在海关工作的内行，虽然他是“一名清政府从前不久的敌对国队伍中吸收过来的中国雇员”。

当然，恭亲王也有一些不足为外人道的担心和顾虑，既然此后外交关系都将由衙门办理，那么，过多地与洋人接触，会不会“很容易地使他成为他的许多仇人攻击的目标”呢？又有谁知道，他甚至上书朝廷，建议由户部来管理海关哩！

赫德是1861年6月5日抵达北京的。他对“第一次演出”很上心，对与恭亲王的会面很期待。为了给上司留下好印象，他做足了功课，带去了所有必要的统计数据和文件。不曾想，兴冲冲地来到总理衙门，恭亲王却避而不见，只接触到其副手文祥，但赫德还是打起全部精神，“通过备忘录和常常持续一整天的会谈，很快和文祥建立了很好的关系，并让文祥

① 《国家人文历史》2014年第14期，第72页。

掌握了关于海关形势的所有必要的情况，以及海关应该采取的发展路线”。①

恭亲王晾了赫德整整10天。之所以要保持观望，应该还是受到上述那些忐忑、复杂的矛盾心理支配。直到6月15日，恭亲王才姗姗登场，赐见赫德，他“态度冷淡并保持尊严”。不过，在恭亲王发现赫德熟悉各项条约和各口岸情况，而且掌握着精准的数据时，他的生硬态度很快消失了，开始不断地向赫德提出各种关于贸易、税收和海关事务的问题。

赫德对恭亲王致力于了解情况的印象很深。他回忆道：“说来奇怪，亲王觉察到低税率很可能给贸易带来好处，而经验较多并且很精明的文祥却看不到这一点。”

接下来，赫德顺势成了总理衙门的常客。这位受雇于中国的英国人，“以他的圆滑、能力、对海关实际情况的了解和他的足智多谋，并表白他的忠诚以及乐意帮助中国”，赢得了恭亲王和文祥等衙门大臣的好感。

光有好感还远远不够，只有抓住恭亲王的心，取得他的信任，才能为自己站稳脚跟打下一个坚实的地盘。那么，受命于危难之秋的奕訢眼下最关心的是什么呢？当然是稳固政权。李泰国担心天京政权坐大，恭亲王又何尝不是？于是，在与恭亲王的接触中，赫德抓住一切机会，不断地向其灌输应当购买舰船的建议，他举出了购买船炮有“克服沿海失守各处”等六大益处，称此举为“刻下最宜置办”的大事。② 如欲使清军对付长毛时“剿办更为得力”，必须尽快组织有较强战斗力的海上舰队，到英国去直接购买装配“精利枪炮”的兵船，是为捷径也。

之后，只要逮住机会，赫德便游说恭亲王速向英国购置炮艇，称若论用款，固不为少，但和大清万世基业相比，就微不足道了。这个建议让刚

① （英）魏尔特著，陈敦才等译：《赫德与中国海关》（上），厦门大学出版社1993年版，第268页。

② 《海防档》（甲），购买船炮（一），第342、第346页。

刚置身于复杂政治事务中的奕訢跃跃欲试，却又下不了决心。一是担心“所费甚巨，筹画大非易事”；二是因为曾国藩不想让洋人的船炮抢了他的风头，一口咬定湘军水师已占绝对优势。

临走前一天，赫德和恭亲王进行了亲密的闲谈，话题轻松而有趣。比如他们提到了烈性的高头大马，这个物种和敏感的“中国”小马大不一样，它昂首翘尾，不看去向。也就是在这次会面时，恭亲王已经和他“彻底打成一片”，摩挲他的西装，“称许西装的口袋，认为很方便”。

7 月 1 日，赫德动身前往天津，他彻底“征服”了恭亲王，赢得了完全的信任。恭亲王亲昵地称其“我们的赫德”，正式任命他为署理总税务司。

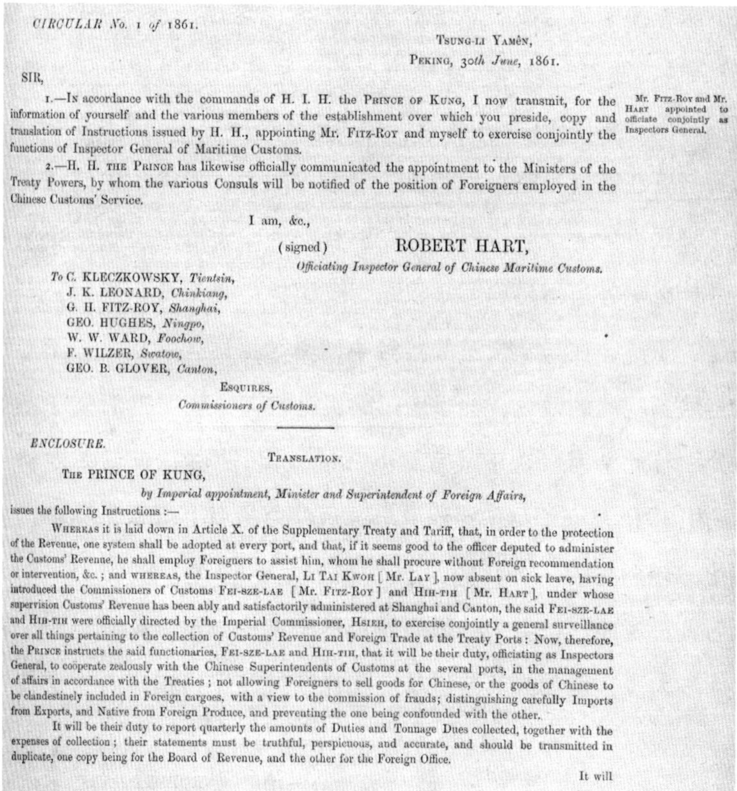

CIRCULAR No. 1 of 1861.

TSUNG-LI YAMÊN,
PEKING, *30th June*, 1861.

SIR,

1.—IN accordance with the commands of H. I. H. the PRINCE OF KUNG, I now transmit, for the information of yourself and the various members of the establishment over which you preside, copy and translation of Instructions issued by H. H., appointing Mr. FITZ-ROY and myself to exercise conjointly the functions of Inspector General of Maritime Customs.

Mr. FITZ-ROY and Mr. HART appointed to officiate conjointly as Inspectors General.

2.—H. H. THE PRINCE has likewise officially communicated the appointment to the Ministers of the Treaty Powers, by whom the various Consuls will be notified of the position of Foreigners employed in the Chinese Customs' Service.

I am, &c.,

(signed) ROBERT HART,
Officiating Inspector General of Chinese Maritime Customs.

To C. KLECZKOWSKY, *Tientsin*,
J. K. LEONARD, *Chinkiang*,
G. H. FITZ-ROY, *Shanghai*,
GEO. HUGHES, *Ningpo*,
W. W. WARD, *Foochow*,
F. WILZER, *Swatow*,
GEO. B. GLOVER, *Canton*,
ESQUIRES,
Commissioners of Customs.

ENCLOSURE.

TRANSLATION.

THE PRINCE OF KUNG,
by Imperial appointment, Minister and Superintendent of Foreign Affairs,
issues the following Instructions :—

WHEREAS it is laid down in Article X. of the Supplementary Treaty and Tariff, that, in order to the protection of the Revenue, one system shall be adopted at every port, and that, if it seems good to the officer deputed to administer the Customs' Revenue, he shall employ Foreigners to assist him, whom he shall procure without Foreign recommendation or intervention, &c. ; and WHEREAS, the Inspector General, LI TAI KWOH [Mr. LAY], now absent on sick leave, having introduced the Commissioners of Customs FEI-SZE-LAE [Mr. FITZ-ROY] and HIH-TIH [Mr. HART], under whose supervision Customs' Revenue has been ably and satisfactorily administered at Shanghai and Canton, the said FEI-SZE-LAE and HIH-TIH were officially directed by the Imperial Commissioner, HSIEH, to exercise conjointly a general surveillance over all things pertaining to the collection of Customs' Revenue and Foreign Trade at the Treaty Ports : Now, therefore, the PRINCE instructs the said functionaries, FEI-SZE-LAE and HIH-TIH, that it will be their duty, officiating as Inspectors General, to coöperate zealously with the Chinese Superintendents of Customs at the several ports, in the management of affairs in accordance with the Treaties ; not allowing Foreigners to sell goods for Chinese, or the goods of Chinese to be clandestinely included in Foreign cargoes, with a view to the commission of frauds; distinguishing carefully Imports from Exports, and Native from Foreign Produce, and preventing the one being confounded with the other.

It will be their duty to report quarterly the amounts of Duties and Tonnage Dues collected, together with the expenses of collection ; their statements must be truthful, perspicuous, and accurate, and should be transmitted in duplicate, one copy being for the Board of Revenue, and the other for the Foreign Office.

It will

▲1861 年 6 月 30 日总理衙门任命赫德署理总税务司

北京之行开了个好头，赫德开始走上了他一生所要追寻的旅程。在以后的岁月里，他肯定经常以愉快而满意的心情来回顾这次初访。

无论对他个人，还是对他的国家而言，这都是一次辉煌的成就。

出师未捷

赫德所言不虚，整顿废弛海防，筹建新式水师，用以肃内乱、御外侮，实乃清政府的燃眉之急。

彼时，英军舰船最大者长33.5丈，宽6丈，分3层，安炮72门，每船可载7000余人。而清朝装备最好的广东水师，战舰仍都是旧式木帆船，最大的全长30多米，载炮30门，全是旧式土炮。这种悬殊的对比造成的后果就是："由大小不同的一千艘船只组成的整个中国舰队，都抵御不了一艘英国战舰！"①

发出这种论调的人，是李泰国的老师兼监护人——郭士腊。

话虽难听，诚哉斯言，正是那些在中华海疆、内河横行无忌的西洋炮舰，给中国带来了无尽的耻辱和伤痛。

其实就在前朝明代，海上武装力量还是挺强大的，郑和七下西洋便是明证。到了以骑射得天下的清王朝，水军原本薄弱，而为了肃清南明小朝廷，采取了"片板不许下海"的海禁政策，直接导致中国海上武装力量日渐荒废。与此同时，西方各国的航海技术，尤其是战舰和枪炮制造技术却开始突飞猛进。

痛定思痛，奕訢当然也想拥有一支船坚炮利的舰队，不管是花钱买还是自己造，在他心目中的排行榜上，都是第一等的洋务。可是，钱呢？确实，对清政府来说，购船组建海军并非易事。内忧外患，连年战争，已使清政府国库日渐空虚，到哪儿去筹措这一大笔款项呢？

---

① 牟安世著：《鸦片战争》，上海人民出版社1982年版，第52~53页。

面对恭亲王的疑问，赫德胸有成竹，他论证这笔费用可以通过提高鸦片关税和对鸦片销售征收货物税来实现，提出以“上海、广东各关税内先行筹款购买”。①

“利用外国炮艇来帮助清廷执法的主意并非新鲜”，早在1856年李泰国担任英籍税务监督时，就提出购置一批“船身轻灵，炮火精妙”的轮船来对付太平军，但自负的清朝官员却深信“中国兵力，足制逆贼死命”。

谁又能预料局势会恶化到如斯地步呢？就在赫德北上期间，太平军锋芒再露，“威胁着上海的安全和繁荣，使整个长江流域的贸易完全瘫痪，海盗也猖獗起来”。

或许，只有一批外洋造的兵船，才能有效遏制太平军的兵锋。赫德的喋喋不休虽说揭开了大清的伤疤，却坚定了恭亲王的信心，将购买外洋兵船当成首先要办理的洋务。

事不宜迟。赫德离京3天后，总理衙门便奏上赫德所议。7月7日，奕訢再次将此议上奏，并在奏折中用了“兵贵神速、不容迟缓”这样的措辞。当天，咸丰皇帝即颁谕，“如能购买外洋炮船，剿贼必能得利”，同意“速购”。皇帝能够如此神速地作出答复，原因还是在于政府军与太平军的作战太不顺利，而不利的主要原因就在于舰炮不给力。而太平军“欢迎外国人同他们做买卖，他们首先需要的是军火，有多少要多少”②，一直在购买精锐的西式武器和装备。

既然清政府最高决策圈如此高度重视，这个初出茅庐的年轻人没有理由不再接再厉。7月19日和26日，赫德又两次致函总理衙门，提议速购船炮以镇压太平天国，同时提出雇请洋人教练，力劝清政府不要再“因省

① 《筹办夷务始末》（咸丰朝），卷79，中华书局1979年版。

② S. C. Lockwood：Augustine Heard and Company，1858 ~ 1862：American Merchants in China，P95。转引自聂宝璋编：《中国近代航运史资料》（上册），上海人民出版社1983年版，第267页。

有限之费致误大事”，再次表现出对购船一事的极大热心。他甚至为清政府拟定了一份诱人的时间表，画出了清晰的路线图：如果1861年年底派人订购船只，次年9月，船只就可全部到华，再经过一段时间的训练，1863年4月即可投入长江作战，6日之内可抵太平天国首都南京，一天内即可攻破南京城。

如此不靠谱的一份兵棋推演，居然让咸丰皇帝喜不自胜，他亲下圣谕，命江苏巡抚薛焕、两广总督劳崇光等迅速筹款购船。但事实上，还是因为筹款原因，购买外洋炮船一事进展十分缓慢。直到一个月后，发生了一件晴天霹雳般的大事！

在离北京500里的热河行宫，咸丰帝突然驾崩。

这一突发事件，使得早已老朽的清王朝越发地摇摇欲坠了。自然，购船之事也就被耽搁下来。

胆子未免忒大了

直到被装进那辆骡马拉的站笼刑车，肃顺已是百口莫辩。在前往菜市口问斩的路上，“争掷瓦砾，都人称快”的盛况充分说明，所有的罪过——英法联军入侵、圆明园被焚掠、咸丰皇帝出巡驾崩、皇都陷落百姓受惊，都一股脑儿记在了他的头上。

不明真相的京师百姓，使得“肃老六”平白无故遭了大罪，不一会儿便“面目模糊不可辨”。然而，事实的真相不久就逐渐廓清了。

原来，这是一场由两宫太后联合恭亲王发动的宫廷政变，又称为辛酉政变。

这一月，是1861年11月。慈禧26岁，恭亲王28岁，年轻的帝胤联盟战胜了老迈的顾命八大臣。

“赫德的中国雇主”就这样大权在握。

毋得延误

如果遇上太平盛世，咸丰也许能做个还算不错的皇帝，但是很不幸，此时的清王朝已像一叶早已千疮百孔的扁舟，载浮载沉。在决定王朝命运的关键时刻，咸丰一错再错。

第一错错在跑路，不该逃到热河。这一举动酿成千古大错，使清朝在与列强的谈判中完全处于下风，哪怕是舌绽莲花，也只能是谈出一系列丧权辱国的条约。

第二错错在用人，选错了辅政大臣。一个聪明的皇帝必须善于驾驭朝廷中的各种政治势力，让各种实力均衡，达到互相牵制的目的，但咸丰钦定的顾命大臣竟然全是肃顺一派！

这直接导致他龙驭宾天后，“在热河的几位亲王领袖作为新立幼主的赞襄政务大臣而掌握了大权”，逼得“两位皇太后在一次政变中和恭亲王合作，逮捕了诸摄政王，并处死了几个主要政敌”。

肃顺人头落地，掌握权柄的奕訢获封“议政王”，对京城以外的事尚缺乏经验的他，现在不得不成为大清这艘“破船”的舵手。恭亲王清楚，外患总算在割地赔款的妥协中平息下去，但清王朝的生死存亡，仍然取决于能否镇压已长达十年的内乱。

果不其然，趁着京师政局动荡，太平军发动大规模的东征战役，很快便横扫江浙富庶之地，东线清军节节溃败。1862 年 1 月，在连克宁波、杭州之后，忠王李秀成的部队呈三面七路之势，包围了上海。

正是寒冬腊月，一场罕见的暴风雪，将黄浦江整个结冰封冻，而出于对城破人亡的恐惧，上海官绅连心都冰冻了。远在千里之外的紫禁城，刚刚通过政变夺取朝廷最高权力的恭亲王同样忧心忡忡，从某种程度上说，上海的争夺决定了未来中国的命运。

李秀成已是第二次兵临城下。

两年前，他带着三千人马，以为可以兵不血刃地拿下上海，因为这一地区的清朝军队已经不堪一击，诚如胡林翼感慨的“即令是千人为营，而十贼可破”。忠王真心不相信洋兄弟会用武力防卫，但实际上，他要对付的敌人不仅有华尔那样的雇佣军，还有英、法的正规军。撤兵时，李秀成给英、法、美、葡领事各发一函，“若我有志来取上海，犹如囊中取物”。

昔日的威吓言犹在耳，而这一回，忠王带来了 12 万大军。

清廷的惊恐可想而知，然而，正是那一场不期而至的暴风雪，延缓了太平军的攻势，为守军赢得了宝贵的喘息之机。

在恭亲王看来，太平军这支庞大的叛乱力量已严重“威胁着这个王朝的生存”。上海一旦丢失，那么太平天国势力就有可能借助上海的优势地位，向西方各信洋教的兄弟国家们购买大量的先进武器，那将是对清朝统治的最大威胁。如果早就拥有一批洋船洋舰来对付太平军，又何至于此?

事情的发展印证了恭亲王的担忧，他从军机处得到情报，太平军进攻上海的目的之一，果然是想购买一批火炮船。不久，又得悉太平天国有“汇银五十万两向美购买船炮之事”。[①]

这还了得?！红毛贼先下手了。火烧眉毛之下，清政府恨不得立即拥有一支“现代化”的舰队！奕訢火速札谕赫德，“现在上海已受叛军威胁，购买舰船计划刻不容缓”，令赫德从各口海关提取税款从速办理，毋得延误。同时命江苏巡抚薛焕、两广总督劳崇光等加紧执行购船计划。[②]

由此，购船的步伐陡然加快。

1862 年 2 月 27 日，正往返于上海、广州几口岸的赫德与劳崇光议定了购船的一应事项，具体操作由回英国休假的中国近代海关总税务司李泰国办

---

① 中国科学院近代史研究所资料编辑室编：《洋务运动》（第二册），上海人民出版社 1961 年版，第 42 页。

② （美）马士著，张汇文等译：《中华帝国对外关系史》（第二卷），三联书店 1958 年版，第 37 页。

理。“着他在英国购买并且装备一支舰队遣派到中国来”，而且“一日不得羁延”！

西方武器再先进，也远水解不了近渴。上海这座孤岛，到底还能支撑多久？陆路行军缓不济急，长江水路又被太平军控制，如何才能实施救援呢？

切莫低估上海官绅的智慧。他们和英国驻上海的那些领事、官员们一番密谋，决定派代表向当时驻守安庆的两江总督曾国藩求援，并决定租用麦李洋行的火轮船，将雇佣军运至上海来千里解围。

为了这解救上海的最后希望，上海官绅们付出了血本，仅是雇船运兵就花费 18 万两银子，这几乎是江海关税收的三分之一。

雇佣军分 7 批，陆续沿江驶往上海。太平军怎么也不会想到，体量不大的普通小火轮里，居然可以装得下 1000 名士兵。

1862 年 4 月的上海，春寒料峭。一支衣衫不整却强悍善战的队伍，终于在十六铺码头登陆。这支著名的武装，就是曾国藩的得力幕僚李鸿章带领的 6000 多名淮勇。继湘军之后，中国近代史上又一支新军——淮军，在上海滩崛起，配合湘军在苏、浙等地进攻太平军，成功扭转了苏南战局。

天赐良机

总理衙门拍了板，朝廷上下都有些急不可耐了，他们仿佛已经“看见”这支骁勇的舰队冲锋陷阵。而赫德也理解这种心情，不用他们提醒，便已一封接一封地写信给李泰国，催他尽快将此事办妥。

1862 年，又是一个春天，身在南威尔士的李泰国收到了赫德请他筹买西洋船炮的第一封来信，并附有 3 万英镑的一笔汇票。在长长的信中，“赫德建议舰队由 6 艘炮艇和 4 艘运输船组成。他向李泰国担保，恭亲王对舰队渴望甚殷，确保需要的资金是不会有困难的”。[①]

这封漂洋过海历时一个半月的信笺来得正是时候，与李泰国建立一支海关缉私舰队的想法不谋而合，“此项轮船现在自以先剿金陵等处发逆为要，贼平之后，即可以为巡缉私贩之用”。

眼见他的设想就要实现，原本应该高兴的李泰国却五味杂陈。原来，这个海关外籍税务司制度的始作俑者回到英国后，虽牢牢抓住总税务司职位，但各口海关却落在署理总税务司赫德手中。他就像一颗无根之树，而赫德却趁机“极力经营海关，冲淡李泰国在海关的事迹”，越发地根深叶茂了。

确实，李泰国不在的日子里，正是海关最重要的形成时期。赫德充分发挥他的组织和管理才能，着手老上司没有完成的任务，在剩下的那些通商口岸开设由外籍税务司管理的海关。一个“使中国能够履行它对外贸和外国船运业条约义务”的全新机构，在赫德的手中一天天成形。

这一切，李泰国鞭长莫及。但毕竟，他仍然是“才大心细”并且拿着高薪的大清海关总税务司，购买船炮这等好事，岂能让老部下专美？李泰国手中的鹅毛笔，尽情地在复信中宣泄着他此刻的心绪：“你不要把恭亲王同意购置舰船一事，完全归功于你的努力。关于此事，以往我曾经屡次向中国高级官员建议！”与此同时，一个大胆的计划也在李泰国的脑海中成形，为什么不借助这个天赐良机，把这支舰队置于一个听命于己的英国军官统率之下呢？这样的做法也符合英国利益，对女王陛下来说，最重要的在于支配中国的军事力量，尤其是它的舰队！

事不宜迟，李泰国的当务之急是物色一个人选，先组建一支舰队，再统率这支舰队。他第一个想到的便是，曾经共患难的皇家海军上校谢立德·阿思本（Sherard Osborn）。这位英国远东舰队“狂暴”号旗舰舰长，

① 李泰国：《我们在中国的利益：给鲁塞尔勋爵的一封信》，第14~15页，1864年，伦敦。

曾参加过两次侵华鸦片战争。“在 1858 年的战役与随后的谈判，以及这年底为期六周的长江之行中，两人共事，交往甚密。”

当时，阿思本指挥“狂暴”号送英国全权公使额尔金从上海溯江而上，李泰国作为翻译随行。闯入南京江面后，遭到“长毛”的猛烈炮击，狼狈逃窜。原来，太平天国建立了自己独立的海关，“通商务要凛遵天令”！英舰拒不接受“天海关”检查，岂有不遭炮轰之理？

▲阿思本上校

额尔金此行的目的本是视察沿江商埠，以决定哪些地方最适宜于开放给外国通商。第一炮也是他率先向太平军天京炮台发射的。经过芜湖时，天王洪秀全派人递交给额尔金一份别致的诏书，以“西洋番弟”称呼对方，而全篇都是七字一句的韵文，宣讲他的宗教观念。[①] 这个文件显示，不仅是李秀成，洪秀全也陷于宗教迷雾，对于现实的国际关系懵而懂之。

对于李泰国抛来的绣球，阿思本欣然接下。且不论两人在战火中结下的友谊，也不说可以率领舰队一雪前耻，就单凭李泰国亲口许下的 3000 英镑年俸，这种诱惑就不是一般人所能抵抗的。

曾经的北极探险家阿思本——如果他运气足够好，或许不会将到达北极第一人的殊荣留给 60 年后的美国人，又要再次踏上探险旅程。

舰队计划是那么的激动人心，但操作起来却是一项极其复杂的系统工程。内阁、外交部、海军部、殖民部、内务部以及法律专员的支持，一个都不能少！聘任皇家海军军官，要申请女王许可证；购置舰船及募员，要通过枢密院敕令；装配火炮弹药，要获得陆军部许可……

① 原件全文见北京大学文科研究所、北京图书馆编：《太平天国史料》，开明书店 1950 年版，第 93~98 页。

终于，在李泰国苦口婆心的游说下，英国政府颁发了一项特别法令，授权他和阿思本为中国政府组建海军部队，并允许招募和雇佣大英帝国的臣民。两人参照英国海军章程，制定了《英中联合舰队章程》，其中规定：凡捕获船只、财货，三分之一归清政府，其余归舰船人员分配。不等清政府购买船炮的正式“委托书”到达，李泰国自说自话，除一口气定制了3艘炮艇外，还从英国皇家海军买下3艘退役炮艇，从私人船主手里买下1艘军需船和1艘补给船，招募皇家海军官兵600余人，组成了整只舰队。

千万别责怪李泰国摆不正中方雇员的身份，人家早就放出话了：“中国政府太腐朽了，不能依靠。我的地位是作为一个外国人受中国政府雇佣，来替他们执行某些工作，而不是受他们的差遣。我根本不需要说，一个高贵的人受亚洲野蛮人差遣的想法是非常荒谬的。”①

接下来，他在给英国外交大臣的呈文中宣称“这个舰队将使（大英）帝国免于担负它在目前为了维持驻中国海军舰队所担负的一大笔经费”，也就不足为奇了。此话言下之意是，舰队实质上属于英国！如此功勋卓著，一枚大英帝国三等男爵勋章自然别在了他的胸前。

就在舰队计划一天天丰满成形的过程中，依照国际惯例，舰旗问题应运而生。英国政府要求这支特别舰队的舰旗必须标识清晰，以区别于其他舰队。为此，李泰国煞费苦心，选择绿色为旗帜底色，中间有两条黄色带相交，旗中心还绘有象征清朝的黄龙旗，充分融合了中英两国的元素。

1863年3月5日，这面“中国海军旗”在官方的《伦敦政报》（London Gazette）上公布20天后，李泰国离开英国返华，踏上他的卷土重来之旅。这一天，正是这支舰队内首屈一指的“江苏”号军舰下水的日子。而到了夏天，“李泰国—阿思本舰队”才集结完毕，从利物浦港升火起锚，绕过好望角，驶向那生死未卜的遥远东方。

---

① （英）魏尔特著，陈敩才等译：《赫德与中国海关》（上），厦门大学出版社1993年版，第325页。

居然想当中国海军总司令

“李泰国—阿思本舰队”还未抵达目的地，英国的舆情已经在给这支中国英裔舰队下达任务了。《泰晤士报》的社评是这样阐述的：“首要任务，是建立帝国的权威——如果太平军有生命力，南京也许会成为新帝国的首都。但十年的经验证明，南京是一个‘强盗’的大本营。因此，阿思本上校收复南京，对起义军会是一个沉重的打击，而对诚实的商人是很有利的。第二个任务，是重新打通大运河的航道并勘探内河，在主要通道上建立电报网，教中国人使用蒸汽和电。第三个任务，是镇压流窜在通商口岸的‘强盗’。”

忧心忡忡

不知道报社记者撰写社评前有没有采访李泰国先生，反正这三大任务的出笼，怎么看都是李泰国的口吻。安排好舰队8艘船只分阶段的出发计划后，李泰国携妇将雏，于1863年5月1日先行抵达上海。同行的有他的新任秘书金登干（James Duncan Campbell），这个人的生涯很快就和赫德联系在一起了。

或许是鞍马劳顿，赫德在5月9日当天的日记着墨不多且字迹潦草：“他变得如此英国派，以致我担心他同中国人共事将是非常吃力的。他不会迎合他们的意图，他一定会坚持己见。天啦！如果所有事情变得一团糟，所有人都吵起来，我不会感到奇怪。”

这天中午，赫德自汉口乘“鄱阳”轮赶往上海，立即前往李泰国的办公室拜会，接着又去他住处长谈。晚上就寝前，匆匆写下上面这段忧心忡忡的文字。

赫德的担忧绝非多余，事情的进展被他不幸而言中。

回到睽违已久的总署，李泰国的第一件事就是授意赫德发布通札，告知已开放的13个口岸的海关税务司，李总税务司回来了！重新执掌权柄的感觉确实不错，但如果你以为他的胃口仅仅局限在海关一隅，那可真是“燕雀安知鸿鹄之志”。

李泰国的野心不仅是坐稳总税务司的宝座，他还要当上海军大臣，“更有甚者，他要求取消妨碍他染指海关税收的两个高级官职（北洋大臣和南洋大臣），他要求拥有像只有皇亲国戚才有的那样一座府第供他居住”，当然，要满足他的这一揽子欲望，首先是要清政府北京当局批准他的舰队计划。于是，就像一条永不餍足的巨蟒，李泰国带着他的奇思妙想，蜿蜒北上了。

彼时，李泰国打造的“李—阿舰队”已基本成形，就待吹响集结号，但这支拼凑起来的小舰队，或许在形式上符合恭亲王“工料坚实，尽善尽美”的要求，在实质上却与朝廷“单纯一桩买卖”的初衷大相径庭。

看看在年初就以中国“唯一的海军大臣”自诩，擅自代表中国政府的李泰国，是怎样自说自话地与阿思本上校订立协定的。

> “中国现建立外国兵船水师，任用阿思本做总统（总司令）4年，除阿思本外，中国不得聘请其他外国人充任总统；凡中国所有外国样式船只或调用官民新置各轮船，以后全归阿思本一律管辖调度；凡朝廷一切谕令阿思本文件，均由李泰国转行谕知；如有阿思本不能照办之事，则李泰国未便转谕；此项水师俱是外国水师，应挂外国样式旗号等等。”①

如此一来，清廷耗费巨资买来的舰队，完全成了挂外国旗、听命于外国人的外国舰队。而且，阿思本不仅是这支舰队的司令，还成了中国海军的总司令，李泰国则成了幕后老板。其实“鬼子六”并不糊涂，早已打了

① 《海防档》（甲），购买船炮（一），第159页。

预防针，在札文中明文规定，李泰国是受赫德委托在英国代办购买船炮，“只能遵照赫德同清政府议定和清政府对赫德所规定的事项范围内，妥速办好，此外无权自作主张”。但李泰国蓬勃的野心在英国政府的怂恿下，将本来单纯的买卖当成了控制中国军事的途径。

最要命的是这一条，后来导致整个舰队计划失败的也正是这一条！协定居然规定：“（李泰国）对于任何谕旨，如其合理程度不为其本人认为满意时，可拒绝居间传达（阿思本）。”这些“措辞笨拙”的协定，充斥着对中国主权完整的明显威胁，就连赫德在获知协定条款后都认为实在不妥，并为此写了一封长信进行规劝。

李泰国如果能听进去哪怕一个字，那他也就不是李泰国了。而“鬼子六”如果能接受这些“无异于允许他（李泰国）支配国家政策”的条款，堂堂的恭亲王或许也配不上大清股肱之臣这样的名头了。

改朝换代

从一开始，赫德就热情地鼓吹建立这支舰队，和李泰国一样渴望看到这支舰队参加军事行动。但他绝不会想到要组建一支完全由外国人组成的海军，也不敢设想这支海军只能听从通过总税务司转达的皇帝的命令。当他了解到李泰国和阿思本签订的协议条款时，赫德知道这是中国当局完全无法接受的，即使“对幼年的海关的发展和安全也是个威胁”。

不管怎样，赫德作为下属，只能陪伴总税务司北上——李泰国还没有见过恭亲王呢。尽管“天气酷热，沿途尘土飞扬，一路没有客栈”，一行人组成的“古怪的旅行队”还是上路了。善于揣摩亲王心思并清楚底牌的赫德，其实早已预料到李泰国的北上之旅将是自取其辱的不归路，但作为陪同的随员，他只静观其变。或许，赫德犹记得身边的这位上司，是怎样在前些日子里的信件中教训并羞辱他的。

“中国政府是贫弱而不能独立的，它要依靠海关，而不是海关要依靠它。作为一个独特的机构，海关必须有自己的代表和首脑——在目前的情况下就是我本人。你把自己视为总税务司，把我视为你的代理人。你要我代替你支取属于中国政府的款项，并把购得的船只的所有权属于你，我不能接受这种地位。但我向你保证我从未怀疑你对我的忠诚，虽然我认为你已被胜利冲昏了头脑，以致失去了理智！”①

展读这份150多年前的海关档案，一个既自负狂妄又刻薄刁钻的形象跃然纸上。不能不佩服李泰国卓越的文字功底，那真是损人不带脏字啊，一般人如果收到上司这样的来信，恐怕连想死的心都有。赫德其时其地的心境，我们大可以想见。

对下级耍横也就罢了，这位傲慢而粗暴的总税务司，又会如何对待他的上司——以恭亲王为首、文祥为辅的一干总理衙门大员呢？

1863年6月11日，是赫德生命中一个重要的日子，他这天的日记，告诉了我们想要的答案。

与一个月前言简意赅的那篇不同，这一天的日记极其详尽，事无巨细，将所有发生的一切场景、对话、内心独白甚至梦境都一一忠实记录，还原了中国近代海关历史上第一次改朝换代的幕后秘密！

首先是文祥给赫德透风：“恭亲王对李泰国的上呈一点也不满意。担心3件事情：第一，舰队到达后不受中国节制；第二，舰队的军官不服从命令；第三，维持舰队和总税务司署会把全部对外税收花掉。恭亲王强烈而公正地谴责李泰国曾在不久前的一天，威胁要把舰队的船只卖给叛军！”

岂止是“不满意”！“李—阿协议”一端上台面，自恭亲王以下，总理衙门诸公集体目瞪口呆，“其意竟思借此一举，将中国兵权、利权全行移于国外”！原指望让英国人帮助购买船炮，聘请外国官兵来组建一支新式海军舰队，但事权，即指挥权还是归中方的。恭亲王在最关键的问题上还是保持了清醒：不能让外国人控制中国的兵权！这直接导致李泰国当晚就“非常生气地谈到中国人不肯办他要求他们办的事”。

接下来，当赫德抱怨自己只是一个“署理”（代理之意）官员有难处

① （加）葛松著，中国海关史研究中心译：《李泰国与中英关系》，厦门大学出版社1991年版，第225页。

的时候，文祥对赫德交了底："你这样说就错了！难道你没听说过'署理'成为'实授'的吗？李泰国有朝一日总是要走的，到时候就非你不可了。"

在这篇长长的日记的末尾，赫德用一句话概括了他的上司的上司是怎样被虐的，"李泰国确实对待他们非常粗暴，毫不体贴"。

李泰国进京才短短10天，恭亲王就起了换帅之意。聪敏如赫德者，听了文祥的贴心话后，自是又兴奋又不安，甚至产生某些想法也是情理之中。但如果有人猜测"我们的赫德"趁机落井下石，那就大错特错了。

事实上，赫德从他的海关生涯开始，就显示出对李泰国的忠诚，而这种忠诚与其说是对李泰国本人，不如说是对海关本身。这种主观能动性，直接导致在总理衙门否决"李—阿协议"后，赫德挺身而出，"竭力收拾残局"。

虽说事情如他担忧的那样，朝着"一团糟"的方向滑去。但双方毕竟还没有撕破脸皮，还在不遗余力地进行讨价还价，应该有机会达成某种妥协。赫德投入全部精力，帮助总理衙门起草了一份有5个条款的新协议，目的在于确保舰队能够有效地运作，而不会受到皇帝只能通过总税务司来控制舰队这样不切实际的限制。

这个新协议就是《火轮师船章程》，它规定由中国人充任舰队的"汉总统"，阿思本降为"帮同总统"，作战时必须听从地方督抚大员的指挥调遣。同时，双方还订立攻打太平军的分赃协定：攻占南京后，所得财物"以三分归朝廷充分，以三分半归阿思本赏外国兵弁，以三分半归中国兵弁作赏；如果阿思本率舰队独占南京，则七分阿思本充赏"。

如此，这支舰队成了不折不扣的剿灭"长毛"的雇佣军。朝廷称了心，哪怕悬赏再多的花红也在所不惜。没想到，地方大员们不乐意了。

怎么就成了"吸血舰队"？

就在李泰国和总理衙门大臣"百端辩诘，舌敝唇焦"的当口，曾国荃率领的湘军在雨花台发动了攻势。这位曾国藩的九弟，因善于挖壕围城，素有"曾铁桶"之称。天京局势告急之下，天王忙令李秀成回师，南渡救援。

正值初夏，长江发起的大水，让忠王徒唤奈何。太平军死伤惨重，溺死者数以万计。而湘军水陆协同，轮番攻击，越战越勇。长江北岸太平军各要塞完全被占领，长江南北通道和上下游江面完全被控制，天京的水上粮道完全被截断。至此，战场主动权已完全向清军倾斜。

曾国藩确信，围攻天京的战机已经成熟。

最后通牒

也就短短的一年半载，形势发生了翻天覆地的变化。谁能想到剿灭太平军的行动会如此顺利？真是计划赶不上变化，对所谓“现代化”舰队的需求度，似乎也不那么强烈了。

确实，经过十来年的浴血奋战，付出那么多的巨大牺牲，现在，多路清军终于屯兵天京城下，眼看大功就要告成，怎能容忍外人跑来摘桃子？更何况还是一帮英吉利蛮夷。因此，无论是曾国藩、曾国荃兄弟，还是李鸿章等地方大员，接到总理衙门秘密发来的咨商函稿后，都对与李泰国商订的协议大为不满。

曾国藩一针见血：“此次总理衙门奏定条议，将兵柄全予李泰国，而令中国大吏居节制之虚号。”曾国荃也上奏说：“湘军已包围南京，兵船入江无用武之地，而且各船都由洋人指挥，未必肯受地方督抚节制。”李鸿章更是明确表示：“金陵已成合围之势，可勿庸外国兵船会剿。”

湘淮系实力派人物如此集体发声，朝廷甚感为难。毕竟都是大清的股肱之臣，不愿被分一杯羹的心情也能理解。既然是咨商函稿，那就再咨再商吧。一切貌似还有转圜，但一个关键人物的粉墨登场，让一切都变得不可收拾。

这个人，就是阿思本上校。

经过漫长艰苦的航行，“中国海军司令”阿思本率领着 8 艘炮艇以及 600 名雇佣军，浩浩荡荡地抵达长江口。由于发现太平军试图诱使洋水手为他们服役，阿思本连忙命令舰队转移到烟台港待命，而他本人则于 9 月 25 日到达北京，与李泰国会合。

当阿思本得知总理衙门拒不接受十三条协定，坚持要有个中国官员共同指挥舰队时，海军上校出离愤怒了！因为这与李泰国和他订立的合同大不一样！如此一来，他的地位急剧下降，从“中国海军司令”变成了“地方舰队司令”，貌似还是副的。不知是否想起了远涉重洋穿越风暴所遭的罪，当年的“狂暴”号舰长忍不住发飙：“我到这里来是为皇帝效劳，而不是充当地方当局的仆人！”

真是物以类聚啊，这个骄悍不亚于李泰国的外夷，经过 3 天的激烈辩论，书面向恭亲王提出了正式抗议，他“在用词上和李泰国一样不讲分寸。用未经斟酌的语言咒骂了中国整个行政措施”！

有了这样给力的外援，李泰国在接下来的 3 周内，“在总理衙门当着阿思本的面，在恭亲王引人注意的缺席情况下，诱骗，争论和咆哮”！

难不成他被那个了不起的祖先纳尔逊灵魂附体了吗？李泰国身上所有的“海盗”基因都在这一刻集中迸发。

这一点也不奇怪。李泰国坚信，他是没有头衔的外国顾问，但是地位很高。尽管中国政府给他报酬，他也只是受到全权委托，“为他们执行某些工作，他们得支付费用，然而得根据他的想法来做”！千万不要以为这个已经进入倒计时的总税务司脑子“进水”了，以至于产生这样荒谬可笑的想法。在李泰国一贯的思路里，他的地位就等同于中国政府。他向恭亲王汇报工作向来用平行书信函递，后被总理衙门驳回，才勉强换用申呈。

上帝欲灭亡一个人，必定先使其疯狂。终于，阿思本——这个李泰国的狂热崇拜者在 10 月 5 日向总理衙门发出了最后通牒：限 48 小时内批准他和李泰国签订的合同，否则立即解散舰队！恭亲王和他的同僚们却毫不妥协，文祥斩钉截铁地回复说：“清廷宁可退到长城之外，也不会屈服。”

在这场火星撞地球的对抗中，赫德却成为一个看客。聪明的他早在新协议起草好后，便寻找借口，闭门不出，在家搞起了翻译，就此脱离了与李泰国的接触，完全从阿思本舰队事件中脱身。不久，恭亲王奕訢又决定由他出任江海关税务司，并负责指挥长江各口岸及宁波的关务。这一职位，原是李泰国打算另委他人的。亲王之命，李泰国全然不知。待其了解此项任命后，才意识到赫德不仅成功地置身事外，而且还扩展了职权。①

就地遣散

事已至此，恭亲王已没有退路。

1863 年 11 月 16 日，同治皇帝收到了亲王的奏折：“该夷狡狯异常，中外皆知，屡欲去之而不能。今因办船贻误，正可借此驱逐。”

总税务司为他的骄纵跋扈，付出了代价，上谕批准，将其革退。

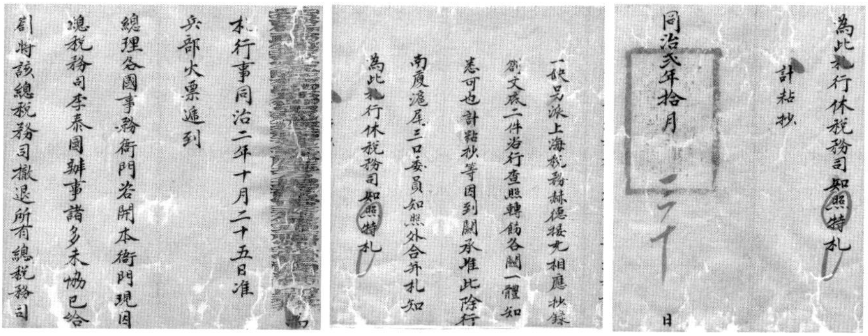

札行事同治二年十月二十五日准
兵部火票遞到
總理各國事務衙門咨開本衙門現因
總稅務司李泰國辦事諸多未協已經
劄飭該總稅務司撤退所有總稅務司
一缺另派上海稅務赫德接充相應抄錄
劄文暨二件咨行查照轉飭各關一體知
悉可也計黏抄等因到關承准此除行
南廈滬尾三口委員知照外合并札知
為此札行休稅務司知照特札

為此札行休稅務司知照特札
計粘抄
同治二年拾月二十日

▲1863 年赫德接替李泰国的札文

这种结局，李泰国始料未及。革职令一到，顿时“词色之间，业已神丧意沮”。

至于舰队，中国原本希望留下船舰遣散洋兵，但英国公使以尚未交货之军舰仍属英国财产为理由，坚决不干。后邀来美国公使浦安臣（Burlingame Anson）出面调停斡旋，然而当时适值美国南北内战，浦安臣恐怕在华出售各舰会让南军闻风买去，日本的大名（日本诸侯）也有可能会来抢夺这些舰只，遂力主带回英国出售。所以最后是各舰交由阿思本带回伦敦拍卖，所得款项扣除遣散 600 名洋兵的费用与阿思本个人所得后，退回中国。

不过“阿思本舰队”各舰被清政府退回后实际并没有全部返回英国，其中“江苏”“厦门”“广东”“Thule”四舰与 120 名洋兵被阿思本带到

① 参见中国第二历史档案馆、中国社会科学院近代史研究所合编：《中国海关密档：赫德、金登干函电汇编（1874—1907）》（第一册），中华书局 1995 年版，第 568 页，“赫德年表”。

了印度孟买，后“广东”与“Thule”两舰被印度政府以8124英镑代价购去，“Thule”号后来成为苏丹的游艇。

亲王还是给足了李泰国面子，赏赐给他和阿思本一大笔银子，以防他们回英后挑拨英国政府，“颠倒是非，处心积虑，遇事思掣中国之肘”。这也算是封口费吧。

这样一支来去匆匆的小舰队，也让清廷花了大手笔：“所用直接、间接有关各项费用，有历次拨付、李泰国实际收到的船炮价及驶华费用100万两，轮船来华后三个月的薪俸饷需月费225000两，遣散费375000两，阿思本犒赏费10000两，李泰国预支江海关零税连息132000两，补给李泰国买船炮经办费、在英活动经费、租房费、回国路费等七项共49336两，共计付出1791336两。除去李泰国退交现款约合128792两，收回船炮变价557149两，两项合计685941两外，实亏1105395两。”

一百多万两白花花的海关税银啊，都没听见个响，就不明不白地扔进了海里。西方的史学家倒也秉笔直书，他们给“李—阿舰队”贴上了一个极不光彩的标签——“吸血舰队”。

1863年11月29日是一个星期天，赫德用过早餐后，正准备照例念圣经做早祷，“忽接道台的名刺，他给我转来了总理衙门的公函，信封上写着致总税务司”。

我们注意到，在这一页的赫德日记上，有一个巨大的红色花体字。如果说引用的第一篇日记里赫德的心情是担忧，第二篇是忐忑，那么第三篇呢？简直就是心花怒放了。

在阿思本舰队事件中，两位同在中国近代海关工作的英国人，扮演了截然不同的重要角色，也产生了完全相反的结局：“一个操之急切，企图一举达到既定的目标；而另一个则从长远着眼，以稳重谨慎的面目取得信任，在巩固既得利益的基础上再谋求发展。李泰国站在前台，竭尽强横之手段，企图以‘生米煮成熟饭’的策略来逼清政府就范，但最终还是以计划破产告终。赫德则隐于幕后，从倡论买船，到安排购舰计划，一手包办。但当事有不虞之时，他退步抽身，并力图使自己能从中获取最大的益处。"①

一个出身寒微的英国人，就这样成了唯一的最后赢家，“发迹成为这个新秩序中作为中心人物的独特角色”。赫德的成功，来自他处理危机的能力，更“得益于他在文化上的那种敏感特质”。凭着对英国远东政策的理解，对清朝官场内幕的洞悉，他攀上了大树之巅。

但这个手握重权的年轻人，再一次表现出了与其年龄不太相称的城府，他拒绝评价他倒霉的前上司。直到在大清海关总税务司任上“呼风唤雨”十多年以后，赫德才用一种略显惋惜的口吻，道出了他对李泰国和阿思本舰队事件的评价。

他这样写道：“李泰国丢掉了多么辉煌的前景啊！假如他在1863年干出了有实效的事情，他今天也许已经是东方的俾斯麦了！”

① 方堃：《赫德与阿思本舰队事件》，载《天津师范大学学报（社会科学版）》，1994年第1期 。

第二章

蓝眼珠黑眼珠的对抗

1908 年，赫德在因病请假回国前，向税务处呈递了一个申呈，“历述他在任 50 年所办各事”。其中最显著的，以外交活动为最。

在这份凭借记忆奏报的长长的名单里，不知出于何故，赫德居然漏掉了他的第一次“初显身手”。

那是太平天国进入尾声之际，时任江苏巡抚李鸿章杀死了向他投降的太平军将领及其部众，并将苏州城洗劫一空，这次屠杀行为史称“苏州杀降事件”，不仅引发西方列强的严厉谴责，更是激起居间作保的洋兵首领强烈对抗。正是赫德历尽艰辛，居中斡旋，才使一场中西外交僵局冰雪消融。

成功化解“苏州杀降事件”危机，可谓赫德的第一件“杰作”。

不是年迈的总税务司记性不好，或许，他只是将这次调停，当成他今后数十载“业余外交”的一次练手吧。

这个洋人"不是人"

李秀成在被杀前9天，在囚笼内写下了震动海内外的《自述》。提及苏州、杭州的失陷，他感慨道："苏、杭之误事，洋兵作怪，领李抚台之银，攻我城池。洋兵见银，打仗亡命。"

忠王此言差矣！原来，包括他自己的手下，太平军中也有为数不少"有奶便是娘"的洋人，甚至大批黑人。与清军唯一不同的是，太平军中的洋兵没有独立成军。

不过，在抚台李鸿章大人的眼里，所有的洋兵搁一块儿，也抵不上一个查理·乔治·戈登（Charles George Gordon）。

奉为神灵

▲查理·乔治·戈登（1833—1885）

与李泰国19世纪40年代、赫德50年代就来到中国相比，戈登来得似乎有点晚了。1860年10月，第二次鸦片战争临近尾声，他跟随英军后续部队，只赶上了火烧圆明园。在日记里，戈登这样写道："（英法联军官兵）洗劫之后纵火，以最野蛮的方式毁坏这些最宝贵的财产……每一个人都发疯一般地抢劫。"

没有文献记载戈登参与其中，他鄙视这种行径。他也爱钱，但必须是他认可的正规渠道。不用多久，一个赢取功名利禄的大好机遇，便送给了这个战争天才。

那是战争结束后，戈登随英法联军在北京驻扎了一年多，然后移驻上海。时值太平天国李秀成部兵锋正盛，对上海形成包围之势。若不是仰仗一支数千人的洋枪队，上海又怎能撑到李鸿章的淮军乘英国商轮前来驰援?

这洋枪队便是美国人华尔（Huaer，Frederick Townsend Ward）率领的部队。两年前，当太平军攻破清军大营第一次直逼上海时，由于朝廷援兵迟迟不来，华尔在中国相关人士的支持下，招募流浪在上海的200余名西洋盲流，组成了一支雇佣军。青浦首役战败后，华尔遣散其中大部分人，仅余下少部分作为军事主官，另以一批菲律宾雇佣军为骨干，又招募了数千中国人，组建了“洋枪队”。

在其顶峰时期，这支配发当时最先进火器、使用西方先进操练方法的部队，人数多达5000人。如此，在李秀成卷土重来时，洋枪队以其优势兵力在松江一带接连打了几个胜仗，清政府大喜过望，忙不迭将首领华尔升为四品官。

按职业军人戈登的眼光，华尔纯属业余。这个美国商船的大副，也就具备一定的军事素养而已。谁让人家运气好呢? 升官发财不说，还入了中国国籍，娶了中国娇妻。但或许是华尔将一个男人所有的好运都享尽了，就在朝廷将洋枪队命名为“常胜军”不久，他在进攻慈溪时，吃了一个大败仗。

据《北华捷报》报道，“洋枪队死伤三分之一，华尔身受5伤，炮船全部丧失”。记者难免有夸张之嫌，其实只有一个弹孔，一枚小小的块状榴霰弹，便让华尔在“一个风雨之夜，东方泛白之前死去”。

如果他不死，中国近代史上也就不会出现戈登的大名了。

正是因为华尔的后继者不被清朝皇帝所喜欢，江苏巡抚李鸿章便请求英军司令另外指派英国军官来指挥“常胜军”。于是，1863年3月，刚刚晋升为少校的戈登，在松江接过了指挥棒。

“常胜军”毕竟不是正规军，成员绝大部分是想发横财的外国逃兵、被解雇的水手，且被美国流氓调教了两年，军纪难免败坏。戈登上任后的第一个大动作，就是铁腕治军。“他严肃军纪，建立刻板的操练制度，禁止士兵掳掠，而代之以优厚的军饷和奖金。戈登虽然严厉，但通情达理，以身作则，自己做不到的事情，决不强求士兵去做。”此外，他没有任何个人野心，对于自己本薪以外的报酬，一概不接受，发布命令时也不按中国给的官衔，而是署名“英国皇家工兵队戈登少校”。很快，戈登便凭借自己的人格魅力和领导艺术，征服了“常胜军”，受到士兵们的尊敬。

▲江苏巡抚李鸿章

传说戈登行军时，每次都走在队伍的最前面，随身除携带一支手杖，身无长物。

如此做派，既好像风度翩翩的英国绅士，又像会刀枪不入的神术法咒。说来也怪，部队行军时常会遭到伏击，戈登却回回有惊无险，麾下纷纷膜拜，将其奉为神灵。以至于连民间都流传着“洋人戈登不是人，天上神仙下凡尘”。

这样的军队不打胜仗也难。在身先士卒的戈登带领下，“常胜军”先后攻克常熟、太仓、昆山等重镇。“当守城的太平军看到这个勇敢的英国人（戈登），在他们的火力下坚持在城垣下画图计算时，一定不明白这和英军的准确无误的炮火有关。”李鸿章观战后忍不住感慨：“观此英夷讨逆，眼目清明，胜服灵丹。”特向朝廷保奏戈登为总兵官，领二品武官衔。

颇有微词

若论晚清外交第一人，非李鸿章莫属。别看他后来出将入相几十年，办了一辈子洋务，阅洋人无数。可要说到他最早与外国人打交道，就是早年率淮军驰援上海，参与中外会防时。华尔的洋枪队，不是盲流，就是流氓，入不了李大人的法眼，等见到卓尔不群的戈登，他不禁眼前一亮。

李鸿章在日记中，不吝溢美之词："这个英国人戈登的到来，真是天赐。他的言谈举止比我所见过的西洋人强过百倍，那些人大多傲慢自大，令人生厌。"几个月以后，"常胜军"协同作战，他得以近距离观察戈登，这个职业军人表现出的战术素养，令他叹服："看这个英国人战斗，真是疲惫的眼看见美景，沉重的心喜获甘露……如果有什么能和曾国藩的学识一样让我敬佩，那就是这个英国军官的指挥才能。"①

蜜月期是短暂的，没多久，李鸿章对戈登就有了看法。或许是不足为外人道，他只是将不满发泄在日记里："不管戈登将军心中有多少狂想，他必须管住他那张嘴。"

这，到底又是怎么回事呢？原来，戈登过于严厉的铁腕治军，产生了副作用。无论古今中外，将帅领兵作战，往往纵容军队烧杀劫掠。比如攻城之前，往往许诺城破之后可以劫掠 3 日，以此来激励士兵的积极性。要么军队粮草不足时，将帅命令士兵自己解决粮食问题，就是默认士兵去抢夺。要让部下卖命，就必须要解决部下的私欲，光靠忠君报国的思想和一点军饷远远不够，倘若非要严格约束军纪，不让军卒获得一点私利，那么军卒也就很难为了将帅卖死命了。

戈登不是不明白这个道理，但他是个有原则的人，是个理想主义者，他觉得他不远万里来到这个古老的帝国，肩负着拯救苍生的特殊使命。如此一来，他怎么能允许"常胜军"在攻陷城池后有任何的掳掠行为呢？这下问题就来了，他必须得保证充足的军费，还有他许诺的奖金。

李鸿章自己的淮军还自顾不暇呢，不得已，对"常胜军"的军饷是能拖则拖，大概他是想迫使"常胜军"通过劫掠，自给自足吧。不想戈登坚

---

① Lieut.-General Sir William F. Butler: *CHARLES GEORGE GORDON*, Macmillan and Co., 1907.

持原则，绝不松懈军纪。由于欠饷，“常胜军”几次哗变，都被戈登以铁腕手段镇压下去。而他多次向李鸿章索要军饷未果，难免气不打一处来，公开指责李鸿章和淮军将领营私舞弊，截流“常胜军”的军费。

从此，李鸿章对戈登的评价开始变得客观了：“（戈登）有不少缺点，他心高气傲，脾气暴躁，没完没了地要钱……虽然我对他颇有微词，但他的确是一个有高尚情操的人，我依然很欣赏他……他是一个诚实的人，只不过较难相处。”①

看人看本质，李鸿章招子挺亮，戈登就是一纯粹的军人，一个属于战场的军人，没准，还是一个脱离低级趣味的人呢。和赫德的处世圆融相比，不是一个等量级。

虽然态度起了微妙的变化，但李鸿章要借师助剿太平军，就不得不仰仗戈登，更何况，是戈登的一手调教，才使得常胜军“声威重振”。② 他戈登骂人难听也好，不给自己面子也罢，能忍则忍吧。只要他能常胜，一切都好说。

戈登倒也争气，率军与太平军激战于江浙两省，一路攻城拔寨。面对清廷的赏赐，他显得挺谦逊：“平叛如此乌合之众，没有什么了不起的。如果假以时日，中国官兵也可以平叛的。可是中国的上级官僚急功近利，于是在上海招募外洋无业亡命之徒，让这些人平乱；不知道这群人完全是冲着利益来的，反复无常，将会为中国留下无穷祸害，比土匪所造成的危害还要严重。我得以带领这支部队，严加约束，事后设法遣散，不让他们留下隐患。这是我为中国立下的一点微弱之功。”

微弱之功？戈登少校未免也太谦虚了！看看孙中山先生是如何评价的

---

① Lieut. -General Sir William F. Butler: *CHARLES GEORGE GORDON*, Macmillan and Co., 1907.

② （美）马士著，张汇文等译：《中华帝国对外关系史》（第二卷），三联书店1958年版，第101页。

吧——“洪杨举义，为英人戈登所败，终亏一篑”。

居间作保

既然攻克了常熟、太仓、昆山、吴江、江阴等地，李鸿章便把最后的总攻目标，投向了西边的江南重镇——太平天国苏福省的首府苏州。他分析，苏常为金陵根本，物产丰富，太平军必死守力争，且江南河汊纵横，进攻殊为不易。

确实，苏州是天京的最后屏障，占着苏州便是占着江南的咽喉。天京的地位，是在政治层面的，衔接整个江南江北，而湖南、安徽、江苏等地，全靠苏州这个枢纽。自咸丰十年即公元1860年的6月，苏州被太平天国攻克之后，为了巩固来之不易的基地，驻守苏州的守将是著名的忠王李秀成。他在加固苏州城墙的同时，也将著名的拙政园变成了忠王府。

当李鸿章的淮军与戈登的“常胜军”到达苏州时，面对的是一座固若金汤的堡垒。尽管戈登部队用火炮把苏州坚固的城墙炸开了好几个缺口，但久攻不克、伤亡过大的劣势局面，丝毫没有改观。

值得庆幸的是，李秀成太能干了，能干到哪儿都需要他，尤其是当天京频繁告急时，忠王经常要扮演救火队员的角色。他疲于奔命，没有条件常驻苏州，而天王洪秀全又拒不采纳他保全实力“让城别走”的建议，无奈之下，忠王将镇守苏州的防务大权，委托给了手下大将慕王谭绍光。

这个木匠出身的年轻人虽说只有28岁，但他得以封王也并非侥幸，靠的是一连串战功。在他的手下，还有纳王郜永宽（又称郜云官）等多位大将，均有王的封号。

此时太平天国已进入倒计时，正士气低落。天王的本意是想通过多封几个王，来提振士气，孰料一多封就刹不住车了，封了这个没封那个，意见一大堆，平衡不了，只好硬着头皮封下去，终于造成了一个政权有2700多个王的蔚为大观。

王多了，谁也不服谁。纳王郜永宽与慕王谭绍光素来不和，铜墙铁壁般的苏州城，便有了一道大大的裂缝。

堪与封王高潮比肩的，是太平军叛降的高潮。形势发展到 1863 年下半年。“显出叛降级别越来越高，归清地域越来越大的趋势”，而“降将开价的胃口也越来越大”。[①]

就在这股大潮的裹挟下，纳王动了心。这令刚刚吃过慕王苦头的戈登喜出望外。

那是在不久前戈登精心策划的一次夜袭中，谭绍光将计就计，先佯装撤退，然后“太平军看见敌人前来，立刻掉转头来先把戈登军与它本队的联络割断，就迅速地把它围攻起来。戈登大惊，他想不到在撤退中的太平军会采取这样的闪电般的行动向他反攻。他死命抵抗，幸得救兵赶到，才把他救出，但已经死伤惨重了”。[②]

自此，戈登对拿下苏州已是毫无把握，得知纳王正暗度陈仓，与清军互通款曲，自然十分欢迎，马上把这一消息告知了李鸿章，讨论如何不战而屈人之兵。

出于笼络郜永宽之需，李鸿章委派昔日太平军降将程学启与之单线联系。不日，郜密约程学启、戈登等人在苏州北门外阳澄湖上“单舸相见”。郜永宽之所以要求戈登在场，就是担心自己在投降之后，能否保全性命或受清政府的重用。为了让郜打消这个顾虑，大家一致推举戈登居间作保，因为他平生最讲信用。有了洋人的推动，谈判很快得以顺利成交：一是献城；二是“生擒忠逆（李秀成）或斩慕逆（谭绍光）首级来献”。

都是杀人如麻的人，谈笑间不仅做成了砍脑袋的买卖，郜永宽甚至还和洋人搭上了姻亲，将他的侄女许配给“常胜军”军医马格里。

1863 年 12 月 4 日中午，约定的里应外合时机已到。城外清军水陆齐

① 杨东晓：《程学启：从“悍匪”到“悍将”》，载《看历史》2011 年 8 月号。
② 罗尔纲著：《太平天国史》，中华书局 1991 年版。

攻，谭绍光赶紧“传令各伪王上城堵御”，正训话间，郜永宽使个眼色，手下挥刀即砍，谭绍光当场毙命。随即他又将“慕逆死党杀毙千馀”，率手下 3 万士卒开门迎降。次日清晨，郜永宽等人提着慕王头颅来到淮军大营，“验视无讹”后，程学启等随即率大队清军入城，又捕杀“慕逆”余党一千多人。

至此，这桩由戈登担保的献城归降交易可谓顺风顺水。

戈登到底藏在哪里？

1864 年 1 月 19 日下午，寒风嗖嗖。一只小船载着大清海关总税务司赫德离开上海，穿越“这个条约口岸西面纵横交叉迷宫似的水道”，踏上了寻找戈登之旅。

尽管从未谋面，但赫德对这个领导着“常胜军”的广为人知的英国皇家工程兵少校并不陌生。两人都是供职中国的英国臣民，在不同的岗位各自发光。那么，是什么原因驱使着新官上任的海关首长，“冒着冰冷的冬雨，坚持追踪那个静不下来的反复无常的统领”？

出尔反尔

赫德是 1863 年 9 月初从北京来到上海的，无论他出任这个条约口岸的新职时，还是两个月后接任总税务司一职时，他都希望能够将自己只限定在海关业务内。但是，就像他一生经历中常有的情形一样，这位新任海关首长很快便发现事与愿违——他要介入的事情，远远地超出了其公务范围。

谁让他掌握着真金白银呢?

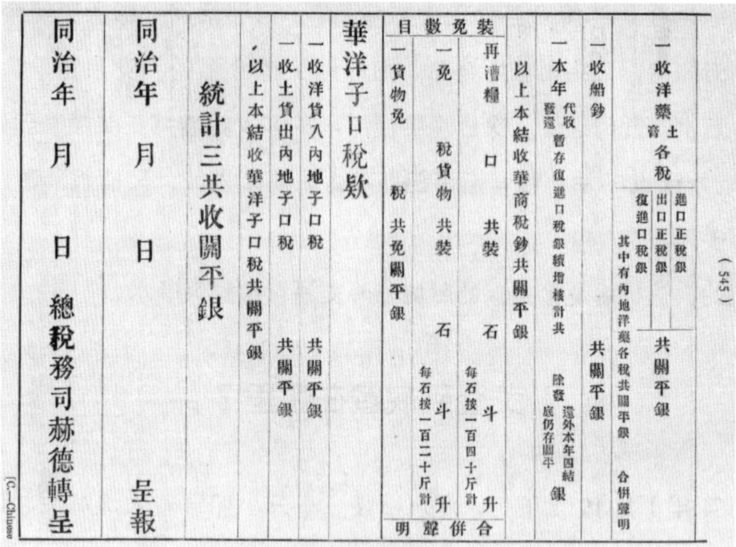
(545)

一收洋藥土藥各稅　進口正稅銀　出口正稅銀　復進口稅銀　共關平銀　其中有內地洋藥各稅共關平銀　合併聲明

一收船鈔　共關平銀

一本年代收發還暫存復進口稅銀續增核計共　除發還外本年四結底仍存關平　銀

以上本結收華商稅鈔共關平銀

裝免數目

再漕糧　口　共裝　石　斗　升　每石按一百四十斤計

一免稅貨物　共裝　石　斗　升　每石按一百二十斤計

一貨物免稅　共免關平銀

合併聲明

華洋子口稅欵

一收洋貨入內地子口稅　共關平銀

一收土貨出內地子口稅　共關平銀

以上本結收華洋子口稅共關平銀

統計三共收關平銀

同治年　月　日　呈報

同治年　月　日　總稅務司赫德轉呈

[C.—Chinese]

▲海关结华洋商船各款税钞数目清折

最棘手的问题，就是李鸿章与“常胜军”的几任外国统领麻烦不断。

彼时，“李鸿章的财政和政治权力迅速扩张，使他到 1863 年得以将淮军建设成为有四万名训练精良的勇营。但是，他在军事上还没有强大到足使‘常胜军’不起作用”，财政上也常常捉襟见肘。

“常胜军”规模虽小，却费用浩大，大到李鸿章不能正常按期发放兵饷。这不仅引起了戈登的强烈不满，连上海的英国外交官和军官都开始愤愤不平，抱怨李鸿章将北京方面委任的戈登，当成了一个地方上的英国雇佣兵。

这一情况甚至惊动了北京英国公使馆，引出了“中国的财政和军事管理究竟是由省还是由帝国负责的问题”。

赫德赞成英国公使卜鲁斯的看法，这也是“在京城和江苏省大多数外国人的意见”，那就是上海的地位不亚于所有其他口岸的总和，它的防务实在是太重要，不能单独托付给李鸿章的军队。于是，在不经意间，戈登成为赫德在上海地区军事上相对应的人物。前者“命令他的外国军官和中国军队将加农炮的火力瞄准太平军据点”，后者命令手下的海关税务司，为“常胜军”的行动所需款项，提供新的来源。

这种配合取得了令人鼓舞的成就。戈登在长江三角洲航道水陆两栖作战中，巧妙地利用轮船和加农炮，接连奏凯。又在其促成的精心安排下，使苏州太平军向李鸿章的部队投降。

苏州的收复，“预示着上海的商业活力重新勃兴”，但赫德自豪喜悦的心情并未持续太久，大麻烦就来了！“李抚台将七个王（太平天国‘王’）斩首，他的军队开进苏州，到处杀人放火，奸淫劫掠。”

原来，守城的太平军纳王部永宽丧失抵抗意志后，为促使他向淮军投降，戈登信誓旦旦地向他亲口许诺，归降后保证他及属下的生命安全。不料12月6日，即城陷两天后，纳王义子等人突然逃到戈登驻地，跪求庇护，哭诉其义父已人头落地！而近三万放下武器的太平军战士也遭到淮军官兵的屠戮。

李鸿章悍然违背戈登与纳王约定的投降条件，酿成惊天惨案，极大地刺激了戈登。传说他盛怒之下，收好了纳王头颅，拎着手枪到处寻找李鸿章决斗，以挽回自己的名誉。这是梁启超在他所著《李鸿章传》里的演绎——“欲杀鸿章以偿其罪，自携短铳以觅之。”

实际情形并非如此，当戈登亲见被腰斩的8具无头尸体后，他搭上火轮驶抵李鸿章大营，欲将其逮捕，但李已到对岸参加入城仪式。于是戈登在李官船中留下信函，提出最后通牒后返回营部，召集“常胜军”士兵，宣告苏州杀降事件，声称除非清廷对这种行为给以处分，否则不会再为清廷服务。的确，李鸿章让他“既蒙耻又心伤”，戈登咽不下这口气，威胁要将苏州城完璧归赵，甚至扬言要率部加入太平军，反过来攻打淮军。

一时间，“苏州杀降”成为大热话题，“西方洋人风传戈登空头许诺八王，骗其被诛”，英国在野之自由党因此而对保守党大肆攻击。甚至若干年后，犹有余波，梁启超点评说，杀降罪状有三：违背公理，食言，负友人。

舆情汹涌之下，英国最高统帅薄朗将军当即指示戈登“中止对帝国（清朝）事业现行的全部援助”；英国公使卜鲁斯通知清政府，根据他的命令，“戈登不得以任何方式同李鸿章保持联系”；各国驻沪领事馆官员代表全体外侨，“无保留地谴责抚台（指李鸿章）最近在苏州的举措，是违背人性的极其严重的背信弃义行为”。

《北华捷报》更是用过激的笔调，在社论里推波助澜：

> “我们很高兴……戈登少校将克制采取进一步行动。只有采取这样的手段，才能够对中国人施加影响。向他们呼吁荣誉感是没有希望的，因为他们没有什么荣誉感。
>
> 但是他们对自己的切身利益十分敏感，只有不牺牲他们的利益，才会使他们的行动符合欧洲的原则……（如果李鸿章发觉）他的行动结果必定使他失去训练有素的中国分遣队（戈登的常胜军）至关重要的帮助，他将来就会克制采取背信弃义的行动。”①

临危受命

作为贝尔法斯特女王学院的毕业生，赫德和他的同胞一样，天生就具备了维多利亚时代英国在道德准则方面对其他种族的优越感，否则他不会在日记中写道：“抚台将七个王斩首的行为多少有些令人费解。我以前从未听说过对于已经投降归顺的人加以冷酷无情或背信弃义的杀戮。”共同的价值观，使赫德能理解戈登的感受，但少校的鲁莽举止，他并不认同。眼下的当务之急，应该是联手迅速平叛，这对列强和清政府两方面都是有利的。

12 月 17 日，薄朗将军找上门来商量对策，他告诉赫德，已命令戈登

---

① （美）布鲁纳、费正清、司马富编，陈绛译：《赫德与中国早期现代化——赫德日记（1863—1866）》，中国海关出版社 2005 年版，第 42 页。

留守昆山，除了防御，什么行动也不要采取。但薄将军担心抚台会拒绝向军队发饷，想听听赫德的意见。

赫德回答，让戈登留在昆山不动，并非善策。他给出了6点理由：

> “1. 英国政府正在给予援助和戈登正在从事的事业，并非支持一个受人钦佩的抚台，使他管辖的省份恢复平静，而是支持总体的利益和帝国的事业；
>
> 2. 如果这个事业以及这些理由从前值得为之奋斗，那么现在也仍然如此；
>
> 3. 中国人支付军队费用，有权要他们为其效劳；
>
> 4. 就人员训练而言，一个目的在于使中国人认识到为了他们自己的国家有一个更好的政府，他们应当有合适的军事组织作为依靠；而且鉴于需要各省的友善和支持，劝说在北京——对上院和下院议员有影响——的人尽量不要使各省现在厌恶这支军队；李鸿章从一开始就对它担心，现在他看到它并不听命于自己，就要设法加以取消；
>
> 5. 如果戈登不接受抚台的命令，李就要“参”他，一位最应因功受赏的军官势必遭到损害，现在不能够容忍采取这样一个步骤；
>
> 6. 我认为部队应当继续作战，尽可能将叛乱镇压下去，然后遣散或者分开——这依赖于将来的革新。”①

在当天的日记中，赫德将上述理由一一记下，并用红笔花体修饰，看得出他很重视，并且为自己的真知灼见而有点儿小小的得意。这环环相扣、条理清晰的6点纲要，难道不就是薄朗将军想要的答案？或许这才是唯一的正解！

赫德当然也这么认为，他在日记的结尾，决定“要将上述大意写信告

① （美）布鲁纳、费正清、司马富编，陈绛译：《赫德与中国早期现代化——赫德日记（1863—1866）》，中国海关出版社2005年版，第55页。

诉戈登，但是最后还要加上：这不是劝告他，也不是向他建议，而仅仅是在他激动中可能坚持的立场之外，从另一个观点公开讨论此事”。

赫德的判断非常准确。清廷要肃清太平天国，离不开“常胜军”。而此时，英国方面将领的意见却是解散洋枪队，留下中国人去打他们自己的仗。战局悬于一线，恭亲王奕䜣心急如焚。

很快，赫德以他的清朝官员身份站出来为李鸿章开脱。他推测，李抚台最初并没有打算处决太平军首领，只是在降将们开始提出非分并带有威胁性的要求时，李才不得不先发制人，消灭他们。与此同时，他根据自己同清朝官场打交道的经验，想方设法保护戈登，避免其因违抗命令而被李鸿章所“参”。他的前任李泰国不就是因此而“下课”的吗？

虽然没有被正式授权介入这一事件，赫德却“依靠他的外交技巧和语言能力”，受到事件各方的青睐，成为他的中国雇主及其英国同胞之间必不可少的中介人。他的解释对于恭亲王及其总理衙门同僚来说是合情合理的，奕䜣指示赫德，要求他撮合李鸿章和戈登。

凭着对这两人的了解，赫德知道，对于杀人如麻的李鸿章来说，杀掉几个降将，根本就不算个事，而戈登则像爱惜自身羽毛一样爱惜信誉，把它看得比性命都重要。要想让他们重新修好，似乎是不可能完成的任务。但恭亲王认定赫德就是斡旋其间的最佳人选。或许，这也正合年轻的总税务司心意：他的视线所及，不应仅限于海关事务；他的角色定位，是为中国，更为英国，改变更多的现状，谋取更大的利益。年近而立的他，应该担负起更加宏大的使命。

杳无踪影

就这样，肩负着恭亲王交付的任务，诅咒着恶劣的天气，赫德带着他的中文文案满三德出发了。小船途经荒凉的村落和被践踏的田野，曾经富庶的江南鱼米之乡，已被战火摧残得满目疮痍。这该死的战争，早该结束了！

太平天国改朝换代的初衷，原本是为了建立一个现实中的富足平等的社会，没想到却演变成一场破坏性的大战乱，造成社会财富和人口的巨大损失。战争结束后，安徽、江苏、浙江一带千里无人烟，尸骨露于野。

马克思对太平军是这样置评的："除了改朝换代以外，他们没有给自己提出任何任务……他们给予民众的惊惶比给予老统治者的惊惶还要厉害。他们的全部使命，好像仅仅是用丑恶万状的破坏来对立与停滞腐朽，这种破坏没有一点建设工作的苗头。"①

想当初天王洪秀全起事，外国势力曾经对它抱有深切的希望，并试图与它先"勾结"起来。不说别的，这个崇拜上帝的政权一旦成功，岂不是一下子增加4亿基督徒？可在赫德眼中，看似进步、趋向自由主义的太平天国"暴行累累，经过这么多年，它肯定不会成功"，因此，他"虔诚相信（大清）帝国比起太平天国将给中国带来更美好的前途"。话又说回来，海关工作和他的地位难道不是"在某种程度上依赖于皇朝的命运"?!

赫德一路西行，来到戈登常驻的昆山，不想却扑了个空。以美感著称的昆曲故乡，早已不再秀丽，但发生在半年前的昆山之役，却堪称戈登戎马生涯的一座丰碑。彼时，戈登考察地形发现，坚守昆山的太平军被水道包围，唯一退往苏州的道路就建在河边。于是他率军乘炮艇迂回西南，断敌退路。昆山太平军溃逃后，"常胜军"的铁甲炮艇沿河追击，在十几码的距离上以密集的霰弹猛烈轰击，太平军伤亡惨重。苏州太平军守将率兵来援，也被"常胜军"和淮军击退。此役"常胜军"伤亡五百，太平军却阵亡三千。

可此时的戈登会藏身何处呢？赫德并非一无所获，他得知，戈登负气回到昆山后，在城郊建起一座归云堂，祭奠被屠杀的近三万太平军将士，还出资雇请道士，大摆中国传统的水陆道场，以超度死难者的亡魂。

或许只有来到这处散发着戈登气息的老窝，赫德才能读懂他的心声。在"这个难以捉摸、举止怪癖的英国统领"看来，那三千太平军战士死在战场上是天经地义，缴械的三万太平军却是死于一场阴谋，是他生命中无法承受之痛！

自称"前太平军陆军上校"的英国人呤唎（A. F. Lindley），在他所

---

① 《马克思恩格斯全集》（第15卷），人民出版社1963年版，第545~548页。

著的《太平天国革命亲历记》中，记载了这场集体大屠杀的惨状：

> “三万太平军被押此处（指苏州双塔寺）屠场处死，我们掌握了充分证据，知道被杀数目甚巨，我们有一个欧洲见证人的证据，亲眼见到这条河里弃满被斩首的太平军人尸身。
>
> 庭院约半英亩左右，地上浸透了人类鲜血，抛满尸体的河道水带红色，马佳尼医生……可以为此作证，地下三英尺深也浸染了鲜血，这是中国最优秀的鲜血。
>
> 亲眼见到河道里弃满被斩首的太平军的尸身，清朝官吏不得不雇用船夫把尸体推向城外大河里去，疏通河道。我目睹人类屠杀的可怕而感到不寒而栗。”①

死者已矣，生者何堪。戈登发誓要为那些曾重创过他的死敌讨回一个公道。如此乖张的同胞啊，赫德越发感到，要“促使戈登重新出来工作”，绝不是一件容易的事。

赫德放了什么样的大招？

“说来也怪，我（赫德）所去的每个地方都找不到戈登。”比这运气还坏的是，就在出发的第二天，赫德差点一命归西。“上午 9 时穿过‘千秋桥’，到达黄渡。青浦在左面，嘉定在右面：乡村荒无人烟，许多野雉。满三德的枪支扳动一半走火，幸而朝天放，否则我就可能挨中了！”

瑟瑟寒风中，这一路走得好辛苦。可如果和这惊魂一枪相比，一路走来所遭的罪，都显得微不足道了。

千辛万苦

1 月 22 日下午 3 时半，赫德带着满三德来到刚解放的城市——苏州，曾经的人间天堂，已是“许多尸体残骸，到处残垣颓壁”。城墙上装着三

① 呤唎著，王维周译：《太平天国革命亲历记》，上海古籍出版社 1985 年版。

排尖钉，挂着吊杆，谁想攀登，这些就会落到谁的头上。

不过，李抚台的新居忠王府却是“建筑讲究，而且整洁”。唯一的美中不足是透着蚀骨的寒冷。递上名条后，第二天上午11点，赫德见到了调解对象李鸿章。

早在一个月前，赫德就“接到李抚台关于苏州等事一封客气的长信：语气多少有些不以为然，说戈登误听他人之言”。的确，李鸿章认为戈登的反应小题大做，其他洋人则是大惊小怪，唯有自己一直赏识的赫德还算识大体。在两个小时的会面时间里，赫德首先非常坦率地告诉抚台，舆论是如何谴责他的失信行为，接着谈了自己的猜测。李鸿章“偶尔说几句话，做一些解释”，但他向赫德“详细叙述诸王执行死刑的情况”，并希望赫德“尽力劝戈登去看他”，双方还谈到对伤员的赔偿，赫德建议他付清一切，不要拖延。

最后，李鸿章指出戈登最有可能出现的两个地点：木渎或洞庭山。

苏州之行的最大收获，便是“从李抚台本人那里，得到一份有关引起他处决诸王原因的解释”，这与赫德之前的推断基本吻合。于是，带着“傲然自负的心情”，赫德告别相送的抚台，继续他的寻找之旅。

李鸿章临别时肯定的语气，也给了赫德极大的信心，当天的日记里，他转引抚台的指示时，用了3个惊叹号：“他说我会在木渎或洞庭山找到戈登。遇到将军！！！”

孰料，“天黑时抵达约西南20英里的木渎，知道戈登已于前一天过此”，“在风雨中穿过一片枯燥单调的沼泽，跨过一条通向湖州府的小河，□□几只湖南炮船，他们说戈登不在洞庭山”。[1]

“这样日复一日，走了4天多。天刮起大风，运河结冰，船主抽着鸦片咒骂，令人十分憎厌！”走走停停，寻寻觅觅，直到1月31日，也就是从上海出发后的第12天，两个疲惫的旅人下船步行约6英里，又绕回到昆山的城门下。

在赫德的记忆里，这是“很长的一天”。

---

① 方框内两字缺失，似应为“遇见”“邂逅”或近义之词。

从19日“取来线香，敲打铜锣”出发，一路上不是大风、飓风，就是沼泽、废墟，先还有心情买几尾新鲜的鱼，打两只野兔，到现在，大家都已筋疲力尽。

幸运的是，所有的厄运都结束了，持续多日的寻找有了回报，赫德“幸而终于找到了他”！

在昆山城门洞，赫德一行被“常胜军”哨兵拦住，直到戈登下令放他们进城。

终于找到了！眼前的戈登“年约三十，身材瘦小，有一对转动不停的非常蓝——浅蓝色的眼睛”。未及赫德开口，戈登便告诉他：“你在这里险些又见不到我，我今天早晨就要到苏州去。”

应该是猜到赫德的来意，戈登请他一同去苏州，并慷慨地将尚未进行的“游说之功”拱手送上：“你和我一同来，你的地位将因你曾经‘把叛军带回来’的功劳而得到加强。”而赫德的回答也非常讲究，既不贪功，又合乎戈登的口味：“我说我很高兴听到他要去苏州，我将很高兴和他一同去，但是我要告诉抚台的第一件事是，戈登在我见到他之前，就已决心去拜访他。”

苦口婆心

这些日子以来，李鸿章作为一军统帅，承受了太多的舆论压力。如何安抚戈登，的确是一件麻烦事。看来，这个软硬不吃的家伙，比李泰国之流要难对付得多。

赫德的背影渐行渐远，直至消逝在江南的冬野。虽然只有短短的两个时辰，但这个年轻人“杰出的才能和极高的工作热情”，让李鸿章深以为许。难怪赫总税务司能“博得恭亲王的欢心”，大清得其襄助，幸何如哉！其实李鸿章第一次遇见戈登时，也曾发出同样的感叹：“英酋戈登翩然来此，此人英姿飒爽，向所未见，且颇驯谨，了无跋扈恶态，不特韬略娴习，抑且质直明达。”那次见面后不久，李鸿章亲自观战，常胜军的出色表现，更让他对戈登赞美有加。

可惜好景不长，渐渐地，戈登心高气傲、脾气暴躁的毛病日益显露。

李鸿章能忍也就忍了。没曾想这次杀了几个“长毛贼”，戈登的反应会如此强烈。看来也不像是作秀，否则怎会将赏他的一万两白银悉数退回？洋人实在是难以琢磨，他们口口声声标榜自己有着高尚情操，简直就是妇人之仁。

确实，翻脸以后，双方都难以下台。戈登四处逡巡，又何尝不是为了排遣满腹郁闷？最令他耿耿于怀的，是杀降貌似早有预谋，他应该是被老谋深算的李抚台耍了。“不速之客”赫德的到来，让他既惊又喜。惊的是这个年纪相仿的同胞冒着生命危险和天寒地冻，一路寻来；喜的是这些日子以来的种种憋屈，终于有了倾吐的对象。

前些时“苏州杀降”事件持续发酵，赫德曾站出来为李鸿章开脱，并在一周前得到了印证。李鸿章坦承，在痛下杀手之前，他也曾“踌躇三昼夜，不能决”。李抚台并没有利用戈登，更没有耍弄戈登，他杀降纯属不得已而为之！戈登的苦水尚未倒完，赫德心中便已经有了底。就抓住这点巧妙说合，矛盾或许就能化解。事实上，维多利亚时代的道德准则同儒家认为君子以其公正善良行为见称的教导并非绝不相容。如果说中西文化观念的差异就像难以填充的沟壑，那么他赫德本人，不就是一座架设于两者上空的桥梁？

在不久前的圣诞夜，赫德对自己发问，在中国担任公职活动的目的到底是为了什么？除了“使新关更趋完善，配备好的税务司……使帝国国库充实”，他还给自己提出了更高的要求。

> “我必须努力尽我所能，影响中国人，唤起他们对待外国人更为友好的情感：处事正确；以这样的方式，辨明是非，并且使和平获得保证。
>
> 我必须尽自己力所能及，在叛乱现在正被镇压下去之时，防止帝国的人们（清政府）的排外情绪有任何滋长，或受到任何怂恿。”①

① （美）布鲁纳、费正清、司马富编，陈绛译：《赫德与中国早期现代化——赫德日记（1863—1866）》，中国海关出版社 2005 年版，第 62 页。

一种天降大任的使命感驱使着总税务司，这个衷心希望帝国事业获得成功的年轻人，尽可能站在客观公正的立场，向戈登叙述他所知道的一切。

有些时候，最平实的招数，往往也是最管用的招数。

真相大白

原来，纳王部永宽等人献城后，李鸿章便着手向朝廷起草《克复苏州折》，决定宽恕降将及其部下，当时并无杀降之意。但在正式受降仪式之前，诸王却提出了让李抚台断断不能接受的两个要求。

第一条："坚求立二十营，占阊、胥、盘、齐四门。"所谓"阊、胥、盘、齐四门"，实际上就是大半个苏州城。纳王要求有权管辖半个城市，并统率两万人马，只剩下东门一隅留给淮军。李鸿章在给其弟李鹤章的信中说："欲割西南半城以处降众，分东北半城以处官府。卧榻之前岂容他人鼾睡，致有尾大不掉之虞。"这个条件太苛刻，不要说李鸿章，就是朝廷也绝无答应的可能，甚至因此降罪责罚，也未必可知。

▲苏州开埠后繁华的阊门

第二条："奏保总兵、副将实职，指明何省何任。"清廷对降将的原则向来是先抚后察，对于事先许诺降将的优惠条件，李鸿章也是"不见兔子不撒鹰"。他期望的是，诸王率众归顺后，通过奋勇作战立下功勋，再为其论功请赏。可诸王以为献城后即刻就能顶戴花翎，未免操之过急了。

当这些要求转给李抚台时，“鸿章大惊”。如何答复诸王，立即变成了“烫手山芋”。如果说有上、中、下三策的话，此时都行不通：上策，就是答应诸王要求，皆大欢喜，似乎不太可能；中策，答应诸王部分条件，但太平军尚有两万兵力，一旦反目实难对付；下策，就是全部拒绝，后果不堪设想。

以郜永宽为首的诸王仗降将之众，自恃可以交换到更多的优惠条件。这本身就让李鸿章踌躇难决了。偏偏在此节骨眼上，一则“纳王一人发迹未除”的说法，彻彻底底地激怒了李鸿章！“受翎不剃发”，岂非预埋反骨？此时此刻，最安全的办法，莫过于将他们立即处死，来不得半点犹疑。

作为降将，既然选择投诚，就应该屈尊顺势，而不能擅提条件。纳王们不靠谱的过分要求将自己推向了不归路，逼得李鸿章先下手为强，遂于6日中午在苏州娄门外军营会见并宴请郜永宽等人时，安排刀斧手埋伏于宴席周围，乘诸王不备，果断采取了斩首行动。

有关史料还原了杀降场景：“旋有武弁八人，各手一冠，皆红顶花翎，膝席前，请大人升冠。降酋不知是计也，竟扬扬得甚，起立，自解其额上黄巾，手冠者俟其侧，从官尽起，目注之。转瞬间，八降酋之头血淋漓，皆在武弁之手。”①

赫德娓娓道来，实际上已充分说明了李鸿章“情有可原”“处决并不是预先策划的背信行为”。但赫德处理危机实有其高明之处，在与戈登“散漫的长谈”中，一俟查摆完上述事实，并没有马上为李鸿章辩解，而是话锋一转：

> “我不想对抚台的行为作出解释，或加以掩饰，而只是说，即使他行为失信，但是我认为这是他个人的行为，不应容许像他这样身居高位的人的行为，1. 损害帝国的事业，2. 阻

① 王德森：《记程忠烈计诛降酋事》，载《岁寒文稿》卷4，第16~17页。

挠英国政策的施行，3. 让地方动乱拖延下去，4. 鼓励叛军。”①

纵然戈登有百般委屈，也不能不被这番上升到国家利益的说辞触动。在大局面前，个人的小我似乎微不足道了。更何况，他终于意识到：“在当时情况下，李鸿章下令，把在他控制下的藐视他的权威的太平军诸首领立即处决，那是不能按照司法观点来严厉责备的。”

赫德离开苏州前，曾极力劝说李鸿章，先行“偿付戈登要求给予伤员和那些看来日益宜予淘汰的人员全部钱款”。没想到他前脚走，李鸿章很快便派人兑现，而这种“慷慨大度”又直接促成了戈登准备“去苏州访谒李鸿章”。此时赫德的出现恰到好处，他更有台阶下了。

他才是关键先生！

1864 年 2 月，李鸿章上奏朝廷：“是李本人利用赫德作为中介，发起同戈登正式和解”，“同时，戈登也十分得益于赫德对李鸿章行动有力的辩护”。

戈登虽然同李抚台再度合作，却仍然愤愤不平。他拒绝收受清廷赏赐的一万两银子，并在褒奖令背面写下了这样的文字——“由于攻占苏州后所发生的情况，我不能接受任何标志皇帝陛下赏识的东西”，以此表示个人对于杀降事件持有保留意见。

有情绪实属正常，戈登能重新回到战场，就是成功。

这应是赫德第一次，但“绝非最后一次处理的危机。”

握手言和

1864 年 1 月 31 日晚 11 点，总算“释然解悟”的戈登在赫德的陪同下，乘坐“海生”轮驶向姑苏城。这艘浅水明轮铁炮舰是“常胜军”的旗

① （美）布鲁纳、费正清、司马富编，陈绛译：《赫德与中国早期现代化——赫德日记（1863—1866）》，中国海关出版社 2005 年版，第 97 页。

舰，但在天寒地冻的季节里夜航，却发生了意外，“他们开始叫嚷船要沉了，并且十分确信船进了许多水”。一番折腾，换了一艘船才得以继续前行，而此时的赫德“和衣躺在箱子上面，想要睡觉，却睡不着”了。

有意思的是，当戈登第二天来到忠王府拜访李鸿章时，两人跟约好似的，闭口不谈任何与“杀降”有关的事。

不管怎样，赫德这趟“不舒适的旅行”，为戈登和李鸿章“提供了两支部队再度公开联合的一种易行而又保全面子的方法”。大家一致同意赫德的调和方案——“戈登在中国新年过后便带部队作战，抚台（李）发表一项告示，由他本人承担处决诸王的责任，并表示戈登对此事一无所知。”

李鸿章不会再次失信。没多久，他便向上海的英、法、美等国使团去函，说明苏州杀降的前因后果，强调杀降纯粹是中方决定，和戈登没有半毛关系。

接着公开发布一项告示，解释对处决太平军首领负有责任的是江苏巡抚，而不是戈登。这个公开告示的内容，显然经过李鸿章的精心设计与推敲，应该与他不久前给皇帝的上奏别无二致。译文发表在 1864 年 2 月 27 日的《北华捷报》上，既让戈登彻底与该事件撇清，又为李鸿章自己开脱。

> “叛军部（伪号纳王）及其同伙立即处决时，已作出的安排随时都可以被推翻，戈登将军不在场，不可能认识到所涉及的情况……起先，有关投降、杀戮伪号慕王、东北城门投降，以及订定军营会见时间的谈判，每一个步骤戈登都知悉，但是伪号纳王当其到之时并未剃发，而且大家都看到他的反叛意图……他言辞推脱暧昧，表情极为狂暴放肆。这一切都发生在投降已经结束之后，因此，抚台为自身安全计，除变更业已商定的条件以防卫外，别无他策，所有这一切细节戈登并无所知。”①

① 《江苏李抚台告示》，载《北华捷报》1864 年 2 月 27 日。

同时，应戈登的要求，赫德在致卜鲁斯的一封长信中，出色地为李鸿章和戈登二人进行了辩护。他指出，处决苏州叛军的首领，并没有妨碍其他太平军领袖向清政府部队投降，实际策划太平军诸王投降的不是戈登，而是淮军指挥官程学启。处决当时，戈登已去了昆山，因为“即使抚台认为在执行（死刑）之前同他交换意见是合适的”，但时机太过紧急，稍纵即逝，容不得李鸿章有片刻耽搁。

纸面上的功夫使完后，便是更为实惠的内容。李鸿章向朝廷请赏，授予戈登中国军队最高的军阶——提督，赐黄马褂，戴孔雀翎。朝廷为了安慰曾经“很受伤”的戈登，还仿照西方式样，给他定制了一枚硕大无比的纯金奖章。

至此，在赫德的一手撮合下，一场中西外交僵局冰雪消融。戈登倍感有面子，他终于“可以放心回去，投身于他如此热爱的军事行动”。

当然，恭亲王也不会忘记赫德的调停之功，专门上奏，在这年的年底赏赐给他按察使的官衔，这是清廷首次给一个外国人这样高的荣誉。此先河一开，赫德便频频长袖善舞于中国的政治外交舞台，“担任类似斡旋和解的角色，干预并改变了中国历史上一些众所周知的政治和战争走向”。

高潮时分

如果说整个事件得以圆满化解可谓赫德的一件“杰作”，那么，这件作品的最终完工却是在3个月后的5月11日。赫德此前所做的全部努力，仿佛都是为了这一天。

这便是克复常州的总攻日。“戈登邀请了赫德和其他几个熟人在攻打这座城市时来到现场，他保证这个场面值得一看——这是他的整个战役的高潮。”

高潮的确来之不易。2月末，戈登恢复对他的部队进行调动。3月1日，他迫使宜兴投降。3月9日，又迫使溧阳投降。或许是太过顺利，这个月下旬，“常胜军”在金坛遭到严重的挫败。腿部中弹、险些丧命的戈登，在给母亲的信中这样写道：“我想，如果我能活下来，圣诞节之前应该能回家。我承受的损失惊人，100名军官伤亡48人，3500名士兵伤亡

1000 人。不要说我脾气倔强，但我真是不在乎提升或荣誉。我知道当我离开中国时，我会和来时一样穷。但是我想，通过我的努力，数十（万）的生命能够得救，我就心满意足了。"

程学启就没有那么幸运了。他在清军 3 月 25 日攻占浙江嘉兴时脑部中弹，20 天后因伤去世，年仅 35 岁。据说在临死前，他曾大呼郜永宽的名字。

摆脱死神的戈登很快卷土重来，指挥部队向天京的前哨防线——常州推进。而此时的赫德，人虽回到上海，却更加"积极介入常胜军的事情"，他经常同戈登通信，充当李鸿章和这位英国统领之间的中介人。他劝李鸿章按期发放军饷，并给"常胜军"物质援助，甚至由海关提供一名翻译，以便帮助戈登和中国当局作更有效的交流。

因此，赫德担得起座上宾这份荣耀。

可是，戈登未免也太有个性了！他居然将一场生死之战当成了他个人表演的舞台。要知道，固守常州的太平军兵强马壮，也不是吃素的，戈登凭什么那样成竹在胸，夸下"毕其功于一役"的海口？

带着小小的疑问和"不会被枪炮打中"的朴素愿望，赫德如约前来。他兴致盎然，因为这件完美"作品"如愿杀青后，可以想见今后一定佳作不断。

11 日的攻击预定在中午，整个上午，戈登不断向城里炮轰。到中午，他下令停火，并且解释说，"里面的穷光蛋"会以为他已经"干完了一天工作"。他匆匆吃了午饭，1 时发出攻击信号，这时赫德和李鸿章一起站在山坡上，观看作战行动。同时发起三次猛攻——两次佯攻，一次由戈登亲自率领。

具有象征性的是，戈登首先穿越一个狭窄的缺口，戏剧性的时刻便这样过去了。

这个冒险家果然成功了！望远镜里的戈登从云梯跃下，宛如大鸟一般，着实惊艳。赫德不禁拊掌称好。李鸿章心里却明镜似的，剿灭"发逆"，洋枪队固然居功至伟，其实身边的赫德才是关键先生。因为这场持续十余年、压抑而沉闷的拉锯战，早已演变成彻底的人力和资源消耗战，如果没有海关官银的不断输血，甭管什么湘军、淮军、“常胜军”，统统抓瞎。

常州失守，太平天国的都城天京再也无险可据，于两个月后的 7 月 19 日轰然陷落，“一场人间天国梦就此终局”。3 天后，身在北京的赫德才获悉这一消息，他用红色铅笔在当天的日记里记下：南京完全落入帝国军队手中。

战争结束了！战斗英雄戈登已无用武之地。但是，“戈登热爱战斗”，他就是传说中为战争而生的人。战场上的硝烟之于他，就像顽童置身于过年的爆竹声中，可谓甘之如饴。就算他能预见到 20 年后，他的头颅会像纳王一样被人割下，挂在喀土穆的树桠上迎风招展，他也会义无反顾地去做他的苏丹总督。

“常胜军”也完成了它的历史使命。全体军官辞去了在清军中的职务，三千多官兵均在得到大笔赏金后于昆山就地解散，武器充公。

在以休假为由返回英国前，戈登向李鸿章进言：“中国人民耐劳易使，果能训练有方，贵国自可转弱为强！”且不论晚清政府日后有没有转弱为强，李家军倒是“先富起来了”——遣散“常胜军”后的大部分武器装备被编入淮军，实力大增。

李鸿章也算有情有义，拨银 1500 两，在上海外滩外白渡桥南堍建起了“常胜军”纪念碑。这座造型独特的三角锥形碑上，除镌刻着汉文“得胜”二字，还有 48 名阵亡的外籍“常胜军”官兵姓名，因华尔排在第一，故又被称作“华尔纪念碑”。而在李鸿章看来，真正的那座丰碑，却是远在英伦的戈登。

在所有的洋人中，李鸿章打交道最多的当属赫德，但论到对他影响最为深远的，恐怕非戈登莫属，这位比李鸿章整整小 10 岁的英国少校，提供了一种不同于中国传统伦理道德价值的新事物，那就是契约精神。

契约精神实际上很简单，就是说话算数，一旦作出了承诺必须要执行，而且是不打任何折扣的执行。但遗憾的是，一直是农业社会的中国向来缺乏这种商品社会流行的契约精神。比如说田忌赛马，其实是违约的，违背了赛马的规则，即上马对上马、中马对中马、下马对下马，而田忌却使用了下马对上马、上马对中马、中马对下马。

饱学如李鸿章者都推崇的类似田忌这样的聪敏之人，却不被西方人待见。

据说戈登谢绝了清廷的其他赏赐，他的归国行囊里，仅有那枚奖章和黄马褂。而他一回到英国家乡，就成为热门人物：英国政府提升他为中校，女王册封他为“名誉勋爵”，媒体称他为“中国人戈登”。[①] 英国著名远东问题专家亨利·诺曼的盛赞，让依然年轻的中校，走向他人生的高峰。

> “毫无疑问，正是由于戈登的杰出才能，才使得大清帝国当局得以苟延残喘。在他身上，优点与缺点几乎平分秋色，在远东流传的有关他的故事，肯定是非常有趣的。但是，我在这里不想做任何描述，因为民意似乎下定决心，只想记住戈登先生生命的一个方面，即他是一个英雄，尽管他原本是多面而复杂的。”[②]

不曾想，这个战争狂人却害羞起来，他深居简出，拒绝抛头露面做英雄，显得无比低调，甚而将纯金奖章熔掉，捐给慈善机构，只保留了那件绸质黄马褂，至今依然存放在英国的戈登纪念馆。

---

① 戈登的名字“Charles George Gordon”，其中“Charles”和“Chinese”谐音，故英国人又称戈登为“中国人戈登”。

② 吉伯特·威尔士、亨利·诺曼著，邓海平等译：《龙旗下的臣民——近代中国社会与礼俗》，光明日报出版社 2000 年版。

第三章

胆大包天的计划

什么学校的毕业生这样“牛逼”?! 敢和美国总统飚英语，且瑞典国王为他敬烟!

19世纪60年代，一场被历史学家称为“同治中兴”的自强新政，正由当局的精英阶层自上而下地推动。为应付将来的不测之变，领导这场改革的恭亲王“作出了一个实在大胆的计划”，那就是对教育和官制动“大手术”，尽快培养任用一批既有西学知识又有责任感的年轻官员。而实施这一计划的平台，正是赫德“特别偏爱的一个事业——京师同文馆”。

这所学校尽管培养出了“牛逼”学生，但却不小心触及传统中国的意识形态底线，“同文馆于1867年因教授奥秘的‘术数’和‘奉夷为师’而受到激烈攻击”，进而引发了一场权力顶层的内讧。同文馆事件酿成的苦果，导致中国坐失良机，一蹶不振。更让人大跌眼镜的是，在此事件上又衍生出一桩事件，让赫德烦恼不已……

一个人和一所学校

1866 年 5 月，在花都巴黎的商店橱窗旁，清王朝第一个海外观光使团团员——19 岁的张德彝（又名张德明）两眼发直。事后，他在《航海述奇》里记下了当时目睹的这样一种神奇物件："将是物冠于龙阳之首，以免染疾。牝牡相合，不容一间。"作为一名勤于思考的青年学子，张德彝在质疑其"虽云却病，总不如赤身之为快也"的同时，小心翼翼地将其命名为"肾衣"。

这样雅致的称谓，较之后世通俗的学名——安全套，文化底蕴不可同日而语。

洋务学堂

有理由相信张德彝只是纸上谈兵，他不会也没有机会尝试这一新鲜洋玩意儿，在访问团团长的严格调教和指导下，他除了认识到肾衣可以"却病"，还可避孕。年轻的学子再次开动脑筋，运用儒家思想进行抨击："其法固妙矣，而孟子云：不孝有三，无后为大。惜此等人未之闻也。要之倡兴此法，使人斩嗣，其人也罪不容诛矣！"

斩嗣者，断子绝孙也。正是因为自觉维护纲常，凡事认真钻研，张德彝以后仕途坦荡，不仅被清政府先后派驻英国、比利时、意大利做外交官，还一度成为"帝师"——光绪皇帝的英语老师。

对一个来自"大城市"铁岭的贫寒旗人子弟来说，这样的修为，足以光宗耀祖，他最应该感恩的，当是一个人和一所学校。没有这个人，他不会走上外交之路；没有这所学校，一切都无从谈起。

这个人，便是促成访问团的推手赫德先生；这所学校，便是近代史上大名鼎鼎的京师同文馆。

事情还得从张德彝15岁那年说起。

这一年，洋务派官员倡导下的“洋务运动”开展得如火如荼，总理衙门为了培养能够办理洋务的人才，决定创办一所洋务学堂，也就是一所外国语学校，延请外国人来教中国人说外语、写外文，培养翻译人员，即当时所称的通事。

通事早已有之，主要由广州十三行等与洋人做生意的人群里自发形成，没有经过科班训练。只有在北方，因与沙俄来往紧密，而俄语通事难觅，清政府曾在北京设立过俄罗斯文馆。第二次鸦片战争之后，公使驻京了，与西方国家交涉事件开始增多，其中尤以英、法为最。因此，对于懂英语、法语的人才需求孔急。

按理说那些自学成才的通事也能抵挡一二，但一来这类人数量实在有限，不能适应对外开放的新形势新要求；二来通事大多与洋人过从甚密，清朝官员对他们难免不太放心。李鸿章来到涉外前沿的上海不久，即发觉了通事们的斑斑劣迹。

> “查上海通事一途，获利最厚，于士农工商之外，别成一业……类皆资性蠢愚，心术卑鄙，货利声色之外不知其他。”①

最先认识到迫切需要培养自己翻译人才的，当属洋务运动的旗手、恭亲王奕訢。虽然他很早就明白“欲悉各国情形，必先谙其言语文字，方不受人欺蒙”②，但还是在咸丰十年签订北京条约时，由于缺乏合格的通事，以致被洋翻译忽悠，在中法条约中掺入了不少关于传教士特权的内容。这“使大清帝国处于屈辱的处境”。

吃了这样的大亏，恭亲王及其僚属便在1861年1月提议设立总理衙门

① 同治二年二月初十日李鸿章奏，《筹办夷务始末》（同治朝），卷14，中华书局2008年版，第2页。

② 咸丰十年十二月初三日奕訢等奏，《筹办夷务始末》（咸丰朝），卷71，中华书局1979年版，第24页。

的奏折里，建议为了解决对外交往的当务之急，“设立外文学馆，培养熟谙外国语言文字的人才。依照俄罗斯文馆的先例，设馆授徒，从八旗子弟中挑选天资聪慧，年龄在十三四岁以下者入馆学习”。① 朝廷很快就予以批准，英国公使馆参赞威妥玛推荐传教士包尔腾担任教习。1862 年 7 月 11 日，“京师同文馆”正式开张。次年，法文馆和俄文馆同时开学。

▲京师同文馆大门

清政府的本意是在满洲八旗子弟中招生，没想到八旗子弟多认为只有走科举、学孔孟才是入仕之道，学习外语不是正途。尽管政府一再提高奖励补助标准，还是没有多少人报考。无奈之下，只得将招生范围扩大，在“八旗满、蒙、汉闲散内，酌量录取”。

正是在这种背景下，出生寒门又天资聪颖的张德彝，才有机会取得改

① 李时岳、胡滨著：《从闭关到开放》，人民出版社 1988 年版，第 315 页。

变命运的敲门砖。或许正是自幼家境贫困，在舅父的资助下才读了一点私塾，所以小德彝读书刻苦，锲而不舍，“年未弱冠，慷慨有四方志”。终于凭着优异的学习成绩，考上了大清第一所外国语学校，成为同文馆首届十名英文生中的一员。

总理各国事务衙门设在北京东堂子胡同原蒙古族大臣赛尚阿的府第内，正院为衙门大堂，东院即为京师同文馆。木质门额上，是醒目的“天下同文”四字，不禁使人联想起亲王创设同文馆的一番雄心。这样的格局，注定了同文馆从老师到学生都备受荣宠，按规定，洋人教习领取高额俸银，学生根据成绩的不同，每月酌给膏火银3两至15两不等。所谓“膏火”，是书院时代的名称，意为灯油费，就是每月发给几两银子，作为奖学津贴，以此鼓励“西学”。

彼时一两白银的购买力，约合现今人民币300元。这大笔白花花的银两，都由总理衙门从船钞收入中提取三成支出，换句话说，统统由海关买单。

所谓船钞，也称船舶吨位税（明清时向内河商船所征的税），其收入款项向来不必解送户部，专门供各海关修造浮桩、号船、塔表、望楼及一切办公之用。统辖海关的总理衙门认为从船钞收入中提取三成，于各海关办公不致有误，故依靠船钞稳定的税收来作为办学的经费来源。即使是因挪用船钞镇压太平军军费而引起外商争议的非常时期，供同文馆的三成船钞也未受任何影响。①

开花结果

赫德与同文馆的关系，不是一天两天，几乎可以说是一辈子。

一个洋人，肩负着大清海关总税务司的重担，却与一所学校有着如此深厚的渊源，这到底是为什么呢？

1861年夏天，赫德第一次到北京时，就从恭亲王那里听说了这所新诞

---

① 苏肖：《海关税收在清末同文馆办学过程中的作用》，载《兰台世界》2011年13期。

生的学校，并马上被它潜在的能力所打动。不过那时的赫德只是代理总税务司，而学校尚未开学，且海关事务十分繁忙，他意识到自己无法发挥积极作用。

转眼就到了次年秋天，赫德第二次到北京时听说同文馆开学了，他的兴趣也就更大了。“他不须别人提醒，便意识到，如果引导有方，这所学校不仅可以在促进中国和外界的友好关系的发展方面，也可以在同样重要的方面——中国本身的内部发展，起积极的作用”，但是海关事务仍然占用了他的全部时间和精力。直到1865年的夏天，恭亲王奕訢召赫德进京并在此定居，“从那时候起，赫德才能够，也的确热情地投身于支持和发展这所新生学校的工作之中”。

尽管已经开办了3年，但在赫德的眼中，同文馆就像是一个新生的婴儿。的确，自鸦片战争以来，虽说中西交通日益频繁，西风东渐已成大势，但是保守的中国封建士大夫仍然严防“夷夏之别”，总是将外国骂做“蛮夷之邦”，把外语骂做“南蛮鴃舌”之音，反对中国人学讲外语。因此，同文馆这几年来是在骂声中一天天长大的，它是“如此孱弱，要使它活着，就不得不施行一种人工呼吸法。正确地估计了它的潜能之后，他（赫德）就把它置于他的保护之下，并且替它的发展订下了远大计划。它在他的照管下是幸运的，因为由于他，它就从一只萤火虫变成一座灯塔。”①

力主开办同文馆的恭亲王，当然也有他的计划，就像他的名，弈棋的“弈”一样，构思了宏大的模样。他的本意是通过同文馆的试验，将西学的新芽嫁接到中学的砧木上，但经过这么几年的观察，中学与西学依旧分为两途，“中学唯我独尊，西学被排斥于华夷之辨的文化壁垒之外”。大多数人还是希望遵循旧例，沿着科举体制的阶梯向上攀援。为此，同文馆章程不得不作出妥协规定：“遇乡会试年份，学生有愿应试者，准给一个月假期。”这样，有些同文馆学生便不愿专心攻读西学，特别是那些官宦子

① （美）马士著，张汇文等译：《中华帝国对外关系史》（第三卷），商务印书馆1960年版，第508页。

弟，拿着学校每月发的薪水，不是遛鸟斗蛐蛐，就是逛八大胡同。这倒给了张德彝机会，这个出身一般的汉军旗子弟，继续保持着刻苦求学的好作风，很快就在学生中脱颖而出。

春去秋来，三年寒窗。在收获的日子里，三馆学生迎来了毕业季。大臣们看见中国近代第一批翻译人才成长起来，由衷喜悦："于十月十一日至二十一日按馆分日由臣等在大堂公同面试……因洋文非臣等所习，特饬总税务司赫德与各馆外国教习会同阅看，分别名次高下……其翻译各文虽未能通体贯串，亦尚有相符之处，外国语言亦多吻合。"对其中约六人授予八九品官衔，其余记优、记过再留馆学习，劣者退回本旗。

事实上，赫德并不只是在最后的毕业考试才去亲自判卷，他在7月30日的日记便有了这样的记载，"上星期三，我对同文馆（译员学校）的学生做了考查：我将凤仪列第一名，不过斌和（音）看来最有出息，德明第二名。"①

可惜赫德看走了眼，德明也就是张德彝，才是这帮学生中最有出息的。他经此1865年大考后，被奏保为八品官。又过了仅仅半年，就和这次大考的阅卷老师赫德一起，同船前往欧洲游历，自此开启了梦幻般的外交生涯。

当然这都是后话。既出钱又出力的赫德，此时眼见开花结果的大好局面，自然也难掩喜悦之情。自打同文馆开办那天起，他就产生了一些小小的私念，那就是吸收同文馆的毕业生来担任海关的帮办人员，再根据他们的工作业绩，从这些人中间挑选出代理税务司和税务司，负责各口岸海关的工作。

除了"私念"，更多的是出于公心，没有合格的人才，他无比看好全力辅弼的这场变革便无从谈起。

---

① （美）布鲁纳、费正清、司马富编，陈绛译：《赫德与中国早期现代化——赫德日记（1863—1866）》，中国海关出版社2005年版，第389页。

局外旁观

赫德是“作为一个中国早期现代化的倡导者，开始了他的海关生涯”①的，其实为清政府代购“阿思本舰队”，就是一个“现代化”项目，很可惜演变成一桩外交事件，昙花一现。如果赫德能预见到好端端的同文馆运行有年后，居然也酿成了一场大风波，甚至还发生了针对他个人的事件，他还会不会对同文馆如此垂青呢？

实际上，同文馆事件发生后，赫德依旧一如既往地对他所偏爱的这项事业倾注心血。

如此执着，所为何来？

正如大清海关总税务司赫德靠一桩事件上位，“赫德的中国雇主”恭亲王也是借一场政变掌权，值得庆幸的是，这场政变的结果，看起来不像是坏事。恭亲王受封“议政王”后，“很快就以帝国内最为能干开明的官员之一出现。恭亲王和文祥一起，使新设总理衙门在外国人眼中具有崇高的形象。”②

早一年的上海《北华捷报》，还在挑动它的英语读者“去寻找（清朝）治理或道德方面的光明点，一个不是黑暗烂透的点”。但是到1861年底，这家报纸已经将新的领导班子描绘成“强大而且充满活力，”并且断言：“像1848年震惊欧洲的巴黎突如其来的激烈而且具有决定性的革命，正在北京发生。”③

这貌似有些小小的危言耸听。实际情形是，到了19世纪60年代，清代官员中越来越多的人开始认识到中国正处在千年未有的大变局中，经典的准则和传统的权宜之计，都已经不合时宜。正是基于这一务实的认识，一场由当局的精英阶层自上而下推动，被后世历史学家称为“同治中兴”的自强新政，正悄然开展，肩负起“制止皇朝衰落”的神圣使命。

---

① 赫德日记里所言的“现代化”，即目前所定义的“近代化”。

② （美）布鲁纳、费正清、司马富编，陈绛译：《赫德与中国早期现代化——赫德日记（1863—1866）》，中国海关出版社2005年版，第20页。

③ 《北华捷报》1861年12月21日。

恭亲王、文祥、董恂等人在北京地位上升，与之并行的是曾国藩、李鸿章和左宗棠等人在各省崛起。没有他们尤其是亲王的赏识，便不会有赫德的机遇。事实上，雇聘赫德来管理海关，正是这场洋务运动进程中极其重要的一个部分。虽然，他只“不过是19世纪60年代清代官员雇聘提供技术建议和帮助的众多外国人之一”，但很快，这个在清朝官僚系统中唯一拥有官位的西方人便脱颖而出，成为最具影响力的人物。

谁教人家掌管着清政府的“钱袋子”呢？赫德治下的海关，伴随着通商口岸的增加和管理规章的建立，税收逐年递增，和名目繁多、操纵在地方督抚之手的厘金①相比，关税来源清晰，规模可观，为众多自强项目提供了资金。在赫德的心目中，从购买武器到训练军队，从开办工厂到引进技术，都称为“项目”，唯有同文馆，被他看成是一项“事业”。

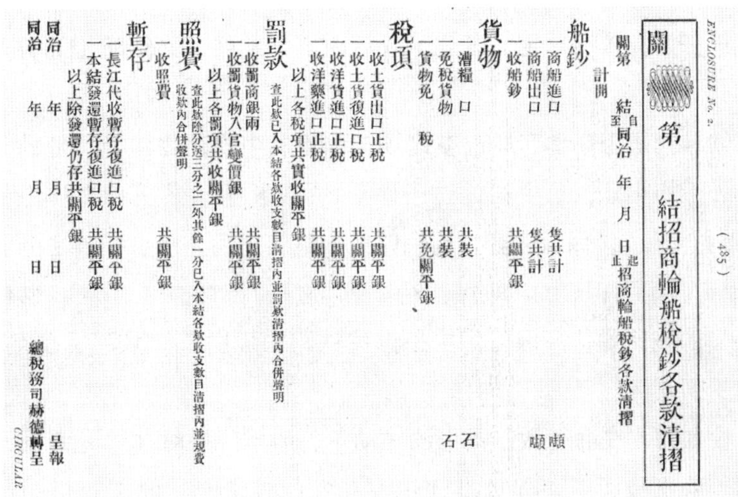
ENCLOSURE No. 2.
（485）
關第　結招商輪船稅鈔各款清摺
關第　結自同治　年　月　日起至　年　月　日止招商輪船稅鈔各款清摺
計開
船鈔
一商船進口　隻共計　噸
一商船出口　隻共計　噸
一收船鈔　共關平銀
貨物
一漕糧　口　共裝　石
一免稅貨物　共裝　石
一貨物免　稅　共免關平銀
稅項
一收土貨出口正稅　共關平銀
一收土貨復進口稅　共關平銀
一收洋貨進口正稅　共關平銀
一收洋藥進口正稅　共關平銀
以上各稅項共實收關平銀
查此款已入本結各款收支數目清摺內並罰款清摺內合併聲明
罰款
一收罰商銀兩　共關平銀
一收罰貨物入官變價銀　共關平銀
以上各罰項共收關平銀
查此款除分送三分之二外其餘一分已入本結各款收支數目清摺內並規費收款內合併聲明
照費
一收照費　共關平銀
暫存
一長江代收暫存復進口稅　共關平銀
一本結發還暫存復進口稅　共關平銀
以上除發還仍存共關平銀
同治　年　月　日　呈報
同治　年　月　日　總稅務司赫德轉呈
CIRCULAR

▲海关结招商轮船税钞各款清折样本

既然是大金主，“他关于（清朝）进步和对外关系的看法，有特殊的分量”，也就在情理之中了。

或许是看见以张德彝为代表的同文馆学员迅速成长起来，在1865年金黄的秋收季节里，赫德敏锐地嗅出，推动清政府加快变革的时机已经成

① 相当于内地商业税。

熟。他“感到自己既有足够的认识，又有足够的自信这样做”，“他鼓吹制度改革的手段，便是一份以解人疑虑的《局外旁观论》为题的详尽说帖”。

在这份约有18页篇幅、4000余字的说帖里，赫德的开篇措辞已经很中国化了：“矮人立于长人肩上，所见必远于长人，庐山真面惟在山外者得见其全。”看来，他是以一个清醒的旁观者自居，试图拨开当局者的迷雾啊！

接着，赫德不失尖锐地指出晚清各种积弊，他分析道：中国实行闭关政策，但西方各国“近数十年渐渐与中国往来”，资本主义势力已深入中国，“拒绝不得”，必须面对现实，因时制宜，进行改革，正确处理内政外交上所遇到的新问题。他建言：“中华情事，一曰内情，一曰外情，今日之外情，系由前日之内情所致，而日后之内情，亦由外情所变。”这就是说，今日外国势力侵入，是由于中国“前日”之闭关积弱所造成的，而今日中国已开始卷入资本主义漩涡，今后内部之发展，必须随国际势力的影响而变化。①

不知赫德是否高估了自己在这场自强运动中扮演的角色，他的一些建议被认为不切实际，且用词“过于率直”，以至于恭亲王和文祥都让他在“形式上做修改”，保留内容。而说帖经上谕饬下后，从各行省主要官员的回馈来看，除了有马上“即可实行”和慢慢“斟酌办理”的，也有“断难接受”的。比如，高级官员抗拒修建铁路的理由是“坟墓会受到滋扰，风水会受到破坏”。

无论如何，在赫德孜孜不倦的推动下，清廷还是对《局外旁观论》作出了第一项积极回应，即批准他带上几名中级官僚和同文馆学生赴欧考察，这就是前文提到的中国第一个海外观光使团——斌椿使团。

公费海外旅游的“鼻祖”

1866年3月7日，北京。当全部的行李都装上马车时，“喉梗眼湿”

① 董方奎：《〈局外旁观论〉新议》，载《华中师范大学学报（人文社会科学版）》，1993年第1期 。

的赫德突然意识到，在中国居住 12 年之后，他真的是要回家了。对 31 岁的总税务司来说，这次省亲很重要，“一是逗留家中，看望衰病的双亲”，再就是完成他的婚姻大事。于是，当赫德一行搭乘“行如飞”号驶离天津港时，就像这艘船的名字一样，他也归心似箭了。

开路先锋

这边赫德近乡情怯，那厢却有人端坐在轮船餐厅里，“急匆匆地拿起刀叉”对着烤鸡拼命乱切，“尽力想吃上一口”。这位年龄正好是赫德两倍的老者不是别人，正是 62 岁的斌椿先生。

作为一名知县级别的文案，斌椿老了老了，却能被清廷看中，在赫德等海关洋员的陪同下，率团前往欧洲游历，备受礼遇，尽享殊荣。如他自己所述，成为东土西来第一人，一时间风光无二。回国后将所见西洋景撰成《乘槎笔记》，更是洛阳纸贵。这梦幻般的经历，到底是如何发生的呢?

▲斌椿（1804—1871）

促成此行的关键先生，当然还得是“我们的赫德”。

一直以来，赫德都力主清政府向欧洲派遣使臣，“他不论在同总理衙门私下交谈，还是在致总理衙门说帖中，总是反复表示这一看法”。为此，他甚至在 1862 年翻译了惠顿的《万国公法》中关于使节权利的部分，洋洋洒洒共 24 节，提供清政府参考。接着又在上一年亲拟了《局外旁观论》，提出派使驻外“于中国大有益处”。赫德认为，通过遣使西方，可以把清政府更加“牢靠地和西方缚在一起”，使它“欲退不能。”但说来奇怪，恭亲王可谓对赫德事事言听计从，唯独认为遣使一案“非急切能办之事”，迟迟按兵不动。

其实，早在赫德之前，西方世界就在这个问题上屡屡碰壁。

1793 年，英国马戛尔尼（George Macartnev）使团兴冲冲地向清朝提出了互派常驻使节的请求，被乾隆皇帝以“与天朝体制不合”而断然拒绝，吃了个闭门羹。1816年，英国人卷土重来，外交大臣罗加士里在给来华的阿美士德（W. P. Amherst）使团的训令中，再次重申："就阁下使团所要完成的任务而言，没有任何一件事比在北京设置一名办理英国人民事务的长驻使臣更为重要了。"不曾想，这个使团因为不愿行叩头礼而惨遭驱逐，驻使要求都没来得及提出来。1840年后，英、法、美等国公使都曾提出公使驻北京并希望中国遣使驻外，均被驳回。直到1860年，清政府被迫签订城下之盟，总算接受了外国公使驻京的要求，却将其视为奇耻大辱。而遣使驻外，却是万万使不得了。

赫德非常清楚，清政府不愿向外派遣使节，最冠冕堂皇的理由无外乎礼节问题，即一直坚持西方各国公使觐见，要按朝贡国的礼仪行三跪九叩礼。如果中国遣使西方，按照西方礼节行礼，那么西方各国自然会要求以同样的礼节来觐见清帝。这成何体统？但除了这个因素，"问题的核心在于中国的'体制'观念，它拒绝在外交平等的基础上互换使节"，执着于国际秩序以天朝为中心的臆想。

冰冻三尺，非一日之寒。赫德明白了个中究竟，自然也就打消了一蹴而就的念头，转而求其次——"带几名中国观察者作为一个调查考察的使团前往欧洲，为中国在西方世界设立外交代表团打入一个楔子"。这些人既不组成正式使团，也不担负外交使命，纯粹就是做个先行者，走出国门探探路，然后好好地睁大眼睛，去看看迥然不同的西方世界。

几年前，他的前任李泰国大包大揽购船事宜，何尝不是想借机在操纵中国海军事务方面打入一个楔子，却遭到了可耻的失败。因此，赫德对这个退而求其次的想法，殊无把握。

正好，在1865年的冬天，赫德拟请假半年，回英国省亲并完成自己的婚姻大事。他决定试一下，利用这个好机会。启程前，他向总理衙门建议："为了见识见识中国以外的世界，应该指派一名税务司带领一些同文馆的学生和他一道旅行。还有，应该授权让他招聘外国教授到同文馆来教授西方科学。"①

虽说碍于祖宗成法，清廷一时接受不了遣使驻外的要求，但对待列强的看法，还是有所改变的。不管它愿不愿意，与外国发生越来越多的接触与交往，已是不争的事实。鉴于外交问题变得越来越突出和重要，恭亲王奕訢为培养西方语言人才，采取了开办京师同文馆这样一个主动行动，亲王和他的僚属并不糊涂，"了解外国与外国语言，是和谐的国际关系的基础"。

因此，针对赫德带几个同文馆学生前往海外游览的建议，恭亲王表现出浓厚的兴趣，"他认为，这将给中国一个机会，以西方若干时间以来一直在了解中国的同样方式去了解西方"。更何况，还有海关提供现成的经费来源呢！

特殊使命

1866 年 2 月，总理衙门奏称："查自各国换约以来，洋人往来中国，于各省一切情况，日臻熟悉，而外国情形，中国未能周知，于办理交涉事件，终虞隔膜……兹因总税务司赫德来臣衙门，谈及伊现欲乞假回国，如由臣衙门派同文馆学生一二名，随伊前往英国，一览该国风土人情，似亦甚便。"

看来，以奕訢为首的总理衙门大臣早就有组团到国外考察的想法，现如今只是一拍即合而已。只是，这个考察团团长的桂冠，应该戴到谁的头上才合适呢?

要选拔一名方方面面都称心的人选，还真不是一件容易的事。

首先，"根正苗红"是必须的。清政府不放心汉族臣民和洋人打交道，在办理外交方面，上至总理衙门的大臣，下至同文馆招收的学生，几乎清一色是旗人。

其次，传统读书人的身份也必不可少。此人应熟读儒家经典，立场坚

① （英）魏尔特著，陈敩才等译：《赫德与中国海关》（上），厦门大学出版社 1993 年版，第 440 页。

定，顽固更好，免得被洋人洗脑同化。

再次，拥有不大不小的官衔。这一点很有讲究。派出朝廷命官，可以体现出清政府的重视，但官职也不能太大。这样，万一此访被怠慢，就有了转圜余地，不会伤及大清体面。

按理说符合上述条件的也不在少数，但第一次派遣考察团，负责这次游历的人，怎么也得是恭亲王信得过的人。当然，身边的人更好。如此一来，那范围也就大大缩小。恭亲王的视线，也就聚焦在“一个和蔼可亲，颇具诗才的满人”① 身上。

这个“满人”，就是前任山西襄陵县知县斌椿，系内务府正白旗汉军善禄官领下人。前年 5 月间，经人介绍，已经赋闲在家的他担任总税务司华员文案一职。因“办事敏捷，有才干”，被赫德亲切地称为“斌老爷”。

斌椿什么都符合要求，只是岁数太大，以 62 岁高龄远赴重洋，未免让人诟病。这可难不倒恭亲王，但凡入了他的法眼，焉有办不成之理？不妨拜读一下他给朝廷奏章里的措辞：“惟该学生等皆在弱冠之年，必须有老成可靠之人，率同前去，庶沿途可资照料。而行抵该国之后，得其指示，亦不致因少不更事，贻笑外邦。”

经此生花妙笔，斌椿的年龄反倒成了优势！由他带领前往，至少“不稍涉张皇”，放心。

还有一点也很关键。“由于他（斌椿）的举止给人留下良好的印象”，赫德对恭亲王的提名“当即表示同意，一下子事情就实际上定下来了。只有细节有待安排”。

就这样，被后世史家称为“斌椿使团”的近代中国第一个官方海外观光团，在北京料峭的春寒里出发了。它肩负的使命不吝是一桩美差，即“沿途留心，将该国一切山川形势，风土人情随时记载，带回中国，以资印证”。为壮观瞻，朝廷赏给斌椿三品衔，同文馆学生各赏六七品顶戴。如此，寸功未立的张德彝又进步了。

这个“事实上是作为总税务司赫德的附属”，并由海关出资的七人团

① （清）丁韪良著：《同文馆》，第 476 页。

组（不包括仆役），不可避免地深深烙上了海关的印记：

团长斌椿及其儿子广英，均为来自赫德公事房的秘书性质的助手；“三名语言学生来自海关支持的学校”；“英国人包腊和法国人德善从海关人员中挑选出来，充任翻译和旅行的总管”。尤其是包腊先生，实在是当时海关最能干的税务司。

那么，赫德如此煞费苦心，他对于斌椿使团的主要希望究竟何在？7月15日，即将成婚的总税务司在家中这样写道：

> “1. 由中国政府派遣官员去欧洲……；2. 让欧洲各国政府接受这些官员；3. 促使欧洲人对中国人感到满意；4. 使中国官员带着对外国的愉快回忆离开……；5. 使斌椿一回到中国，就出任堂官，即外务部长……；6. 使清政府在他的帮助下善待西方若干技艺和科学；7. 劝导中国遣派大使出国；8. 在中国同其他各国之间建立切合实际的基于理性的友谊。”①

事实上，在未来的日子里，除了第5点以外，赫德的所有愿望都一一兑现。这其中，他孜孜以求的“遣使西方”，还要等上漫长的11年。而那时的斌椿先生，早已枕着他的《乘槎笔记》，含笑九泉了。

后生可畏

《乘槎笔记》既是考察成果，又是斌椿的得意之作。跑了12个欧洲国家，往返9万余里，这应该是他这一辈子最高潮的部分，因此不能不取一个诗意的有内涵的书名。“乘槎”典出晋代《博物志》，指乘坐竹筏或木筏，后用以比喻奉使。

斌椿肩负着朝廷赋予的窥视西方各国真实情形的重任，这个名字起得恰到好处。

作为观光团团长，斌椿对西方近现代文明表现出了浓厚的兴趣。西方

① （美）布鲁纳、费正清、司马富编，陈绛译：《赫德与中国早期现代化——赫德日记（1863—1866）》，中国海关出版社2005年版，第512~513页。

诸国整洁的街道，繁华的市肆，巍峨的宫殿，以及飞奔的火车，迅捷的电话、电报，发达的造船、织布、铸币厂，神奇的魔术杂技表演，甚至西方的服饰、歌剧、照相术、喷泉，都令他匪夷所思。只是矜持于天朝上国的使臣身份，且考察报告要上呈御览，故而斌椿在《乘槎笔记》的写作上，运用了春秋笔法。但是再怎么掩饰与克制，艳羡之情还是溢于言表了。

令人遗憾的是，除了在这份出洋考察报告里把自己塑造成传统士大夫式的英雄外，斌椿大人没有给没落中的清廷带回一丁点可资借鉴的事物。

> “他记述了沿途大量的山川形势和风土人情，但其出发点却不是国计民生，而是为了‘审美’——见到显微镜，老大人不关心作何用途，却大大地感叹《庄子》里的寓言不虚；见到自行车，不问如何制造，却大谈特谈其有‘木牛流马之遗意’。
>
> 每一个读过斌椿考察报告的人，在其中看到的，只是另一个‘大清帝国’。老大人用他的生花妙笔，为西方的一切无一遗漏地抹上了一层浓厚的东方色彩。
>
> 他努力观察西方的结果，是只看到了自己。”①

好在，代表团不仅有62岁的团长，还有19岁的团员。

与颟顸的斌椿相较，同文馆高才生张德彝的表现可圈可点。千万别以为这个年轻人只会对安全套猎奇，如果你作如是想，那就大错特错了。

事实上，当张德彝在巴黎五光十色的橱窗前啧啧称奇于那个洋玩意儿时，他也对法国“王子无异于庶民”印象深刻，故会对其共和历史、议会制度予以关注，甚至拿它与英国议会制度加以比较。

当然，小张一上来也没有这么高的水平和境界。他也和他的团长他的团一样，在观察和审视外邦事物时，并不例外地以中华文明作为衡量异域文明的标准，在潜意识里，还是自己的文明正宗、正统，别人的都是“奇”，所谓奇技淫巧是也——那个流行于欧洲妓院、他想用又不敢用的绸

① 谌旭彬著：《中国1864—1911》，浙江人民出版社2012年版。

套子，难道还不够淫吗？故而，他将所见所闻冠以《述奇》之名。

但渐渐地，张德彝的猎奇心理发生了转变，见怪不怪。通过与各种人物的广泛接触交流，通过自己的学习、思索与感悟，他对西方世界的认知发生了巨大的变化，突破了“华夷之辨”，对两个截然不同世界的比较，已经从单纯的器物，上升到制度和思想文化层面了。

年轻、思想活跃，善于独立思考，敢于也乐于接受新生事物，这便是张德彝区别于斌椿等士大夫之流的本质所在。更何况他还掌握着一项利器——精通英语。同文馆的三年寒窗苦，没有白吃，正是因为可以与不同国籍的同龄人自如交谈，互相切磋，才会产生如此质的飞跃。

就这样，被时代的大浪裹挟，张德彝身不由己，成为睁眼看世界第一人（斌椿当然也是①，不过他看了也白看）。这个经历了文化认知和世界观巨大冲击和转变的年轻人，“因外语出众、熟悉夷情而颇受大清朝廷的重用”②，在接下来的外交生涯里，“他多次走出国门，是面对面地以英语跟美国总统交谈的第一位中国人，可能还是空前绝后地接受过瑞典国王敬烟的唯一一位中国人，他与之握手言欢的欧美政界要员，不知凡几”。

“多游邦国见闻广，久历风尘心地宽”，张德彝写下了高达 200 余万字的 8 部游记，不遗余力地向国人介绍西方先进文明，最终得出这样的结论——科学技术和民主制度，才是西方国家走向富强的不奥之秘，“倘中土能效西法，国自富，兵自强！”

这，又何尝不是恭亲王开办同文馆的发愿所在？

西太后为何要羞辱老臣？

斌椿使团全天候走马观花，赫德的时间都去哪儿了呢？除了“泡在他在中国 12 年所思念的家庭和朋友的活动上面”，赫德还见到来访的已全无军人“赳赳气”的戈登，当然没过多久，他的整个心神，都凝聚在那个即

① 斌椿自诩为“东土西来第一人”。

② 《海关洋员与近代中外关系国际学术研讨会论文集》，第 96 页，2013 年 11 月，广州。

将成为他妻子的19岁姑娘赫西身上。

当1866年的夏天悄悄过去时，赫德终于可以从过去几个月“连接不断的兴奋漩涡之中”自拔，依靠金登干做了一连串有关海关的事情。这个曾经的李泰国秘书，即将去中国担任赫德的秘书。8月4日，赫德同金登干前往巴黎，与想到同文馆供职的人面谈，“他正在坚持扩充同文馆，作为他的促进‘国际化’努力的一个部分”。

11月，赫德、他的新娘、金登干和新招聘的天文算学新教习方根拔等人一起，共乘皇家军舰“阿尔弗”号抵达中国北京。新婚宴尔的总税务司做梦也不会想到，不仅一场围绕同文馆的大风波会在不久的将来愈演愈烈，而且那位47岁的方根拔先生，也会给他带来大麻烦！

第一回合

恭亲王这两年明显低调了很多，做事也愈加地谨慎。这都是拜慈禧所赐，眼瞅着“同治中兴”局面初成，奕訢权势熏天，怎么也得敲打敲打。据《清史稿》记载：“（同治）四年三月两太后谕责王信任亲戚，内廷召对时有不检，罢议政王及一切职任。”理由牵强不说，也没有真凭实据，何况恭亲王和列强的蜜月期还没有结束，惹得外国公使竞相跑到总理衙门质疑。慈禧只好趁势转圜，让奕訢复职。

这就是恭亲王为什么任凭赫德鼓动不烂之舌，也不同意遣使驻外的主要原因。凡是觉得有违祖训有伤国体的事，一律免谈。他的尺度，充其量允许派个观光团，还煞费苦心地安排老干部带队，生怕招人诟病。

尽管韬光养晦，但恭亲王的万丈雄心未曾泯灭，他的改革计划，只能是循序渐进。

犹记得庚申之变，京师危在旦夕，学士大夫们不是袖手旁观，就是溜之大吉。“而在战后，士大夫故态复萌，依然唱着华夷内外的高调，抱着儒家的经典，沿着千年一贯的科举仕进阶梯向上爬。”① 这难道不是重蹈覆

① 任复兴：《同文馆事件：中国现代化的严重挫折——兼谈徐继畬在其中的角色》，《徐继畬与东西方文化交流》，中国社会科学出版社1993年版，第355~378页。

辙？为应付不久将来的不测之变，必须对教育和官制动一次“大手术”，尽快培养任用一批既有西学知识又有责任感的年轻官员。恭亲王把希望寄托在年轻的翰林院编修、检讨、庶吉士，以及有阅历的五品以下正途出身的官员身上，试图在短短三四年的时间内，借助同文馆培养一批学兼中西的通才和三四品以上的高级官员。“坚持十年左右，学兼中西的开放型通才就将成为重臣疆吏的主流，将国家引上自强御侮之路。”

恭亲王深知，“非常之举，谤议易兴”。上有权欲极强的慈禧，下有守旧诸大臣和冥顽士大夫，这个重大决策很有可能告吹。但迫于时势，他不得不冒这个险。①

所幸，恭亲王等来了他需要的声音。

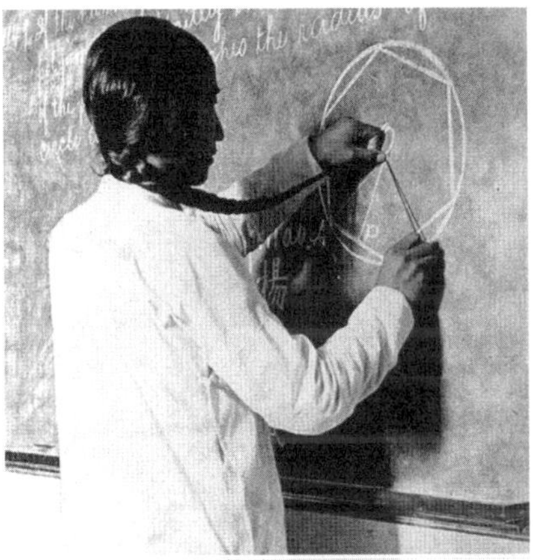

▲同文馆学生用辫子画几何图形

原来，随着洋务运动的渐次开展，同文馆这个单纯学习英、法、俄三国外语的学校，已经不能与时俱进。曾国藩、李鸿章、左宗棠等地方大员从实践中得出这样的结论，如要造出洋枪洋炮，就必须去学习制造原理，掌握西方的自然科学和技术理论。洋务思想家冯桂芬认定：“一切西学皆从算学出。”要学习西方科学技术，必须先培养具备算学、物理、化学等自然学科基本常识的知识分子，仅仅靠学好一门外语，熟读儒家经书，是远远不够的。

渐渐地，这些声音汇聚成一种共识，即算学乃西学之根本，要想借法自强，必须从算学入手。这种洋务观念与恭亲王不谋而合。

于是，在经过奖掖同文馆外文生以及派同文馆毕业生出洋两次投石问路后，奕䜣、文祥等人自以为时机业已成熟，便于 1866 年 12 月 11 日正式奏请朝廷，在京师同文馆内添设天文算学馆，理由是“洋人制造机器火器等件，以及行船行军，无一不自天文算学中来”。为了迅速造就这方面的

① 任复兴：《同文馆事件：中国现代化的严重挫折——兼谈徐继畬在其中的角色》，《徐继畬与东西方文化交流》，中国社会科学出版社 1993 年版，第 355~378 页。

专才，“由总税务司赫德招聘西人在馆教习，务期天文算学，均能洞彻根源”。①

赫德带着天文算学新教习前脚到，奕訢的奏折就亦步亦趋地呈递上去，跟约好似的。可不就是这么回事?

转眼就到了1867年1月28日，奕訢再次上奏，进一步陈述添设天文算学馆的理由。或许是估计到可能遇到的阻力，奕訢在奏章里提前给朝廷打了一剂“预防针”：“论者不察，必有以臣等此举为不急之务者，必有以舍中法而从西人为非者，甚且有以中国之人师法西人为深可耻者，此皆不识时务也。夫中国之宜谋自强，至今日而已亟矣，识时务者莫不以采西学、制洋器为自强之道。”② 此折还附有酌拟同文馆学习天文算学章程六条，规定专取正途人员，每届三年举行大考，学习期间厚给薪水，优加奖叙以资鼓励，三年以后试居高等。言外之义，这些人有希望很快就成为三四品的高级官员。

一周后，奕訢为彻底打消那些报考者“专以洋人为师”的顾虑，第三次上奏，请“老成持重，品学兼优”，有东方伽利略之称的徐继畬出马，担任总管同文馆事务大臣。

连环三奏里，实则藏着一个雄心勃勃的改革计划。表面上是“采西学，制洋器”，其实蕴有“改科举，变官制”的深意。《剑桥中国晚清史》如此评论：“我们作以下设想并不过于牵强：如果这个建议达到预想的效果，那么一个清代的教育和文官的重大改革，也就指日可待了。”

我们不妨从下文这一则回忆洋务首领文祥微服私访同文馆的逸闻，看看洋务大臣们对那些青年学子寄予了怎样的厚望。

> “嗣经选送京师同文馆肄业，偕同学入都至馆门首，刚下车卸装，见一长髯老翁，欢喜迎入，慰劳备至，遂带同至馆舍遍导引观，每至一处则告之曰：此斋舍也，此讲堂也，此饭厅

---

① 《筹办夷务始末》（同治朝），卷46，中华书局2008年版，第3~4页。

② 李细珠著：《晚清保守思想的原型——倭仁研究》，社会科学文献出版社2000年版，第168页。

也。指示殆遍，其貌温然，其言蔼然。诸生但知为长者，而不知为何人。后询诸生曰：‘午餐未？’诸生答曰：‘未餐’。老翁即传呼提调官，旋见一红顶花翎者旁立，貌甚恭，诸生始知适才所见之老翁，乃今日当朝之宰相文中堂也。”①

奏请均得到了慈禧的批准。没想到，就在天文算学馆顺利进入筹备阶段的同时，一股抵制、反对的势力也在暗流涌动。1867 年 3 月 5 日，监察御史张盛藻的一纸奏折，引爆了一场学天文算学是否会导致亡国的大讨论。

在张御史义正词严的奏折里，已经不是学不学天文算学的小问题，而是走什么样道路的大命题。他认为，朝廷令科甲出身的正途人员去学习那些机巧之事，而且还用升官、银两赏赐来诱惑，实在是重名利而轻气节。如此这般，会把“读孔孟之书，学尧舜之道”的正途人员引上歧途。②

尽管张盛藻属名不见经传之流，人微言轻，但他的这份奏章居然在京城的文官里面颇受拥戴，一时“广为传诵，以为至论”。

对张的上疏，在两宫皇太后和奕訢的主导下，清廷明确驳斥：

“朝廷设立同文馆取用正途学习，原以天文、算学为儒者所当知，不得目为机巧，正途人员用心较精，则学习自易，亦于读书学道，无所偏废，是以派令徐继畬总管其事，以责专成，不过借西法以引证中法，并非舍圣道而入歧途，何至有碍于人心士习？”③

---

① 辜鸿铭：《张文襄幕府纪闻》卷上。

② 李细珠著：《晚清保守思想的原型——倭仁研究》，社会科学文献出版社 2000 年版，第 168 页。

③ 《筹办夷务始末》（同治朝），中华书局 2008 年版。

正面冲突

张盛藻充其量是个反对派阵营的马前卒，既遭打压，深孚士林众望的理学名臣、63岁的大学士倭仁不用千呼万唤，便亲自上阵了。

其实倭仁早就看奕䜣不爽，正经事不做，整日价与洋人眉来眼去。在两年前慈禧罢斥奕䜣的整个事件中，他是坚决站在太后一边。

老将出马，一个顶俩。倭仁3月20日的奏折，不仅文采斐然，立意甚高，而且慷慨激昂，义正词严，将问题的严重性夸张到将有亡国灭种危险的地步。

> “天文、算学为益甚微，西人教习正途，所损甚大。窃闻立国之道，尚礼仪不尚权谋；根本之图，在人心不在技艺。今求之一艺之末，而又奉夷人为师，无论夷人诡谲未必传其精巧，即使教者诚教，学者诚学，所成就者不过术数之士，古往今来未闻有恃术数而能起衰振弱者也。天下之大，不患无才。如以天文、算学必须讲习，博采旁求，必有精其术者，何必夷人，何必师事夷人？且夷人吾仇也。倘延夷人为师，祸患无穷，甚至亡国灭种。”①

显然，在倭仁眼里，天文算学为“末艺”也。

这一番耸听危言，令清廷不敢等闲视之。太后在东暖阁召见倭仁，“询同文馆事，倭相对，未能悉畅”。次日，又将此折交由总理衙门处理，未置可否。

所谓“未能悉畅“，即表明倭仁面对慈禧的盘诘，未能应对自如。那么既然发现了破绽，慈禧为什么不表明态度，“未置可否”呢？是不是她发现这位忠实奴才的反对意见可以用来掣肘奕䜣，所以乐观其成呢？

的确如此。别看慈禧文化不高，但颇有悟性又“志气极强”的她乾纲独揽后，渐渐发现祖宗走过的老路行不通了，内忧外患之下，慈禧也萌生

① 《筹办夷务始末》（同治朝），中华书局2008年版。

了忧患意识和自强思想。就算是替大清国的祚运着想，也不得不对兴洋务以图自强予以扶持。但她又时刻提防着对她专权威胁最大的恭亲王，对其处处加以限制以防坐大。

奕訢可绝不会放过奏疏里的漏洞。4 月 6 日，他也用一份长长的奏折进行了回击。精明的恭亲王绕开了倭大学士反对“师事夷人”的有关诉求，从正面大谈特谈自强之道，一番表明心迹之后，他以其人之道还治其人之身，将了倭仁一军。

他倭仁既然信誓旦旦保证中国“天下之大，不患无才”，必有精通天文算学者，那么好，为什么不让该大员立即“酌保数员，择地另设一馆，与同文馆互相砥砺，共收实效”呢？

这一招当真妙不可言。不知出于什么心理，慈禧极力赞同，明发懿旨要求倭仁“另行择地设馆”，且立即保举他所说的精通天文、算学的人才。这可把倭仁给难坏了，只好据实陈奏“并无精通天文算学之人，不敢妄保”。

彼时，以倭仁领衔的保守势力和以奕訢为首的趋新力量势成水火，在朝堂上“专以口舌相争”，双方争论几达白热化程度。别看倭仁诗文一流，文章盖世，且贵为帝师，可惜辩论功夫实在不入流，在奕訢等人的当面围攻下倍感羞辱。

没想到，更大的羞辱接踵而来。4 月 25 日，朝廷下旨要求倭仁随时留心，一旦找到本国精于天文算术之人，立刻保奏开馆，以收实效。这倒也还罢了，一纸让其在总理衙门行走的谕令，几乎使倭仁晕倒。

所谓“行走”，本是个闲职，但倭仁历来严守“夷夏之防”，鄙视洋务。朝廷现在哪壶不开提哪壶，偏要令他去专门办理洋务的总理衙门“行走”，天天去和洋人打交道，从表面上看，这不是折辱，又是什么？

于是，不论是时人，还是后世论及同文馆事件的著述，都众口一词，称西太后故意要给老臣子一个难堪。事实恐非这么简单，一贯精于驭术的慈禧，或许有意借倭仁牵制一下洋务领袖奕訢，也未可知。

关键时刻，倭仁要想免受折杀老夫之辱，也只有靠数十年的官场修为才可自救。圣旨难抗，含泪受命后的某一天，大学士在皇宫值完班回家时，忽然就从马上掉下来，“上马几坠，类痰厥不语”，还真的就晕倒，当然也就病退了。

一波三折

倭仁挂了。

大树一倒，是否由同文馆扩招引发的这场风波就此消停了呢？

如果作如是想，那么也太小看了士林阶层的群众基础。反对新开天文算学馆甚至开设同文馆的声音不仅没有停歇，调门反而更高。

耐人寻味的是，当年慈禧打压奕訢，舆论对恭亲王多持同情态度，为其鸣不平，而在同文馆事件中，公开站出来为他讲公道话的几乎没有。一个倭仁倒下了，徒子徒孙们不仅没散，反倒是鼓其余勇。从5月1日的通政使，到16日的成都将军，再到6月17日的候补内阁侍读学士，又见连环三奏，不仅指责开馆招生，更是嚷嚷“倭仁谏设同文馆，谕旨令酌保数人另立一馆以难之”①，将矛头直指朝廷。

汹涌舆情中，一个从四川远道来京候补而不得的“微末小臣”杨廷熙，用一篇洋洋五千言的奏疏，空前激烈地攻击同文馆，将这一事件再次推向高潮。

想必是蛰伏太久，一上来就出手不凡，他居然将这年春夏以来全国大面积“久旱不雨”这一灾异天象，和同文馆联系在了一起。认为同文馆之开设天文算学馆，“其事、其理、其心，有不可解者十焉，”也就是说他有十个大问题都想不明白。他顺势将倭仁的反对意见发扬光大，作了全面具体的阐述和发挥。

这还没完，杨廷熙剑走偏锋上了瘾，又以“同文馆”三字出自宋代奸臣残害忠良的监狱之名，“非美名也”，奏请撤销同文馆。

他也不反思一下，连赫德都清楚，宋代残害忠良还有一个创造叫作“欲加之罪何患无辞”，和他唱的这一出岂非异曲同工？

奏折的结尾自然是结论，“同文馆之设，创制非宜，谨请收回成命，

① 《清同治朝实录》。

以杜乱萌而端风教，弭天变而顺人心”。

与张御史的奏章一样，杨候补也借此一时名声大噪，“中外竞传诵其文”。

够了！各种路数，各色人等，鸣也鸣了，放也放了，难不成还要为倭仁翻案?！或是奕訢惊恐的模样提示着这出戏也该结束了，慈禧终于开始出手，当日即颁上谕：

“杨廷熙以知州微员，痛诋在京王大臣，是何居心！……推其原故，总由倭仁自派总理各国事务衙门行走后，种种推诿所致。杨廷熙此折，如系倭仁授意，殊失大臣之体，其心故不可问；即未与闻，而党援门户之风，从此而开，于世道人心大有关系。该大学士与国家休戚相关，不应坚执己见，著于假满后，即到总理各国事务衙门之任……至杨廷熙草莽无知，当此求言之际，朝廷宽大，姑不深责……当此时事多艰，所请著毋庸议。钦此。”①

杨廷熙能把同文馆和天象对接，西太后为什么不能将此奏折与倭仁挂钩?

可怜的“知州微员”，原拟凭此奇文抓住机遇，改变命运，不想却撞到枪口上了！

倒霉的倭仁，躺着也中枪。已经不知真病假病被迫在家调理，又被太后借机指名道姓地严厉批评不说，还被要求病假到期后去总理衙门上班。不得已，他只好继续托病家居，请求开缺。

这正好称了太后的心。不就是要拿你开刀以儆效尤吗?对杨廷熙不给任何处分，实在是因为他提不上筷子，不真正将登高一呼应者云集的领袖级人物给收拾服帖了，这场风波到什么时候才能了结?

清廷顺势准倭仁开去一切差使，只保留大学士在殿上行走这一名誉职务。至此，从奕訢奏请添设天文算学馆算起，历时半年有余的同文馆事件落下帷幕。

① 《清季洪洞董氏日记六种（二）·砚樵山房日记》。

难道眼睁睁看着翻船？

“要造就这样（训练有素的中国）领导人，就必须采用西方的科学教育方法。”正是赫德数年如一日与总理衙门争论，又不远万里带回一批洋教习，奕訢才下决心奏请开设天文历算等自然科学课程，信心满满地想把同文馆办成一所近代综合性大学。

但是，在春夏之交的这场风波里，赫德见识了传统的巨大威力，他是作局外旁观还是在冷静思考？当同文馆甚至比开办之初还要萧条，连恭亲王都心灰意懒时，他会选择逃避还是挺身而出？

惨淡经营

一场论争，一地鸡毛。在西太后的行政干预下，同文馆得以继续招生运营，这是否意味着奕訢一派大获全胜呢？非也！恭亲王无奈地发现，依靠同文馆实现教育、文官体制改革的一揽子计划彻底告吹，“同文馆的宗旨依然和成立初期一样，仅仅是培养翻译人才、外交人才的小规模学校”。

这都是倭仁的功劳。面对门庭冷落的窘况，奕訢不无悲怆：“当御史张盛藻条奏此事，明奉谕旨之后，臣衙门投考者尚不乏人，自倭仁倡议以来，京师各省士大夫聚众私议，约法阻拦，甚且以无稽谣言煽惑人心，臣衙门遂无复有投考者。”

其实，应考者裹足不前，除了外因，更主要还得归因于“中学独尊”这一心魔。念好外语学好西学又有什么用呢？拿不到功名，一切都是惘然。

无论如何，生活还得继续，恭亲王也只好面对现实，使出浑身解数招罗人才，尤其先做好首次天文算学馆招生考试，苦心孤诣地惨淡经营了。

> “窃臣衙门於上年十一月初五日奏请招考天文算学……两月以来，投考之人，正途与监生杂项人员相间。臣等不敢过於拘执，因而一律收考，共计投考正杂各项人员九十八名，定期

五月二十日在臣衙门扃门考试，计已到者七十二名，先经投考。临时未到者二十六名。试以策论，认真考校，将各员试卷公同阅看，择其文理可观者选取三十名……”①

从奕訢7月3日的折子里，我们不难发现，统共只有72人报考同文馆，这与千军万马挤科举的独木桥，形成了鲜明的对照。既然应考者寥寥无几，流品不一，他也只好“一律收考”，“矮子”里边拔将军。不过，据当时一个外国人观察，前来应考的人中，有许多是年老失业者，他们是一些“衰颓无能的人”。还有一些是因为仕途落魄，功名坎坷，这才来碰碰运气，试一下新学——近代西方科学的。

又差不多过了半年，据传还是生源问题，天文算学馆拖到1867年12月1日才姗姗开学。

▲同文馆学生学习西文

就是这样一些活祖宗，还得供起来。“学生每六人一桌，每餐四大盘、六大碗，有鱼有肉有海鲜。夏天还有一个大海碗，放着水果莲藕什么的；

① 中国科学院近代史研究所资料编辑室编：《洋务运动》（第二册），上海人民出版社1961年版，第52页。

冬天海碗改成火锅，什锦锅、白肉锅和羊肉锅任选。如果这些你都不乐意吃，那么可以另外随便点菜。学生来了客人，也可以随便要菜，一个子都不用花”。[①]

当时的美国公使对同文馆的状况进行了令人沮丧的描述，这些“中年人全都没受过能使他们理解西方艺术和科学的基础的教育，但是，每个人每月都领取 10 美元的津贴，以维持学校的生存”！[②]

从伙食到津贴，日常开销悉由总税务司的海关关税支持。但如果认为赫德只是负责买单，那就大错特错了。

事实上，“他终日忙于诸如使外交官和总理衙门就在中国领海里征收的规定达成协议，组织海关的船钞部门，为联合调查法庭起草规则，处理与外国商人享受治外特权有关的罚款和没收财产的案件”，根本不可能抽出必要的时间，为同文馆提供足够的管理措施。

难道眼睁睁看着处在风雨飘摇中的同文馆，随时“触礁翻船”？在这种情况下，要使学校免于解体，只有唯一一个办法，就是任命一个合格的、负责任的总教习来管理和协调，“为学校的活动注入生命力，提高教师和学生的团体精神”。这显得尤为重要。

▲丁韪良与所译《万国公法》

赫德相信，丁韪良（William Alexander Parsons Martin）博士正是这个职务的合适人选。

---

① 齐如山著：《齐如山回忆录》，辽宁教育出版社 2005 年版。

② 美国国务院行政文件，中国部分第 26 卷，第 48 号。

重整旗鼓

相对于赫德新招的洋教习，美国长老会传教士丁韪良是老资格了。早在1858年，和李泰国一样，他以翻译身份参加了《天津条约》的谈判，目睹了这样一幕：清政府代表耆英与美国公使列维廉因外交礼节发生争执——“他（耆英）建议列先生预先要排练一下接旨的仪式。但列先生拒绝了。耆英补充说：‘您得下跪受书。’列先生回答：‘不行，我只在上帝面前下跪！’‘但皇上就是上帝！’耆英说。”①

正是这些特殊经历，使得丁韪良敏锐地感觉到清政府对于西方世界的无知，因而当1865年美国驻华公使蒲安臣和英国使馆参赞威妥玛联袂推荐他担任同文馆英文教习时，便慨然应允。

同文馆事件发生后，学校经历了严重的倒退，丁韪良便借机回美国耶鲁大学进修国际法，否则，每天只教十来个学生学英语，简直就是在消磨时光。

哪知道课还没上完，丁韪良就接到赫德的一封来信，告诉他已被推荐给总理衙门，由他来担任同文馆总教习，希望挽狂澜于既倒，并催促他尽快返回中国。

再没有比丁韪良更合适的人选了！在过去的几年中，他与这所学校休戚与共，风雨同行。“他具有高度的责任感，出色的文学修养，极好的英、汉语口才。他平易近人，自然庄重，深得雇主——总理衙门的信赖。如果他缺乏出色的行政管理能力，他身边的总税务司——他的朋友，也是他的支持者，本身就是个卓越的行政管理天才，随时都可以从他（指赫德）那里获得启发与引导，还有具有同样重要性的，足够的财政支持。”②

这一点很重要。据丁韪良回忆，当1869年9月回到北京时，赫德要他出来主持馆务的条件就是：“他决计每年从海关方面拨给我一笔整款，以

---

① 丁韪良著，沈弘等译：《花甲记忆》，广西师范大学出版社2002年版，第116页。

② （英）魏尔特著，陈敩才等译：《赫德与中国海关》（上），厦门大学出版社1993年版，第442~443页。

供学院之用。当时我就答道：‘擦擦灯台，我是愿意的，但是你得供给灯油。’他答允了。自此二十五年间，践行约言，未尝或渝。”

正是这个践行了25年的诺言，令丁博士无限感慨：“就同文馆说来，赫德是父亲，我只是一个看妈（保姆）而已。”

11月26日，这个42岁的“看妈”在总理衙门的几位大臣和美国驻华使馆代办的陪同下，到同文馆走马上任。他用汉语发表了就职演说后，“大约有四十名学生，分班由曾出使欧洲的斌椿提调率领，向总教习行额手礼致敬。学生们身穿长袍，头戴饰有流苏的礼帽，场面甚为壮观”。[①]

赫德没有躬逢其盛，不过，他送来了一封热情洋溢的贺信，预祝丁韪良前途光明。

丁总教习接手管理学校的时候，学校总共只有40多名学生，教习倒是有5位，除了一个教数学的中国教习外，另几位洋教习分别教英语、法语、俄语和化学。细心的读者不难发现，怎么没有教天文的呢？和赫德同船而来的那位天文教习方根拔教授，到哪儿去了？

“事实证明，他不是个教授，而是好打官司的绊脚石和好出风头的人。他似乎认为，当他向全世界宣布牛顿的地心吸引力理论是错误的时候，他的职务可以证明他的正确。他与赫德的官司将成为我们注意的目标。”[②] 这也是本书下一节述及的内容。

事实也同样证明，任命丁韪良挽救了这所学校。正是他以充沛的精力投身于恢复和发展馆务的各项工作，才使得情况逐渐改观，终于在10年后，同文馆进入“相对繁荣的阶段”，学生人数大幅增加，素质显著提高，添设了德文馆、化学馆、天文馆，除学习外语，还要兼学数学、物理、化学、天文、航海测算、万国公法、政治学、世界历史、世界地理、译书等课。这一变革使同文馆由先前单纯的外语学校，变成以外语为主，兼学多门西学的综合性学校，成为有别于中国传统旧式学堂而具有近代学校特点的新式学堂。

---

① 丁韪良著，沈弘等译：《花甲记忆》，广西师范大学出版社2002年版。

② （英）魏尔特著，陈敩才等译：《赫德与中国海关》（上），厦门大学出版社1993年版，第441页。

这难道不是恭亲王理想的一部分？奈何彼时的奕訢已经失势，正“奉旨管理正白旗满洲新旧营房并城内官房事务”。

在这十年“逐步但是彻底的改造”阶段，赫德与其说是一个“父亲”，不如说是扮演一个“教父”的角色，他插手同文馆事务更深，特别是对于聘请洋教习一项，更是事必躬亲。当时所有海关人员都由赫德任免，而洋员刚到中国，不懂汉语则暂时不能在海关任职，于是，都被派到同文馆充当教习，名义上是去教洋文，同时也学习了汉语，一举两得，学成后再派往各口海关，这几乎成了定例。于是，同文馆的师资就形成了这样一道特殊的景致[①]——“旧教习离开时，对于后任不许推荐，由外国新到人员，亦不许直接来谋教习之职，必须由总税务司推荐，所以每逢一位教习离职，总理衙门就得通知总税务司，请其介绍新人，倘其时恰巧没有由外国新到之人，则馆中就得等几天，不过时期也不会太久就是了。”[②]

直到 1894 年，丁韪良在“擦了整整 25 年灯台”后，才由于健康原因离馆辞职。他的继任者是英国人欧礼斐（C. H. Oliver，M. A.），这位同文馆第二任也是最后一任总教习，是赫德贝尔法斯特女王学院的小校友，1879 年被招入中国近代海关，尽管他在同文馆先做英文、物理两科教习，后又改授化学、天文，算是博学之人，无奈却不受学生待见。

“同文馆总教习是一个英国人，名字叫做欧理斐[③]，人极神气极骄傲，可是不但不够学者，而且几乎是不通文。我见他给学生改英文的试卷，一般人但看着不好的地方，不假思索，一笔就涂了去，可是他改的时候，就费了事了，憋得红着个秃脑壳，改一次涂了去，又改一次又涂了去，半天才算改就，按彼时学生洋文的程度，不过等于现在大学一年级，他改着已经这样吃力，则他的洋文程度可知，而且据英文馆同学们说，他改的并不十分通顺。”[④]

① 张功臣著：《洋人旧事——影响近代中国历史的外国人》，新华出版社 2008 年版。

② 齐如山著：《齐如山回忆录》，辽宁教育出版社 2005 年版。

③ 即欧礼斐。

④ 齐如山著：《齐如山回忆录》，辽宁教育出版社 2005 年版。

进入新世纪后的1902年，这所新式学堂又迎来了新的生机，因各种升为大学的条件都已具备，遂归并入京师大学堂。也就在这一年，张德彝达到了他外交生涯的顶峰——出任大清国驻英公使。一直关注着小张成长的“父亲”赫德，在前一年的10月18日便得到了消息，他在给金登干的信中写道：“（驻英公使）罗丰禄的继任人可能是德彝——现在人称张大人——他在1866年曾随我赴欧洲。他在此并非‘权臣’，但他为人和善，这对同文馆来说，将具有奖赏之意，我为之高兴。”

已经长眠4年的恭亲王奕訢，倘泉下有知，亦当如是想吧……

官司[①]大逆转

多年以后，长期担任京师同文馆——这一中国最重要的新学教育机构总教习一职的丁韪良，对那个曾经觊觎他职位的同事方根拔已然印象模糊。唯有这样一句话，却怎么也无法忘怀，历久弥新。

那是一个夏日，方根拔在前往北京西山的路上突遇暴雨，他满载书籍的车子被山洪冲走。洪水退去后，沿途好几英里的路边都是散落的书籍和手稿。当丁韪良前去安慰时，方根拔痛心疾首地说：“可恶的雨水！它毁了我二十年的心血，而让牛顿的统治，又可以延长好几个世纪。”[②]

心怀不满

1867年的同文馆够麻烦的了，不是方根拔博士不识大体，他也不想添乱，撂挑子对谁都没有好处。的确如此，方博士“虽然性格怪僻，但还是一个思维敏捷的人，且是个多面手”，他何尝不想在中国干出一番事业？

---

① 这场官司又称方根拔事件，表面上是一场劳资纠纷，实质上是当时在华的外国官员（包括英国官员）弥漫着一股反对海关的浪潮，存在着偏见和仇恨。事件的顺利解决，按赫德的话说：“（英国）国内政府表现出比在中国的英国官员更加开明公正。”

② 张功臣著：《洋人旧事——影响近代中国历史的外国人》，新华出版社2008年版。

只是，他的不满情绪越积越多，终于在这年的夏天臻于极致，几乎都变成怨恨了。

难道赫德亏待他了不成？别的教习不都干得好好的？

赫德没有和方根拔过不去，倒是方根拔和牛顿过不去，最后和赫德也过不去。这三角关系听起来实在拗口，事情的原委，还得从这个自称“男爵”的奇人受聘同文馆那天说起。

1866 年 8 月 15 日，如前所述，赫德在总理衙门的授权下，在巴黎聘任方根拔为同文馆天文学教习。任命前，赫德向德国教授耐心地介绍了这所新生学校的性质和目的——“它的纯粹中国式学府的特点，学生程度之差，教他们就像在乡村学校教书一样，而不像在大学里教书。”[①] 赫德还坦言北京生活如何艰苦，外籍教师如何孤寂，让方教授做好思想准备，但也不是一无是处，至少薪俸就很可观，“头五年里，每年为 600 英镑，第二个五年里，每年 800 英镑，十年之后，每年 1000 英镑”，而且一定会有充裕的时间，让他开展所喜爱的天文学研究。

既然能接受这个条件，方根拔在随赫德来到北京后，最初还是服从管理的。不过，他根据赫德要求所撰写的备忘录，却耐人寻味。在这份原本不过是谈谈教学建议的文章里，方根拔大谈特谈他认为最佳的教学方法，极力鼓吹中国人学天文学，并概要地介绍了长达五年的课程学习，从基础数学，到微积分，再到天文学。

信心满满的方根拔，却对潜在的困难估计不足。就拿教学手段来说，他不会汉语，他的学生英语水平又太差，此外，“教中国人学西方科学还存在着一些额外的困难，不单要发明一些新的语音和文字来表示他们听不懂的技术用语，而且，还得让中国人的脑袋明白这些新创造出来的术语所代表的意思”。

这些实在是太麻烦，他方根拔可不屑这么干，这不是为难他这个科学家吗？

---

① （英）魏尔特著，陈敦才等译：《赫德与中国海关》（上），厦门大学出版社 1993 年版，第 440 页。

不管怎样，在同文馆的课堂上，方根拔还算得上一个称职的教习。他授课时，往往生出许多奇思妙想，喜欢与学生争论，常就电闪雷鸣、老天爷、星象等天文学问题生出一些匪夷所思的高论。当然，这还不算“奇”，他的奇特表现在他狂放不羁的性格，事事争强好胜。他天生就是一个斗士，敢于向一切权威挑战，尤其鄙视牛顿的万有引力理论，在不同的场合宣称空间压力的正确定义，并为此与人争论不休。

作为一个有个性的教授，倒也能被谅解。关键是，在1867年料峭的倒春寒里，在这场起于青萍之末的同文馆风波中，方根拔教授有了新的想法。是啊，学校经历了严重的萧条，群龙无首，虽说“赫德拥有管理者的头衔和责任，但是，别的更紧急的事情占据了他的注意力”，如此，这个总教习为什么就不能是他方某人呢?!

方根拔越想越郁闷。他对自己的才能具有至高无上的信心，不让做总教习倒也罢了，却“让具有他这样资历的人去教基础数学，而且，在他掌握足够的汉语之前，他得通过慢得令人难以忍受的翻译，一行一行，一句一句，这儿一点，那儿一点地干，真是荒谬”!①

再退一万步，即使实在做不了总教习，那也应该给他这个“卓越”的科学家提供适当的设施——天文台和图书馆，让别人去为那些孩子教授基础数学，他腾出精力好好做一番研究后，再去教授天文学吧。

方根拔相信自己是一个科学天才，一个不幸被埋没的天才，这是毫无疑问的！一个敢于站出来和牛顿较劲的人，怎么可能不认为自己是天才呢？也许还正是像赫德这样的局外旁观者才看得清，与方根拔一同在校执教的俄国教授给出了精辟的评论：“他也许是个文学家，可绝非天文学家！”

可怜的方根拔已经不能再想下去了，因为他偶然得知，赫德手下的那些税务司，“所受的教育和智力，在他看来，都无法与他相提并论”。但是，不幸的事情发生了，那帮家伙的工资，都比他高!!!

---

① （英）魏尔特著，陈敦才等译：《赫德与中国海关》（上），厦门大学出版社1993年版，第451页。

再想下去，就要出人命了！

痴心妄想

方根拔认定教数学是苦差事，又“有损他的尊严”，于是从 1867 年的那个夏天起，他就再也没打算履行数学教习的职责了。在方博士自己给自己的定位中，“他只是天文学教习和未来的天文台台长”，他还等着中国政府给他提供必要的设备呢，否则怎么致力于天文学研究和对牛顿进行批判？

既然如此，校方只好找别人来填补他的空缺，方根拔便自以为是地断定，他已被免去数学教习的职务。

是该和他好好谈谈了。口说无凭，赫德把自己的看法写了下来，用函告的办法与方根拔沟通，省得意思被误解。

“首先，现在不能改变工资标准；其次，不可能要求中国当局放弃原计划，提早修建天文台；第三，马上建立专门的天文图书馆是不必要的；第四，不可能要求中国政府授予他高于其他教授的职位；第五，没有什么正当的理由可以敦促中国政府为用于学校目的之外的特别研究提供设施……”①

赫德明确指出，尽管对方根拔渴望进行研究的心情非常同情，对他挑战权威的勇气深表敬佩，但从常识上说，他也“应该以学校本身的性质和要求来约束指导自己的行为和公务上的允诺”。如果做不到这一点，在信的结尾，赫德建议方根拔完全按照自己的利益行事，是走人还是留下，悉听尊便。

完全按照自己的利益行事，这正是方根拔先生的一贯风格。不用赫德指点，他都已经下定决心“充分利用这种情况可能产生的物质利益”。在 1867 年到 1868 年的整个冬季以及 1868 年的春季，方根拔继续享受着他只

① （英）魏尔特著，陈敩才等译：《赫德与中国海关》（上），厦门大学出版社 1993 年版，第 452 页。

拿钱不做事的做派，也没有打算认真掌握足够的汉语，以便今后的教学。

当又一个夏天到来时，方根拔再次开始抱怨，认为他受到不公正的待遇，拒绝承担一个班的数学课，并坚称学汉语绝不是他的事。

至此，赫德不得不承认自己彻底看走了眼，原本寄予厚望的奇人，奇葩到不可理喻。除了最后通牒，还能怎样？

> “我再说一遍，根据你再次表达的不愿意教数学的决心，如果你决心不学汉语，并已决定不教数学，我最多只能为你争取一年的工资，并为你提供回家的路费。”①

方根拔并未因违约将被解雇而产生哪怕一丝愧疚，在他眼底，那一整年的工资或曰额外津贴，实在是一块诱人的香饵。他口头通知赫德，还是不同意教授数学，决定接受辞职的条件，但炎热的夏季已经来临，看看能否允许他留任到 9 月底，他还希望总税务司能够对他随和一点。

这样的要求，似乎并不过分。赫德哪里料到，方根拔充分利用这段漫长的暑假，制定好了他的“作战”计划。于是，当 9 月底转眼到来时，当他收到截止于当月的月薪以及谈妥的那一整年工资时，奇人方根拔发难了！

他冷冷地写信给赫德，假模假式地询问这笔钱是不是一年的附加工资？如果是，他将真诚地感到高兴，“他将认为总税务司现在比较欣赏他的观点了”，但是，即使是有了这笔附加工资，他仍然必须对他不合理的薪酬提出抗议，因为这与他的身份地位太不相称了。他之所以要阐明这些，是希望说明他不是唯利是图的小人，也没有任何自私的目的，纯粹是因为他太热爱科学了，太想提高中国的科研水平了，他所做的一切，都是被这两点朴素愿望所驱动。

这样的痞子，赫德生平还是第一次遇到。

对簿公堂

方根拔是个“战士”，但是，赫德从来就不是惧怕战斗的人。必须戳

① 1869 年 10 月 20 日，赫德致方根拔函，《赫德对方根拔案件》，第 55 页。

破这个科学家的痴心妄想，否则，同文馆就没有规矩了。

赫德通知他："就同文馆而言，他（方根拔）的所作所为已经使自己（方根拔）与它（同文馆）在 1868 年 9 月 30 日断绝了关系。"没想到，方根拔居然理直气壮地予以反驳，他坚持说，这种说法是没有根据，不能接受的，而且与事实有出入。

口袋里装着一整年的工资，又没有交出正式的辞呈，或许，方根拔博士觉得自己处于继续"作战"的有利位置，在那儿自鸣得意呢。

他的确有理由得意，此时的同文馆，正处于度尽劫波后的休养生息期，生源不济，管理混乱，人事变动频繁，方根拔意识到他也"将处于提出合法要求的更有利的地位"，因此，从 1868 年冬天一直到 1869 年 9 月，他尽管没有担任任何工作，却假装认为自己就是完全合法的同文馆教习。

到了 10 月份，方根拔的钱似乎花得差不多了，便再次向赫德发起了新的"进攻"。

> "由于我已经用了 1200~1500 两银子，而你从 1868 年 10 月 8 日起就没有按照该给我的工资等，发给我任何钱，我满怀敬意地请求你在方便的情况下尽早让我领到我提到的这笔钱（或者是更大一笔）。如果你让我在此拿到 500 两银子，其余的开出一张支票到上海东方银行去支取，我将感激你……"①

方根拔其实清楚得很，赫德这次无论如何也不会爽快掏钱了。这份函件只是他整个"作战"计划的一部分，与其说它是一封信，不如说是一封挑战书，信末，他别出心裁地提出了一个小小的要求，即通过第三方仲裁的方式，来解决他与同文馆"之间关于工资和其他悬而未决的分歧"。

到了这个时候，赫德终于认识到他自己是在跟哪种人打交道了。这个对手的可怕之处不在于胡搅蛮缠，而是像进行精密的科学试验一样，有计划有步骤地一步步进逼，不达目的誓不罢休。果然，面对赫德拒绝仲裁没有调和余地的答复，方根拔发出了威胁，他限定赫德在 11 月 3 日前付钱给

① 1869 年 10 月 11 日，方根拔致赫德函，《赫德对方根拔案件》，第 49 页。

他，不然的话，他就要赫德的好看，“为他可能遭受的损失、烦恼以及任何后果”负责任。

他摆明了要把事情搞大，越大越好，否则，这充其量只能称为一桩劳资纠纷，怎么会被后人定性为“方根拔事件”呢？

好在，丁韪良博士正好回到北京，应邀担当起领导同文馆的重任。赫德与之商量后，决定还是以大局为重，再给方老师一次机会。总税务司通知总理衙门，仍旧将方根拔看成是学校的教习，撤回他于两个月前递交给总税务司署的有关方教习辞职的文书。

校方释放的善意已经丝毫引不起方根拔的兴趣，教习头衔又能有什么吸引力呢？他首先需要的是钱！其次是报复！作为一个被埋没的天才，他必须报复，既然牛顿的学术霸主地位暂时撼动不了，那就把嫉妒的子弹射向赫德和他领导的海关，凭什么那些各方面都不如自己的税务司和帮办们，拿着比他高得多的薪金？

最后的“决战”时刻就这样到了！这是方根拔“作战”计划的高潮部分，从 1867 年那个炎热的夏天孕育，在漫长的两年实战中逐步修正，现在，他终于可以高高地昂起他高贵的头颅，傲慢地通知赫德，并“要求赫德把他暂时离开首都和这样做的目的”转告总理衙门——

他打算去上海，到大英按察使司衙门去告状。

法庭上见！

反败为胜

1870 年 2 月，方根拔说到做到，向上海的法庭递交了诉状。他控告总税务司犯下了“五宗罪”：

“（1）赫德利用虚报和欺骗的手段，引诱他离开英国来担任同文馆的教习。

（2）赫德故意向总理衙门虚报情况，说方根拔已经要求辞去教习职务，并拒绝履行教习的职责，还说他在应该呆在学校里积极工作的时候离开北京。

(3) 赫德因而使总理衙门发出解除方根拔的职务的威胁。

(4) 赫德在 1869 年 10 月 20 日的信中声称，方根拔从 1866 年 8 月 15 日到 1868 年 9 月 30 日是中国政府的雇员，以后就不再是中国政府的雇员了，结果，从 1868 年 9 月 30 日之后，方根拔就无法获得任何的薪金或补助费了。

(5) 由于赫德故意虚报、诈骗、污蔑和欺侮，造成方根拔在金钱方面巨大的损失与个人的烦恼，也使他无法继续进行他一直从事的天文学和科学研究。"①

总之，方根拔声称被赫德“极大地伤害了！”他要求赫德赔偿损失 3000 英镑，此外，赫德还欠他 700 英镑的工资。

“方根拔事件是赫德众多烦恼的来源之一”，不是吗？此时的同文馆最需要呵护，丁韪良博士让他提供“灯油”，没想到却碰上了一盏不省油的灯。到底谁伤害了谁？赫德不远万里将这个求职者带回中国，却惹来一堆麻烦，个人感情受到伤害倒也罢了，总税务司忧虑的是这一事件对同文馆是个威胁，尤有甚者，它可能给海关带来恶劣的影响。

这就对了。方根拔不就是想要达到这样的目的吗？他“抓住每一次说话和书写的机会，蛮横恶毒地攻击海关的首长赫德”，他就是要把这场官司搅得沸沸扬扬，满城风雨才好呢！“他那发达有力但却有失均衡的大脑”，一想到赫德先生“彻头彻尾利己主义者——寡廉鲜耻而且野心勃勃”的衰样，就没来由地兴奋。

方根拔的努力果然没有白费。他的攻击博得了社会上某些人的喝彩，“特别是那些把海关当成他们迅速发财的不必要的障碍的商人们”。甚至连一些海关的高层人士，也向他们的海关首长投来狐疑的眼光，忙于同文馆这样的额外事业，是否值得？

看看《北华捷报》刻意的嘲讽口吻，便知道总税务司所处的舆论环境

---

① （英）魏尔特著，陈敦才等译：《赫德与中国海关》（上），厦门大学出版社 1993 年版，第 457 页。

的确不妙。"他的感情已完全是中国式的，和中国人一模一样了。"①

不知大英按察使司衙门有没有受舆情影响，反正是没有采纳赫德辩护律师的意见，作出了对方根拔有利的裁决——判罚被告人赫德赔付1800英镑。而当赫德申请享受特权保护或至少有条件的保护时，被法官驳回。

赫德不服。

作为海关最高领导人，却因被控犯诽谤罪而走上法庭，这本身就令人很不愉快。而且在没有任何有利于方根拔证据的前提下，陪审团就作出了赫德有罪的裁定。"这不仅是方根拔的局部胜利，也是，也许更是，反对海关的兄弟会高兴的原因。赫德相信，那个判决完全表达了反对海关的恶意。"②

这不仅仅是针对他个人，海关的每一个英籍成员的合法地位都受到了威胁，这个问题一定要彻底解决！

赫德毫不犹豫地接受了挑战，他"对自己领导海关、战胜危险的能力充满了信心，这种信心在他漫长和多彩的事业生涯中，从来没有遗弃他"。

于是，金登干遵照总税务司的指示，远赴伦敦枢密院上诉，在他的多方奔走下，这场旷日持久的官司继续在英国本土打响。或许是两位皇家顾问的加盟，"渐渐形成有力的论据"，胜负的天平悄悄地向赫德一方倾斜。历尽许许多多烦琐的程序，直到1873年1月28日，枢密院才发出判决书，四位大法官一致认为：

"赫德受中国政府委托，总管同文馆和它的教习，向总理衙门汇报它的管理和情况，是他的责任，这样的汇报，即使是有损他人的名誉，一看就知道是有正当理由的。"③

---

① （美）布鲁纳、费正清、司马富编，傅曾仁等译：《步入中国清廷仕途——赫德日记（1854—1863）》，中国海关出版社2003年版，第420页。

② 赫德致金登干函，1879年12月8日，中国第二历史档案馆海关总税务司署档案。

③ （英）魏尔特著，陈敩才等译：《赫德与中国海关》（上），厦门大学出版社1993年版，第462页。

因此，上海大英按察使司衙门的判决“显然是有缺陷和错误的”。方根拔告赫德一案，以撤销原判决而结案。

“方根拔从此穷困潦倒，在中国一连几年找不到工作，只好返回英国谋生，最后死于赤贫。”看来，找赫德麻烦的结局都不太妙，那个李泰国不也是死于赤贫？

赫德虽然赢了官司，却并没有把它看成是对方根拔的个人胜利。同文馆事件不过历时6个月，由此生出的方根拔事件，居然延续了6年！即使胜诉，又有什么值得开心的呢？

唯一欣慰的是，担任中国文官职务的英国公民的地位问题，得到了充分关注。还有就是一个得力干将金登干崭露头角，将来还会派上大用场。

第四章

能否换来 20 年太平的条约

1875 年 2 月，英国驻华使馆翻译马嘉理自缅甸八莫迎接英军上校率领的武装探路队前往云南，在蛮允附近被杀，探路队亦受阻退回，此即震惊中外的马嘉理事件，又称“滇案”或“云南事件”。

英国驻华公使威妥玛据此向总理衙门提出远远超出案件范围的多项要求，中英之间围绕马嘉理事件的交涉自此开始。

一方是中国，一方是英国，一向标榜不偏不倚的“骑马高手”赫德，在这场一波三折的谈判中，究竟扮演了什么角色？最终达成的条约，当真能换来 20 年的太平？……

山雨欲来风满楼

1873年8月13日，在赢得“方根拔官司”半年后，赫德在致功臣金登干的函中，这样写道：“我知道没有任何人像你这样适合于在此担任我的秘书长，任何一个不熟悉的人留在家里（指伦敦）对我都没有用处，除非这个人是一个了解中国的人，一个我完全信赖的人，并且在私人关系上忠诚于我的人。”①

7年前，那个同船异梦的小人方根拔，给赫德带来没完没了的麻烦，好在那艘船上，还有金登干。

都说百年修得同船渡，但人和人之间的差距，怎么就那么大呢？

未雨绸缪

大清国海关驻伦敦办事处是前总税务司李泰国遗留下的产物，原本是为了方便购买英中联合小舰队而设，但随着李总税务司的被免职，该机构也随即被关闭。到1867年办事处恢复时，它也不过是一个很普通的机构，仅仅负责采购物资而已。

到了1873年，在差不多当了10年总税务司后，赫德认为很有必要赋予这个普通机构全新的使命，决定将其改组，“使之从一个纯事务性的机构变成一个具有广泛权力的机构”。当时清朝尚无正式的驻外机构，那么它就是清政府在海外的唯一正式代表。

这个机构应该很灵活，可进可退，既可以代表中国政府正式出面，又可以做中国政府想做而不方便做的事，比如购买船舰、筹集借款。

还有一项更重要的任务，就是在赫德的直接指挥下，或搜集情报，或

① 赫德致金登干函，《总税务司在北京——赫德中国海关书函1868—1907》，第一卷第22页。

外交斡旋，甚至执行某些秘密使命。

那么，谁才可以担负起这个特殊机构负责人的重任呢？

在赫德眼里，非总税务司署稽核账目税务司金登干莫属。

难道仅仅是因为他不惜3年奔走，在处理“方根拔官司”时表现出的干练和忠诚打动了赫德？非也。其实早在5年前，35岁的金登干就已经接受赫德的委派，满世界地“稽核账目”，开始执行一项秘密行动计划了。

那是1867年底，赫德鼓动恭亲王对贫弱的葡萄牙“乘机动之以利”，设法赎买澳门。经他提议，西班牙驻华公使玛斯任满回国，是办理这一交涉的合适人选。于是，金登干便随同公使前往欧洲，执行这一借款“买回”澳门的所谓“玛斯计划”。无奈人算不如天算，玛斯回到西班牙后，来不及与葡萄牙交涉，就于1869年2月在马德里病逝，这一秘密外交计划便被搁置下来。

计划虽流产，纯属不可抗力，金登干的才能赫德是看在眼里的，否则，又怎会放心地全权委托他代表自己上诉到枢密院？这可是一场事关赫德个人清誉和海关荣誉的诉讼。

事实证明赫德没有看错人。

1874年1月，“大清海关总税务司驻伦敦办事处”正式开张，赫德理所当然地把这个特殊机构交给了亲信金登干，任命他为“伦敦办事处主任”。从此，金主任便以中国近代海关驻外税务司和赫德私人代表的双重身份，在欧洲开展各种活动，或为中国近代海关采购物资、招募洋员，或为清政府购买舰船军

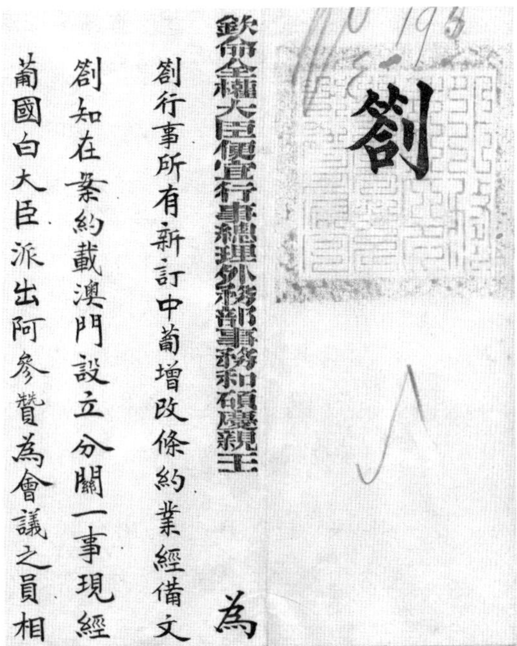

劄

欽命全權大臣便宜行事總理外務部事務和碩慶親王 為

劄行事所有新訂中葡增改條約業經備文

劄知在案約載澳門設立分關一事現經

葡國白大臣派出阿參贊為會議之員相

▲外务部关于澳门设立分关给总税务司赫德劄文

火。赫德对世界政治情势能了如指掌，甚至远远多于中国政府的外交部——总理各国事务衙门，多是依仗金主任的耳目。

伦敦办事处成绩如此斐然，赫德当然满意，但这些事情都绕开了当时的英国驻华公使威妥玛，时间长了，公使先生难免心生妒意，以至于为两人今后的决裂埋下伏笔，此乃后话。

不得不佩服赫德特殊的政治敏感和过人的嗅觉。伦敦办事处的重组是那样的及时，以至于在次年的中英外交交涉中发挥了独特的重要作用，称得上未雨绸缪。尤其让后人惊叹的是，此后的33年间，赫德与金登干通过频繁的多达八千余封来往函电，将家事国事天下事都处理得妥妥当当。

所谓家事，多半是采买个人物品。赫德虽说已深受中国传统文化熏陶，但个人生活习惯，依然固守着欧洲传统，他日常生活中的所有物品，凡是能从英国采购的，都交给了办事处。从衣领到马靴，从葡萄干到草莓酱，甚至从小说到小提琴，都是金主任的分内职责。

涉及公事，赫德并不是简单地发号施令，除了互通情报消息，他还通过邮件或发泄不满，或直抒胸臆，某些时候，有些平时不方便说的，比如对英国政府对外政策的批评，也会浸透字里行间。我们不妨看看他在7月18日致金登干的密函中是怎样抱怨的。

> “福建当局已授权建立从台湾府到淡水的陆上电报线，从淡水到尖峰的海底电缆，然后再接陆地电报线到福州市的（闽浙）总督衙门。这就是日本远征的结果！
>
> 奇怪的是，一个日本人竟首先得以觐见，并且引进了第一条电报线。”①

原来，进入19世纪70年代以后，国际形势风云变幻，英国不再是唯一强大的资本主义国家。力量对比的变化，尤其是日本的崛起，使得列强

① 赫德致金登干函，1874年7月18日，中国第二历史档案馆海关总税务司署档案。

重新洗牌、瓜分中国的愿望愈加强烈。

赫德对英国政府丢失先机大为不满，他怒其不争，继续发出了这样的哀叹：

> “英国正在丧失各种最美妙的机会——对她的资本，对她的子孙，对威信，对保住她自己的地位来对付所有的后来者，对保持她在全世界的领导地位来说，都是如此！
>
> 每当看到坐失良机时，总感到可悲——但有什么办法呢？我们的全盛时期已经过去了。”①

边疆危机

从1683年出兵收复台湾，次年设隶属福建省的台湾府，到1759年清军平定大、小和卓之乱，统一西域天山以南地区，清王朝在入关百余年后，最终形成《乾隆内府舆图》，继承和恢复了历史上中国的大一统疆域。和前朝一样，其对边疆地区的治理，仍然实行因地制宜和因俗而治的多种体制。

然而又过了一个百年，“到了1874年，中国前所未有地被外国全面包围了：西北和东北有俄国人虎视眈眈；西南分别有英国人通过印度和缅甸、法国人通过越南威胁西藏、四川、云南、广西和贵州；日本则觊觎朝鲜、台湾和琉球群岛”。②

四面楚歌的边疆危机中，打响第一枪的，居然是曾经的那个“蕞尔小国”——日本。这就是赫德在给金登干密函中提到的“日本远征”，即1874年日本侵台事件。

日本人的这次军事冒险，蓄谋已久。

这得追溯到1871年12月，琉球国的船民由于大风，漂流到了台湾，

---

① 赫德致金登干函，1874年7月18日，中国第二历史档案馆海关总税务司署档案。

② 赵长天著：《孤独的外来者——大清海关总税务司赫德》，文汇出版社2003年版，第60页。

与当地原住民发生冲突，54 名琉球船民被杀，幸存者很快就被清政府接到福州，并进行了善后。“琉球事件”本来和日本毫无关系，因为在长时间的历史阶段内，琉球都是中国的藩属国。但此时的日本经过明治维新实现了“脱亚入欧”，自以为羽翼渐丰，在对外政策上确立了“开疆拓土”的侵略方针，便抓住这一事件不放，和中国进行交涉。他们宣称琉球也是日本的“内藩”，并且提出“生番害人，贵国舍而不治，我却将问罪岛人”。

直到 1874 年的 5 月 7 日，一支三千多人的日本军队，在陆军中将西乡从道的指挥下，突然在台湾南部琅峤登陆，与当地居民交战。针对日本的军事行动，清政府立即派福建船政大臣沈葆桢率军直赴台湾，李鸿章也紧急调动驻扎在徐州的淮军 13 营 6500 人，分批航海驰援。

很快，日本便发现靠武力难以实现其占领整个台湾岛的野心，加上因水土不服，士兵病死较多，便采取了外交讹诈的手段，气得李鸿章大骂日本“口说和好之话，不做和好之事”。

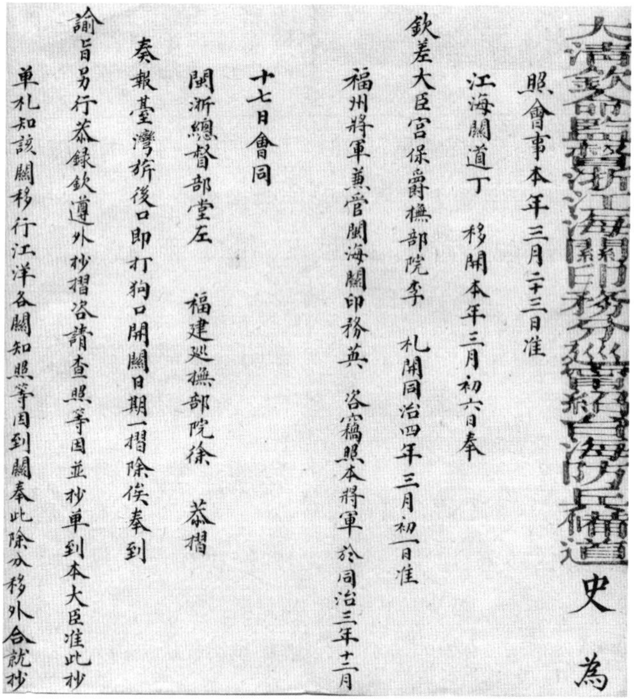
大清欽命監督浙江海關印務兼分巡寧紹台海防兵備道史 為
照會事本年三月二十三日准
江海關道丁 移開本年三月初六日奉
欽差大臣宮保爵撫部院李 札開同治四年三月初一日准
福州將軍兼管閩海關印務英 咨稿照本將軍於同治三年十二月
十七日會同
閩浙總督部堂左 福建巡撫部院徐 恭摺
奏報臺灣旂後口即打狗口開關日期一摺除俟奉到
諭旨另行恭錄欽遵外抄摺咨請查照等因並抄單到本大臣准此抄
單札知該關移行江洋各關知照等因到關奉此除分移外合就抄

▲1865 年台湾打狗关开关照会

这一事件引起了列强的严重关注，连总理衙门的高参赫德，也有些沉不住气。

> “日本在欧洲有什么活动吗？——如借款、买军火、造船等等？假如有任何这类事情正在进行，就查清楚，并迅速向我报告……”①

在给金登干发出指示的同时，赫德毫不掩饰他的忧虑。

> “局势看来很糟，我担心日本人的‘趾高气扬’和‘龙’的妄自尊大将难以调和，另一方面，也可能‘龙’在最后一分钟‘突然一蹶不振’而无限地‘含垢忍辱’。”

同样在这封信中，赫德还告诉了金登干一个惊人的消息，恭亲王被降了职，“仍保留亲王王位，但降为亲王的最低级”。据说这是因为他反对为慈禧的享乐而重建圆明园的计划。“恭亲王的奏疏慷慨陈词，像一个大胆的御史那样刚正”，② 故再一次被太后“修理”。

在信的结尾，赫德不禁悲呼：“时局如此，你可以想象我是多么担忧，还有多少心思来工作啊！”

赫德的这封写于 7 月 25 日的函件真是未卜先知，3 个月后，他的预言便实现了。

原来这一年正值慈禧太后 40 寿诞，清廷无意大动干戈，而同治皇帝又已病入膏肓，“安内”成为当务之急。于是，清政府与日本于 10 月 31 日匆忙签订《北京专条》，承认日本侵台是“保民义举”，并赔偿白银 50 万两，以示“抚恤”。由于该条约中载有台湾居民对“日本国属民”（琉球船民）等“妄为加害”字样，后日本便以清政府承认琉球为日本属国为依据，以武力吞并琉球并改名为冲绳。

---

① 赫德致金登干函，1874 年 7 月 25 日，中国第二历史档案馆海关总税务司署档案。

② （美）费正清、刘广京编：《剑桥中国晚清史》（上、下卷），中国社会科学出版社 2006 年版。

不过，李鸿章才不认为赔款及之后的丢地是“含垢忍辱”呢，他称此举叫作“忍小忿而图远谋”。

至此，日人挑起的边疆危机貌似得以化解，而此时恭亲王的职务和爵禄均早已恢复，是否赫德的担忧都一一解除了呢？

殊不知，就在恭亲王与日本代表签约的前后，一个叫马嘉理（A. R. Margary）的英国年轻人，正奉命从北京南下，执行一项特殊的使命。没多久，一桩以他名字命名、震惊中外的大事件即将发生，更大的边疆危机就要爆发！……

一颗头颅值多少两银子？

1874 年 10 月的一天，英国驻华使馆副领事马嘉理“由京到滇”，受到云南巡抚岑毓英的优加款待，“派委文武员弁护送出境，并饬沿途州县妥为照料”。马嘉理怎么也不会想到，仅仅 3 个月后再次入滇时，等着他的，会是一场无妄的杀身之祸！

还是在年初，为了打通进入中国西南内陆贸易的交通线，英国陆军上校柏朗（H. A. Browne）带领一支 200 多人的武装探路队，拟由缅甸八莫北上入滇。英印当局据此向英国驻华公使威妥玛提出了两个要求：一是以“游历”为名，代他们向总理衙门办理护照；二是派一名通晓汉语、熟悉中国情况的翻译为之带路。

▲马嘉理

威妥玛将此特殊使命交给了一向信任的下属马嘉理，只是，这个千里南下的带路人，自己却走上了不归路。

不作不死

▲威妥玛（1818—1895）

马嘉理被护送出境到达八莫后，与柏朗一行会合，于 1875 年 2 月“复由缅来滇，并不先行知会，请委员迎护”，仗着人多势众“冒昧前来”的后果很严重，探路队经过云南蛮允（现芒允）附近，“行至户宋河，遇着野人拦路，问伊要过山礼。马洋官不肯，野人就将马洋官杀毙，行李、马匹抢去”。[①] 所谓野人就是当地土人，其实他们原本是要钱不要命的。据说那马嘉理平素骄横惯了，举枪便射，当场打死数人，使局面变得无法收拾，因而激起了当地景颇族人的愤怒，杀死了马嘉里及一行人中的 4 个，弃尸于户宋河中。此后，参加围剿的景颇族群众越聚越多，增加到了 6000 多人，柏朗被困，情急之下纵火烧山，乘烟雾弥漫才逃回缅甸。

“过山礼”就是“买路钱”，莫非马嘉理舍不得那几个小钱？非也！“马洋官”是在为自己的傲慢付出代价。与此同时，他及其随员以 5 条人命的代价，酿成了对中国近代史走向产生重大影响的一个大事件——“马嘉理事件”。

难道马嘉理的运气当真那么背？竟然与野人不期而遇？事实上，关于马嘉理被杀一案，真相就好像笼罩在滇南崇山峻岭的瘴气迷雾中，若隐若现，扑朔迷离。

除了偶遇野人遭遇不测的上述说法外，还存在另外数个版本。

一说英国驻华公使馆翻译马嘉理由北京至云南，一路上无视清政府的存在。抵达昆明时，马嘉理居然牵出狼狗接受清政府封疆大吏、云南巡抚岑毓英的躬拜。虽然岑毓英举行了隆重的宴会欢迎马嘉理，但对马嘉理的傲慢怒火中烧。马嘉理到腾越镇（今腾冲）后，又对腾越总兵蒋宗汉口出恶言，随后沿途收集情报，在云南腾冲登高绘测地图。他的举动激起了腾冲人民的反对，腾冲地方官员将他护送出境。

之后，马嘉里与英国武装探险队会合，返回云南，行至中国境内红蚌河（户宋河）边，得知边区军民已有联合抗击准备，马嘉里便自告奋勇带几个随从前往探路，柏朗率部队跟随在后面。英军的这一举措再次激怒了岑毓英，岑毓英命令腾越左营都司李珍国在途中伏兵截杀了马嘉理。[②]

岑毓英兼署云贵总督，是当时大清国 8 位封疆总督之一，连威妥玛这

① 总理各国事务衙门存复讯“滇案”供词，中国第一历史档案馆馆藏档案。

② 参见云南省人民政府门户网站之“云南概况”之“革命斗争”。

个级别的英国官员与其晤面都礼貌有加，那马嘉理不过一个低级外交官，至于那般嚣张跋扈？还随身牵着条大狼狗？此一版本演绎成分实在太重，但现今云南省人民政府门户网站里也是这么介绍的，只好将信将疑了。

又一说马嘉理潜入腾冲搜集情报被驱逐出境，李珍国下令部队加强边境防卫。不久，马嘉理偕英军官柏朗率军200余人入侵。马嘉理领前锋数人探路，至干崖（今盈江）蛮允时被李珍国派员劝令撤出，马嘉理拒撤并悍然枪杀我边民数人，清军民奋起反击，将其一行全歼于户宋河畔，并给柏朗部以有效阻击后逐回缅甸。①

不难看出，该版本宛如一个标准的名词解释，不知出于何种动机，彻底撇清了岑毓英，所有的问题都是李珍国一个人来扛。但怎么看都摆脱不了历史教科书的痕迹，全然不顾马嘉理其实手握总理衙门特别为其颁发的护照（通行证）这一史实。

还有其他一些说法，太过离奇，不再赘述。

之所以有这么多的版本流转至今，实在是因为当时各当事人各执一词，各自按自己的利益和逻辑来表述证明，同时又都无法拿出第三方的公证有力的证据，结果使得事实真相始终不为人知，陷入无休止的争论与反复状态，以至于经过漫长的岁月积淀，“马嘉理事件”终于演绎成了一出“罗生门”。

但有论者指出，现存的审讯记录和相关史料表明，马嘉理在云南被杀，至少三个人都有着不可推卸的责任：一是当地山民即野人无疑扮演了凶手角色；二是左营都司李珍国曾策划阻截马嘉理；三是云南巡抚岑毓英不可能完全脱掉干系。

不管怎样争论，年仅而立的“马洋官”就这么在电光石火间死于非命。时至140多年后的今天，尽管马嘉理多半不想以这样的方式成名，他的大名还是被镌刻在高高的石碑上，耸立在西南边陲盈江县芒允村户宋河畔的凄凄荒草里。

① 参见云南省腾冲市人民政府网站之“文化腾冲”之“人物荟萃”。

借题发挥

赫德收到金登干发自伦敦的电报时，肩上正夹着金主任代购的意大利名琴。这个音乐超级“发烧友”，不管多忙，每天都要抽出几个小时来练习小提琴，雷打不动。

电文不长，寥寥数语：

> “印度事务部电讯，中国部队在蛮允进攻缅甸—中国探路队，马嘉理及其五名中国仆人[①]被杀，其余逃脱，三人受伤，行囊丢失。”[②]

如果定力不强，说不定赫德的琴弦就断了。

赫德认识马嘉理，这个说得一口流利汉语的副领事，前途不可限量。但是，当他得知这一噩耗时，他的第一反应不是为他的同胞感到悲哀，而是代之以巨大的担忧——马嘉理之死，必定会升级为一桩外交大事件！

果不其然，威妥玛发飙了！人是他派的，发放护照是总理衙门同意的，而总理衙门也将此事通知了云南的高级官员，现在马嘉理却死于非命，首级还被悬挂在腾越厅城。这难道不是蓄意挑衅？威妥玛压根不相信马是“因野人拦讨过山礼，遂被戕杀”的，他认为这样的罪行不可饶恕，“颇疑此案必有主使之人”。

因此，他一接到马嘉理被杀的消息，第一反应就是立即进兵腾越。冷静下来后，“考虑到云南边境的险峻地形、季节因素和英缅政治关系，决定采取相对温和的办法”[③]，武力用兵只是用来作为一种迫使清政府屈服的手段。

3 月 19 日，威妥玛向总理衙门发出类似最后通牒的六点照会，提出派

① 编者注：五名中国仆人似应为四名。

② 赵长天著：《孤独的外来者——大清海关总税务司赫德》，文汇出版社 2003 年版，第 68 页。

③ 方英：《合作中的分歧：马嘉理案交涉再研究》，载《史学集刊》2014 年第 7 期。

员调查、赔款等一系列要求，限中国政府在48小时内答复。与此同时，英国驻华海军司令赖德率舰队北上，55000名英军集结仰光待命，西方各国公使均接到了本国政府不得擅离职守的训令。

每当这个时候，赫德既是中国官员又是英国公民的双重身份便凸显出它的重要，次数多了，只要中英关系事态一紧张，赫德便有了一种莫名的兴奋，觉得理所当然就该由他来充当居中调停的角色。面对威妥玛提出的许多貌似离题太远的要求，比如增辟商埠、优待外国公使、外国商品运往内地免税等，他嗅出了个中深意：威妥玛一向秉持"英国对华贸易因为现行税制受害甚大"立场，这个老资格的外交家，是在借题发挥，利用马嘉理事件大做文章啊！23日，赫德电令金登干探询英国是否会发动战争，金氏的答复是，英国政府在收到威妥玛的报告之前不能决定行动步骤。于是赫德稍感宽心，让金登干随时报告伦敦方面有关"滇案"的舆论与消息，静观其变。

总税务司的判断很准确。威妥玛在交涉过程中提出的上述额外要求并非空穴来风。其一，事件是在英国力图打通西南贸易通道，进而占领中国内陆市场的背景下发生的，因此英国外交大臣德比勋爵指示威公使要牢记英印政府派柏朗率探路队前往云南的终极目的。其二，这是威妥玛的前任们，包括卜鲁斯、阿礼国等一直努力争取但尚未完成的任务，长期以来，"在打开云南大门的问题上未能如英国工商界人士所愿"。

但威妥玛动辄以战争相威胁，赫德不以为然，"为了英国的根本利益，需要和中国保持友好的关系，否则，别的国家就会趁火打劫"。威妥玛此举不仅引起赫德的忧虑，更激起了其他列强驻华公使的嫉恨，因为他的举动违背了此前一直奉行的各国对华"合作政策"。因此，美、德、法、俄驻京公使得知照会内容后，纷纷表示异议。"他们反对威妥玛把毫不相干的通商和优待驻京公使两项同马嘉理案牵扯在一起。因为有关中国各部院大臣、地方官员与外国驻京公使、领事之间的交际往来，中国境内增开口岸、厘金抽收等对外通商问题，涉及其他列强的利益。现在竟然由英使独自做主，各国公使不能不感到备受轻视。”[1] 正如美国公使所言：“我同我的俄国、德国和法国的同僚们意见相似，在关于残杀马嘉理的赔偿要求上，亟愿给英国公使以道德上的支持，但是我断然反对把这个案件同其他各项问题混杂在一起，如果认为那些问题有提起必要的话，不如以它们本身的理由，分别提出来处理，要比较好一些，这也是其余人们的意见。”

总理衙门这次倒是硬气，对赔偿和派员调查没有二话，“中国的官员已习惯于这样的事实：用钱去赔偿外国人的性命”[2]，用 15 万两银子去买一个洋人的命，不贵。只是坚决反对英国人参与现场调查，“至于其他的要求，中方认为它们与事件毫无关联，所以不能接受。”威妥玛对此大为恼火，他的中文秘书梅尔士（又名梅辉立，Mayers）更是气势汹汹，不依不饶。

此时的国内政局，正处于动荡之中，同治皇帝在年初病逝后，嘉顺皇后又蹊跷死去，继位的光绪帝仅有 4 岁。宫里的事都不得消停，哪有心思处理什么新冒出的“滇案”？因此晚清朝廷上下都试图大事化小，所抱定的目标，“一是避免决裂，二是维护国体”。

这样，总理衙门只好在英国派人调查和印度派遣考察队方面作出让步。英国派出的监督观审官员是驻华使馆秘书葛维纳（T. G. Grosvenor）及两名助手，中方赴滇查案人选为李鸿章的长兄——湖广总督李瀚章。

李鸿章对此颇感意外。知兄莫若弟，大哥资质平平且从未办过洋务，幕僚中也无出类拔萃之人，岑毓英则一向以跋扈著称。他对长兄能否胜任捏一把汗，感到前途堪忧。尽管如此，他还是劝长兄“不可推诿”，同时建议加派前总理衙门大臣薛焕去云南帮同查办“滇案”。

转危为安

由于各国公使的反对，加上总理衙门并非没有底线，威妥玛在几天后

① 方英：《合作中的分歧：马嘉理案交涉再研究》，载《史学集刊》2014 年第 7 期。

② （英）魏尔特著，陈敩才等译：《赫德与中国海关》（上），厦门大学出版社 1993 年版，第 543 页。

的照会中，不再提起厘金和优待公使问题，而是专论与马嘉理案有关的要求。但是到了4月，威妥玛故技重施，再次提出外交特权和内地贸易征税问题，同时梅尔士在天津会见了李鸿章。

李鸿章在会见时谨慎地指出："他已明白地告诉赫德，海关与内陆边境事务毫无关系。"李担心马嘉理事件会导致内陆边境"口岸"的开放，他的这些警告表明，赫德作为一个幕后人，对控制贸易问题相当关注。

也许是和"洋鬼子"打了十几年交道了，自"鬼子六"奕訢以下，总理衙门的一干大员们迅速成熟起来，在和列强的谈判中，并非我们想当然的那样猥琐，而是不卑不亢，大玩太极。我们不妨引用这段令人大呼过瘾的史料，看看总理衙门大臣董恂、沈桂芬如何对付奉威妥玛之命前来交涉的梅尔士。

▲总理衙门大臣董恂

"梅云：现在各处此等情景都由总署所办，各事全无真心和好意思，是以各处敢如此欺辱外国人、戕杀外国人。须知外国人不是可欺辱、可戕杀的，我们只好要做到这个地步。

董大人云：我前年患一疙瘩平复之后，长了一块新肉，时常作痛。据医者云，此肉在身上日子未久，与本来之肉年久在身者不同，是以作痛。再过几年此肉与本来之肉一般，自然不痛。此即可为比方。

梅云：董大人之话，是说愈多一年自会见和好意思。我看中国是愈多一年愈不见和好光景。这个是物极必反时候了。其实此事全在总署，总署如肯真心和好，只说一句话，各处岂有不听从的，譬如病人须要服药方好。

沈中堂云：有病固须吃药，也要看所吃何药。如吃不得之药，病人也不便吃。”①

别看晚清国力衰微，船不坚，炮不利，但外交官员话锋之健，口舌之利，时人难出其右。像梅尔士之流的中国通尚能抵挡一二，其他的洋人，也只有丈二和尚摸不着头脑的份了。

如此这般的“口水仗”，注定了中英“滇案”交涉难以取得实质性进展。威妥玛借此机会，大肆诋毁总理衙门，指责清政府查办“滇案”的诚意，并提出一揽子要求。其中，与事件最密切相关的有两条：一是派一二品实任大员亲往英国对“滇案”表示歉意；二是清廷降旨责问岑毓英等对“滇案”失察。更有甚者，“遣使入英及责问岑毓英等谕旨须明发并在京报上公布”。

鉴于时局，李鸿章建议总理衙门在这些要求中“酌允一二”：决定派郭嵩焘为使臣赴英②；允许责问岑毓英，但不公开发表。至于通商等问题，那可是双方公认的朋友——赫德先生的强项。在这样的背景下，赫德从幕后走到了前台。9月21日，威妥玛与总理衙门大臣商定，翌日派梅尔士前来，并邀请总税务司赫德参加。第二天，梅尔士与赫德按时去了总理衙门，尽管赫德又是亲自翻译节略，又是极力撮合，但外国公使与中国高官交往及商务问题的讨论都没能取得进展。29日，奕訢照会威妥玛称，货税问题应单独考虑，不应与“滇案”联系起来，前几日赫德已受命仔细详尽

① 总理各国事务衙门大臣沈桂芬等与英国驻华公使馆中文秘书梅辉立为马嘉理案交涉事晤谈记录，光绪元年七月十六日，中国第一历史档案馆馆藏档案。

② 详见本书第五章中述及的“郭嵩焘使英事件”。

地考虑这一问题，等到“滇案”了结后再另行处理。

威妥玛对此照会十分不满，他的忍耐已到了极限！10月1日，威妥玛写好断交照会，称他将立刻撤使，并令天津与牛庄（今营口）的英国领事告知当地英国商民，必须在河道冰封前撤离，因撤离而造成的损失将由中国承担。

事实上，威妥玛的撤使断交只是吓人的姿态，他的真正目的还是想迫使总理衙门让步，同时他也在思考着如何转圜。由于9月29日奕訢的照会中提到，由赫德来考虑货税问题，于是威妥玛便要求赫德告知他所接到的指示，赫德回答说没有接到任何指示，但他同时表示，可能在此问题上有所误会，他请威妥玛在他与总理衙门大臣谈过话之前不要采取过激行动。

威妥玛同意了赫德的这一请求。

如果说彼时的中英双方是一对咬合的齿轮，那么，赫德就是最佳的或许也是唯一的润滑剂。为了挽救危局，避免两国又一次滑入战争的深渊，他劝告“总理衙门作出了必需的保证，并通知公使已指示总税务司就外国贸易征税做出全面报告”。实际上赫德是在给他自己出难题，他必须想出一个“对于中国来说是可行的，又能为所有条约国所接受的有关货税的方案”。

威妥玛终于平息了心头之火，中英“滇案”交涉中的第一次危机在赫德的调停下得到了解决。或许是中方作出了一定的退让，总理衙门提及赫德在解决此次危机中所发挥的作用时，只是在奏折里一笔带过：“复经赫德往来传述辩论各节。”也就是说，赫德所起的作用仅仅是为双方传递信息而已。但是英方却不这样看，刚刚获封巴思勋位的威妥玛爵士，在写给德比勋爵的信中称，在近来的交涉中总理衙门作出了让步，而总税务司赫德给予了巨大的帮助！

> “据我所知，只要他（赫德）感觉到某一计划对中国和外国都有益，他就会力劝总理衙门采纳这一计划。中国正在取得的进步无疑应归于多种原因，但是我敢毫不犹豫地说，在外国

人中，没有人对于中国的进步作出过赫德那样大的贡献。”①

宁肯自杀也不愿讨好洋人

“总税务司在19世纪70年代鸿运日隆”，在1874年7月19日这天，赫德在希望自己“不偏不倚”的同时，用了一小时又一刻钟完成了自我评价。

> “事实上，我是一个工作努力、天性谦逊、多才多艺、性情平和而且内向、敬畏上帝和追寻天国那种可靠的人：我想我不会‘放火烧长江’——我也毫不畏惧迎着江流奋击而上。”②

仿佛是为了考验赫德，仅仅半年后，“滇案”便遽然爆发，英国驻华公使威妥玛据此大做文章，向总理衙门提出远远超出案件范围的多项要求，中英之间围绕马嘉理事件的交涉自此拉开大幕。

一方是中国，一方是英国，在这场一波三折旷日持久的谈判中，不论赫德是否做到了他所希望的“不偏不倚”，我们倒是能经常望见他“迎着江流奋击而上”的身影……

欲壑难填

外交官享有的一系列豁免权中，“人身不受侵犯”赫然排在第一。马嘉理作为资深外交官员，又持有特别护照“奉文来滇”，却“遭此奇祸”丢了卿卿性命。不查明真相严惩凶手，马副领事死不瞑目。

可以肯定的是，清政府查案也是有模有样的。在钦差大臣湖广总督李翰章的坐镇指挥下，力排岑毓英干扰，除拘押腾越厅参将李珍国、同知吴启亮等地方官，清兵还大举进剿户宋河畔的芒允等景颇山寨，先后打死8

---

① “Mr. Wade to the Earl of Derby, October 27, 1875”, Correspondence, P104。

② （美）布鲁纳、费正清、司马富编，陈绛译：《赫德与中国早期现代化——赫德日记（1863—1866）》，中国海关出版社2005年版，第533页。

人，捕获而通凹等 17 名“凶嫌”。经过 8 次会审，留下 3 万字口供，案情调查取得了实质性进展。

> “伏查外国人私自进关，至十人以外不行查报者，例有明条。该翻译前奉文由滇赴缅，已保护出境，平安无事。及反（返）滇时既带有什物、马匹、士兵，即应先为知会，以便会营，妥为迎护。乃马翻译于由缅来腾，并无只字先行知会，竟自冒险遇害，实属防范不及之事。现已赃贼齐获，听候传讯。再，马翻译被戕后，据而通凹等供称，并未将头割下。卑职密行查访，亦无悬首城上之事，更未将首级寄至厅城。”①

按照国际法准则，一个外国人由于自己的冒险行为而置于危险之地时，所在国不负责任。况且脑袋挂在城门洞的恐怖传言纯属造谣，马嘉理先生应该还是全尸。理虽如此，清廷还是从维护对英外交的稳定大局出发，进行了还算是严厉的问责。

经过李瀚章、薛焕多次组织公开审讯，英方观审官员葛维纳参与会审，得出结论：李珍国就是英方要求追究的策划组织人员，并以“盗匪劫杀”为名，将而通凹等 23 位景颇“野人”斩首。1875 年 12 月 9 日，《京报》发表皇上谕旨，因马嘉理被杀害，云南蛮允军政官员均遭到撤职查办的处分。其中，腾越总兵蒋宗汉、同知吴启亮革职，参将李珍国下狱。

转眼就到了 1876 年的春节，清政府接受了威妥玛的要求，答应各国驻华公使可以与清政府的大员来往。“2 月 4 日，恭亲王接受外交使团新年拜会，帝国的约四十位红顶戴，三十位最高级官员在场。下星期所有这些达官显贵将分别拜访每个使馆。”

威妥玛在给德比勋爵的信函中，不无妒意地详细记述了恭亲王奕訢对赫德的单独接见：“今天给我印象最深的事件就是对赫德的接见，这件事之所以引人注目是因为没有一位外国公使可以做到。恭亲王让赫德坐到自

---

① 总理各国事务衙门存复讯“滇案”供词，光绪元年十月二十八日，中国第一历史档案馆馆藏档案。

己的身边，随即就大声招呼户部的官员过去，介绍他们认识这位为中国政府征收一千万两的人。”

嫉妒的种子并非在这一天发芽。连赫德手下的税务司一年都有近两万两银子的收入，遑论总税务司？岂止是方根拔羡慕嫉妒恨?！哪个国家的外交官员不眼红？这其中，自然也包括老一辈的资深外交家威妥玛。

赫德在这一天的日记里同样印证了威妥玛所言不虚：“亲王说：‘现在你们户部官员喝一杯酒感谢他（赫德），要知道一千多万呢’。”

在“亲切友好”的气氛中，威妥玛有关“优待外国公使”这一诉求似乎也满足了。

或许总理衙门的大员们觉得除了上述种种，再赔上点儿银子，“滇案”也就可以办结了。很显然，他们低估了英国驻华公使的胃口。威妥玛与其说关注此案，倒不如说是关注这个事件能给英国带来多少利益。因此，当他发现赫德所拟有关货税方案并不能满足他的欲望时，他得出了这样的结论——清政府没能兑现在1875年秋天所作的承诺。如此，威妥玛便更有理由，将一腔不满发泄在清政府对“滇案”的处理上。

赫德怎么可能单单维护母国的利益呢？作为在中国近代海关任职的英国人，他还要取得清政府的信任和支持，看看总税务司是如何告诫手下的吧。

> “我们必须承认我们处于中国人的助手而不是主人的地位，如果谁不理解我们的这种地位或是没有执行我的指示精神，我就撤销他的职务！”

彼时的英国，正处于经济萧条期，巴尔干危机全面爆发，威妥玛那些跑题的讹诈，不合时宜，与英国政府“从速解决”马嘉理事件的意图相抵牾。当然，威妥玛的做法，有他自己的考虑和动机，赫德也大可以想见。

威妥玛似乎又在酝酿新动作了。1876年5月12日，赫德将他的担忧写信告诉金登干：

> “威妥玛现在在总理衙门陈述他对云南的司法工作的看

法。他明显地表示不满，在以后的几个星期，他会给我们带来各种焦虑和不安的。他还不知道他将要求的是什么，但是他现在寻求的是一种虚幻的目标，一种必须保证未来的东西。文祥仍在请病假，也许病得很重，也许是装病以躲开那场混战。”①

这就是赫德的不对了。文祥的“品格可说是中国文化的最优代表”，外交内治，无不尽心筹划，这个当时最有操守的股肱之臣怎么可能装病呢？事实是他在不久之后就病逝了。

作为“赫德在逐步建设海关时打交道的最具影响力的满人”，他给总税务司提供了多少的帮助啊！看来赫德确实有点心神不宁了，否则他也不会生出如此的“小人之心”。

左右为难

1876年6月，威妥玛当面向恭亲王提出，立即将云南巡抚岑毓英提京审讯，如不答应这一要求，就要断交、开战！但“总理衙门以国家体制攸关及岑已丁忧去官而坚拒”。②

将岑毓英及云南有关地方官员提京复审，只是威妥玛的一个讹诈伎俩。他在给德比的信中坦承，“中央政府由于种种缘故，害怕接受提岑到京审讯的要求”，此举“可以使中国政府付出高价来换取这项要求的撤回”。③

既然要挟未遂，“惯使性子且喜欢四处漫游的英国全权公使”便一声招呼不打，中断谈判，离京去了上海。在那里，他可以凭借邮传方式经当时清政府唯一敷设的海底电缆收发电报，与他的顶头上司——英国外交部随时请示汇报。而北京要到十年以后才开通此项电报业务。

① 赫德致金登干Z/34号函，1876年5月12日。陈霞飞主编：《中国海关密档：赫德、金登干函电汇编（1874—1907）》（第1册），中华书局1995年版，第398页。

② 方英：《合作中的分歧：马嘉理案交涉再研究》。朝廷官员父母去世后，从得知丧事的那一天起，该官员必须回到祖籍守制27个月，此谓“丁忧”。

③ “Sir T. Wade to the Earl of Derby, August 7, 1876”, British Parliamentary Papers：China, Vol 41, P790。

以赫德在华二十余年对中国人的了解，这样的要求他们绝无答应的可能。在给心腹干将金登干的信中，他写道：

> "他（威妥玛）所能提出的要求之中，没有比这一条更使中国政府深恶痛绝的了。为什么？因为任何别的要求都不会像这一条那样，迫使政府在全国人民面前出面说，洋人是应受尊敬的人，也没有别的要求像这一条那样，更不易隐藏和暗中解决了！作为一个英国人，我想威妥玛不可能想出更好的要求，并且我愿意让他坚持这一要求，但作为海关总税务司，我知道中国宁愿干别的什么，朝廷宁愿垮台，也不愿不战而同意这一要求——而在战胜之后，岑和所有其他人则宁肯自杀，也不愿被带到北京去讨好洋人的。"①

鉴于威妥玛爵士已失去耐心，提出条件已是发号施令，总理衙门只得又将挽回局面的希望，寄托在赫德身上。看来，这个夏天对赫德先生来说，注定是难熬的了。因为"他必须作出一个艰难的选择，也可以说是一次政治赌博"，到底是捍卫祖国的尊严，还是维护雇主的体面？

其实调停本身就是吃力不讨好的事，公使先生拂袖而去前，赫德曾劝告总理衙门大大方方地接受威妥玛的那些条件，同时也劝导威妥玛在索取尽可能多的好处的同时，要作出让步。对于威妥玛不依不饶的蛮横作风，赫德是不满意的，他似乎忘记了威妥玛的长辈身份，发出了这样的警告："如其实不能应允结案，中国难保不自行遣使往英国理论。"可事情还是不以他的意志为转移，发展到现在这步田地！

中英双方显然都各执己见，不肯作出退让，以至于"总税务司非常怀疑，不用战争手段能否渡过难关"。宛如热锅上的蚂蚁，赫德左右为难。总理衙门命令他追到上海"与威大臣会商，冀有转圜"，他也只好知不可为而为之了。谁让他赫总税务司是最不希望中英关系恶化的人呢，只要战火一燃，那些虎视眈眈的德国人、法国人、俄国人还不趁火打劫？到那

① 赫德致金登干函，1876年6月27日，中国第二历史档案馆海关总税务司署档案。

时，他在大清海关总税务司的宝座上还能坐得稳吗？

山重水复疑无路。就在赫德坐拥愁城的当口，金登干7月4日的一封电报让他顿有柳暗花明之感。金主任告诉他，土耳其和塞尔维亚日前爆发战争，强悍的奥斯曼土耳其军队把塞尔维亚和门的内哥罗人打得落花流水。

这只巴尔干火药桶到底还是被引爆了！赫德生出侥幸心理，或许英国就此被欧洲战事拖住，分身乏术，无力也无心再来找中国的麻烦？他连忙给金登干去电：

> “中国事务取决于欧洲形势。欧洲形势怎样？大战可能吗？谁会帮助谁？英国外交部愿意以赔款和平解决，还是可能对华作战？”①

这一连串的问号是赫德最后的救命稻草。可惜，非常可惜，金登干的答复是英国将作壁上观，欧洲几乎没有爆发大规模战争的可能，至于英国政府对中国的态度，似乎也不太明朗。

看来任何侥幸都是靠不住的。追到上海去，全力以赴说服那位公使大人！12年前不畏艰险寻找戈登的那一幕又浮现在眼前，何等傲然，何等自负！当年的闯劲又回来了，总税务司再一次“感到自己必不可少”，他就要“毫不畏惧迎着江流奋击而上”了。

当然，赫德不做足功课，是不会贸然赴沪的。他必须先拟就解决“滇案”的一系列条件并征得总理衙门的同意。除了一直存在争议的货税等商务问题，赫德也有自己的“小九九”，那就是趁机提出一些扩大海关权利的方案。比如，在总税务司的掌管下，在条约口岸及其邻近地方建立国家邮局，以及建立国家铸币厂。按照他的思路，“信局、银局皆与中外交涉有裨……银局若由总税司管理，选募洋匠顺手，各口洋商亦皆信服，可以得利。”

① 转引自贾熟村《赫德与中国》，载《东方论坛》2011年第4期。

破冰之旅

这时节，正是上海最炎热的季节。赫德带着恭亲王奕訢的照会，来到位于苏州河南岸的英国领事馆拜访威妥玛。在这所维多利亚式大房子的敞廊里，尽管两个英国人沐着黄浦江风，呷着锡兰红茶，但气氛并非那么融洽。出乎赫德的意料，对他绞尽脑汁策划并游说总理衙门同意的一揽子谈判条件，威妥玛并不感兴趣。公使先生不愿与赫德商谈任何商务问题，按他自己的话说，“我认为我没必要与赫德再开始这样的讨论”。

这样尴尬的场面，实在使赫德难以下台。

英国驻华全权公使不给大清海关总税务司——自己的同胞面子，似乎说不过去，威妥玛却不以为然。赫德两岁的时候，他就已经从剑桥大学毕业了！对威妥玛而言，小罗伯特纯属后生晚辈，在中英“滇案”的交涉过程中，赫德无论在遣使、是否对中国动武以及对中国提出什么样的要求等方面，都和他存在分歧。到底是谁不给谁面子呢？

冒着酷暑，赫德一次又一次地上门，无奈，“三顾茅庐”的典故在这里并不适用，他和威妥玛的交谈总是不欢而散。

如果因为屡屡碰壁就轻言放弃，那赫德也就不是赫德了。余怒未消的威妥玛，虽然与赫德本人谈不出个所以然，但他会不会和其他人谈呢？正如赫德所料，威妥玛并没有关闭谈判的大门，用撤使、断交甚至动武来恐吓只是一种姿态，他还是希望能够与清政府大员开谈的。

洞察了威妥玛的心思，赫德已经知道他该怎么做了。为了让清政府同意派员谈判并最大限度地让步，他也配合着威妥玛的鼓噪，极力渲染战争的可能性。时值土耳其和塞尔维亚战火正酣，赫德威胁那些只会嘴皮上逞能的总理衙门大员：“西国情形，现为土耳其事日有变动，英国愿趁此机会叫别国看明白，该国力量既能在西洋做主，又可在东方用兵，随意办事！”

好一个轻描淡写的“随意办事”。浸淫近代中国官场语境数十年，赫德深解其中况味，所有大大小小的清朝官员，最最惧怕的，就是被“办”了！

彼时，正是日不落帝国的光辉岁月，东西两线作战还真不是难事。清政府又没有在外设立使馆，对欧陆事务茫然无知，于是就真的被赫德的虚张声势给吓住了。总理衙门奏曰："臣等查英国使臣此次出京，虽无显示决裂之语，而究竟决裂与否，殊不可恃。臣等揆其用心，将来如何始有转机，亦实不能预料。"

接下来，就又到了"展示赫德的惊人影响力"的时候了。他将了解的情况与自己的意见函告天津海关税务司马福臣（A. MacPherson），由马福臣翻译并转告直隶总督兼北洋大臣李鸿章，劝清政府应尽力退让，反复强调李到烟台与威妥玛谈判的必要性。"总税务司再三筹划，拟求李中堂奏明请旨，即派李中堂一人或派李中堂同别位大臣到烟台，与威大臣会商。谕旨内要叙明办理此事，可以有权柄做主，无论若何办法，可以作为定准。"

总税务司真是把一切都办得妥妥帖帖。他之所以要力荐李中堂大人为谈判代表，并极力主张赋予其宽大的权柄，实在是因为赫德明知李鸿章是"今天最急于和解和求和的中国人……他知道他会受到何种打击，他也知道一次战败会使他失掉所有高官厚禄，一场败仗会夺去他所有的一切"！

李鸿章在接到赫德的信函后，便将内容函告总理衙门，并于7月28日上奏，当日奉上谕，派李鸿章为全权大臣，赴烟台与威妥玛会商一切事务，"就总理衙门前议参以赫德此次来信，斟酌情形，妥为筹定，奏明办理"。

规划好谈判地点和谈判人物，赫德总算感到不虚此行，在给金登干的电报中声称："李鸿章任特命钦差，在烟台会见威妥玛。我上海之行，至此尚属成功，进一步结果难料。"

从第二次危机出现后赫德所拟解决"滇案"条件为总理衙门所接受，到赫德上海之行促使李鸿章赴烟台谈判，充分展示了赫德在中英交涉中对于清政府的影响。[1] 尽管他与威妥玛已难修旧好，但中英双方终归又走到

① 张志勇：《赫德与中英滇案交涉》，《中国社会科学院近代史研究所青年学术论坛2006年卷》，社会科学文献出版社2007年版。

了谈判桌前。对于此点，美国驻华公使西华（George Seward）感受颇深，他在给美国国务卿的信中感慨道："面对困难，中国人完全听从了赫德的建议！"

幕后"大老虎" 到底是谁？

1876 年 8 月，烟台。

不知是否成算在胸，赫德"感到一种从未有过的轻松愉快"。这种好心情，不加掩饰地流露在他给金登干去函的字里行间："由于我的建议，伟大的李已被派来这里'全权'对付威妥玛，我们将尽全力在这里解决问题。当前主要问题是先了结滇案，然后我们将尽力在这里商妥诸事。"

一年又半，两度清明。马嘉理的三尺坟头都已长满野草，"滇案"早已到了该了结的时候。

群体事件

烟台地处渤海海峡南岸，与芝罘岛遥相呼应，形成天然港湾，是扼守京津门户的所在。赫德为什么要将谈判地点选在烟台，仅仅是因为避暑需要吗？确实，烟台气候凉爽，可避开北京的炎热酷夏。但赫德中意于此，还有另外两个重要原因，一是"烟台非南洋所属，是李中堂北洋辖境"；二是列强军舰在烟台海面游弋，可随时武力恫吓中方谈判代表。

赫德两边的人情都"照顾"到了。

李鸿章作为特命钦差，率领他浩浩荡荡的团队，分乘丰顺号和镇海号轮船，与赫德前后脚抵达烟台。出人预料的是，就在北洋大臣到达其辖境的第二天，不少天津的士绅也接踵而来，他们向随威妥玛前来的梅尔士提出严正交涉，宣称天津商民绝不答应英国人将李鸿章扣为人质，并将一封正式的"抗议信"递交给他。

这，又是怎么一回事呢？

中英双方的这次正式谈判始于战争阴云的笼罩，谈判地点一经确定后，英国即派"飞游舰队"进驻大连，英、德、法、美四国军舰齐集烟台港内，大有黑云压城之势。因此，李鸿章前去谈判，不啻赴鸿门宴，就算“两国交战不斩来使”，但也有成为“人质”的可能。这下，天津人不乐意了。生怕李鸿章出意外的天津士绅在城内贴出告白（倡议信），号召大伙前往直隶总督府。连着两天，千余商民前往面见李鸿章，要求他拒往烟台。见李鸿章婉言谢绝，天津各书院举、贡、生、童及商民2000余人便排着长队，头顶禀书，在总督衙门口集体请愿。

李鸿章是奉旨前往，没有退路，有感天津父老的拳拳关爱之情，即派天津地方官员出面解释，告诉他们谈判的道理。哪晓得天津士绅竟不为所动，放出狠话，如果李大人一定要去烟台与英国人谈判，就让李大人的车辆从他们的身上轧过去好了，再不然就去找在天津的那些洋人闹事。李鸿章迫不得已，只好答应先缓一缓。

天津士绅担心李鸿章成为阶下囚，不是没有道理。第二次鸦片战争时，两广总督叶名琛正是被英人掳到印度加尔各答，不食异乡粟米绝食而亡的。李鸿章去谈判，确实存在一定的风险，但不去或是换帅去的话，风险就转移到清廷这边来了。一旦战争爆发，列强借机一起出兵，那时再谈判议和，将极为被动。士绅里的明白人想通了这一点，再加上李大人是皇帝钦命前往，便不再阻挠。离开天津前，李鸿章严令天津各级官员严加防范，防止天津商民做出不利于洋人的举动，有碍大局。

▲津海关仓库

百密总有一疏，还是有一部分铁杆拥趸作为天津士绅代表，组团包船，紧追李大人到了烟台，于是便发生了上文所叙述的那一幕。梅尔士在接到抗议信后，表示将把他们的诉求转告威妥玛。眼见这些代表丝毫没有离开之意，赫德担心他们或有干扰谈判之虞，赶紧命东海关税务司德璀琳前来充当“救火”队员，抚慰他们说李鸿章是在烟台决定和平或战争的问题，只有他留在这里才能取得和平。最后，代表们在德璀琳的劝说下，被天津知府领回了天津。

奇招迭出

谈判如期进行后，焦点还是围绕着对已回籍守制的云南巡抚岑毓英的处理。威妥玛相信，幕后必有“大老虎”主使，甚或“母老虎”亦未可知。“现在滇案所办不实，如止办野人，我不答应；如止办李珍国及吴同知等（即吴启亮），我不答应；如止办岑抚台，我亦不答应。”如此，他的矛头已是直指总理衙门和慈禧太后了。李鸿章表示，仅仅出于怀疑和无根据的指控，无权把岑毓英等云南当地官员解往北京。作为中国政府，没有理由不相信专程赴滇调查的钦差报告。既然威妥玛坚持要将岑毓英等人提京审问，请书面提出犯罪证据。

此时的赫德，与威妥玛的矛盾愈演愈烈，“威使因新关近事，颇与龃龉，此来未得晤谈”，“有信与威，亦未见覆，二十余年交情忽尔反面，殊不可解”。两人话也不说，信也不回，关系已然恶化。因此，尽管赫德越来越觉得威妥玛的偏激态度非常危险，有可能将两国拖入战争的深渊，他却力不从心！因为他已不能再充当中英之间的“调停者”，而只能充当李鸿章的外交顾问了。

到底是赫德，他又有了新的想法，能不能促成英国政府，派一个特别使团过来，代替威妥玛？说干就干，他致电身在伦敦的金登干，让他推动报纸建议和鼓吹派特别使团来华进行中英“滇案”交涉。考虑到英国人对中国实在太不了解，所有的一切都受威妥玛摆布，赫德亲自动笔，用化名起草了一些报道客观真相的电讯稿，让金登干在英国找报纸发表，试图通过舆情影响政界。

金登干立刻回复赫德，想法很好，可能性不大。确实，英国人最关心发生在欧洲家门口的事，“对战争的忧虑和准备仅限于中国的报纸。英国报界一般对于中国形势无知、毫不关心、沉默、不为所动，完全埋头于土耳其问题”。要么就是另一个极端，“报纸上充斥着来自中国的耸人听闻的电讯”。

还是在前一年的9月，赫德便从金登干处得知了当地报载的一则“耸人新闻”——李鸿章把威妥玛阻留在他的门口！还煞有介事地说明可能仅仅是一个偶然事件。而事实真相是为马嘉理一案，威妥玛与英使馆中文秘书梅尔士，按约定的时间赴天津拜会李鸿章。是日，天气酷热。李大人官邸的司阍估计打瞌睡了，开门略缓，威妥玛留下梅尔士，自己拂袖而去。经李鸿章再三向梅秘书解释，订于当晚前往答拜。结果可想而和，当李与威妥玛谈及马嘉理案时，威狂妄无礼，使老于官场一向持妥协态度的李鸿章也“殊甚骇异”。

本来一稀松平常的小事，却在英国传媒报道时完全走了样，变成“李鸿章故意怠拒威妥玛”。看来，英国公众“对中国的一般事务是何等无知”！而消息越闭塞，越是有利于威妥玛为所欲为。

赫德一心要向英国公众澄清事实真相，在英伦本土造出对威妥玛不利的舆论。也真亏了他想得出来，不登就不登，干脆，由海关自己出钱，在伦敦办一份报纸得了！可是新办一份报纸耗时太长，为此，金登干特地去拜访了老朋友——《泰晤士报》记者威廉·霍华德·拉塞尔（William Howard Russell）。作为当时世界上最出名的记者，拉塞尔先生神通广大，何况他的儿子便是由伦敦办事处录取到中国近代海关工作的。

巧合的是，这时正好有一家名为《联合公务报》的周报在托拉塞尔兜售。机不可失，金登干急忙致信赫德请示：“要资助一家报纸，即便可能，每年的开销也得成千上万……但拉塞尔先生现在的建议不同。他愿意当报纸名义上的业主，而不必透露该报是中国政府的机关报。我觉得《联合公务报》的名称不合适，他说可加上一个恰当的名称——如《东方实录》之类。他保证能把报纸办成中国和其他东方问题的权威……我觉得，如果您愿意办一份由您支配的报纸。那么，失去这个机会您会感到可惜的。”

赫德当然愿意办一份由他支配的报纸，不久，金登干根据赫德的指令，花了2000英镑买下该周报。不过，计划赶不上变化，没等那些宣传报道发挥作用，中英谈判便取得了突飞猛进的发展。由于清廷历来如此的习惯性退让，威妥玛顺势“转请本国结案，不必再说将岑毓英提京”。因缺乏相关的史料，具体的谈判进程已经无从得知。我们所能了解的是，“李鸿章不断就威妥玛所要求各节同赫德相商”，他在“口岸”免厘及增开口岸两个问题上进行了较多的争辩，使英国没能如愿以偿。

志得意满

1876 年 9 月 13 日，烟台东海关税务司公署。

▲东海关芝罘岛分卡外景

马嘉理南下接应还是同治年间，现在转眼已是光绪二年。随着李鸿章与威妥玛分别在中英文各四份的文本上画押，这场马拉松式的中英“滇案”交涉终于到了落幕的时刻。这还是“李鸿章利用英国与其他列强的矛盾、各国公使对威妥玛独断专行的不满，争取多国公使出面调停，才最终促成案件的了结”。

清廷因害怕牵一发而动全身，导致边疆危机全面爆发，遂为此案定下了委曲求全的基调，于是《烟台条约》注定了只能又是一个屈辱的不平等条约。

所有各项条款中，除“昭雪滇案”，给英赔付“恤款”20 万两和派使臣赴英“谢罪”外，还规定：英国如派探路队从北京经甘肃、青海赴西藏，或经四川入藏，或由印度来藏，总理衙门应根据情况发给护照，或令西藏地方当局派员照料。

中国西南的大门到底还是被英国人打开了，马嘉理可谓“死得其所”。

在威妥玛的讹诈下，英国也就此实现了它多年来扩大在华通商特权的梦想：英国官员得以在大理或云南其他地方驻留 5 年察看通商情形；增开宜昌、芜湖、温州、北海为通商口岸，并指定长江沿岸 6 个城市（大通、安庆、湖口、武穴、陆溪口、沙市）准许外国轮船停泊。

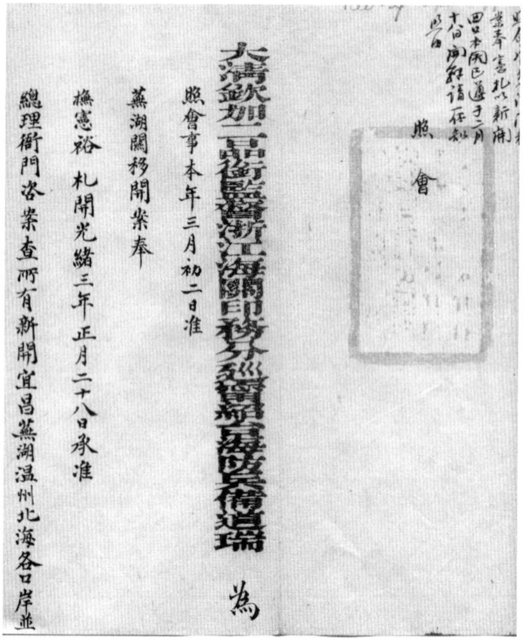

照會

大清欽加二品銜監督浙江海關印務分巡寧紹台海防兵備道瑞 為

照會事本年三月初二日准

蕪湖關移開案奉

撫憲裕 札開光緒三年正月二十八日承准

總理衙門咨案查所有新開宜昌蕪湖温州北海各口岸並

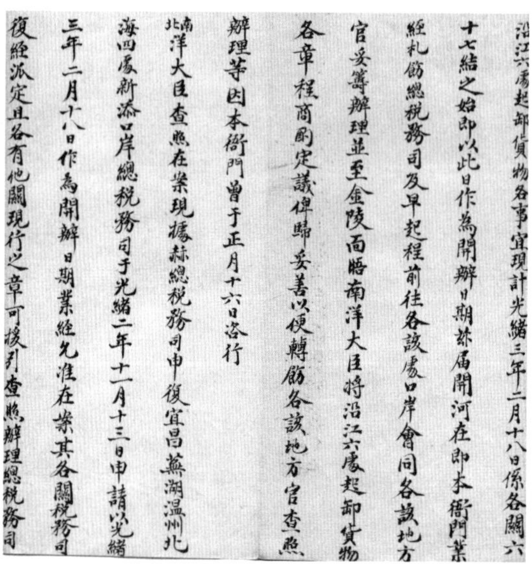

沿江六處起卸貨物各事宜現計光緒三年二月十八日係各關六

十七結之始即以此日作為開辦日期惟屆開河在即本衙門業

經札飭總税務司及早起程前往各該處口岸會同各該地方

官妥籌辦理並至金陵面晤南洋大臣將沿江六處起卸貨物

各章程商酌定議俾歸妥善以便轉飭各該地方官查照

辦理等因本衙門曾于正月十六日咨行

南北洋大臣查照在案現據赫總税務司申復宜昌蕪湖温州北

海四處新添口岸總税務司于光緒二年十一月十三日申請以光緒

三年二月十八日作為開辦日期業經允准在案其各關税務司

復經派定且各有他關現行之章可援引查照辦理總税務司

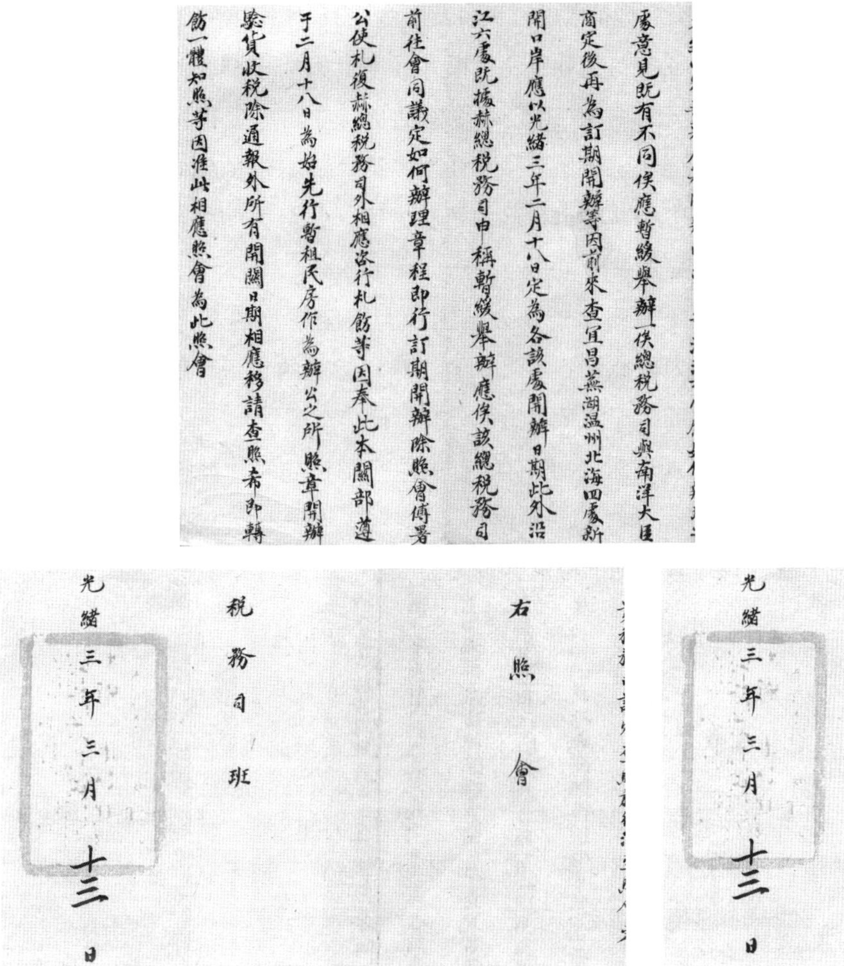
處意見既有不同俟應暫緩舉辦一俟總税務司與南洋大臣
商定後再為訂期開辦等因前來查宜昌蕪湖溫州北海四處新
開口岸應以光緒三年二月十八日定為各該處開辦日期此外沿
江六處既據赫總税務司申稱暫緩舉辦應俟該總税務司
前往會同議定如何辦理章程即行訂期開辦除照會傅署
公使札復赫總税務司外相應咨行札飭等因奉此本關部遵
于二月十八日為始先行暫租民房作為辦公之所照章開辦
驗貨收税除通報外所有開關日期相應移請查照希即轉
飭一體知照等因准此相應照會為此照會

右照會

税務司班

光緒三年三月十三日

光緒三年三月十三日

▲1877年宜昌、芜湖、温州、北海开关照会

《烟台条约》还规定，进口货物经向海关交纳关税及2.5%子口税[①]后，可凭子口税单转运各地，不再征税。同时，外商自内地购运出口货物，只要先向预定口岸的海关领取购货“报单”，即可将货物运到预定口岸，再向海关补纳2.5%的子口税。这种税单俗称“三联单”，外商凭三联单在内地的运

① 进口洋货运销中国内地及自内地运送土货至通商口岸出口类似税票时所纳的抵代通过税的一种税款。

输转口，一律免交各地征收的常关税及厘金[1]，比中国商人少交很多税款。

这一极大商业利益的取得，“很大程度上归功于赫德的智谋、冷静的判断和对形势的充分了解”。还须注意的是，在与威妥玛发生矛盾龃龉不断的情形下，赫德表现出了要独立处理中英“滇案”的倾向，这“正是其以后在中英外交中不断抛出自己的解决方案，并努力使中英交涉按照自己的方案来解决的序曲”。[2]

除此之外，还要归功于作为英国谈判使团成员的东海关税务司德璀琳，他的谈判能力因此受到李鸿章的注意和赫德的赏识，不久即被调任津海关税务司，后成为李鸿章倚重的外交顾问。

条约“很令人满意”，所有的目的似乎都达到了！赫德还有什么理由不志得意满？

总税务司怀着胜利的心情告诉金登干：

> “经此事件后，海关比以往任何时候都强大，我认为在今后的二十年之内，绝无翻船的可能！我开始感到我毕竟相当出色地驾驭了这条航船，但仍不可过早地踌躇自满……”[3]

且慢！天下岂有圆满之宇宙，纵观整个烟台谈判，赫德仍有一件不称心的事，如鲠在喉。那就是，威妥玛不知是有意还是无意，让赫德多年来想达成的一个愿望，彻底泡了汤。

烟台议邮

原来，赫德很早就有这样的设想：“结束存在于邮务方面的混乱和竞

---

① 常关税是一种过境税。清沿明制，于水陆交通要道、关隘等地方设置关卡，向通过货物征税。鸦片战争后，由于指定海口通商，于是出现了进出国境的海关和内地原来的税关，为了区别，称原有税关为常关，照旧征收通过税和船税。厘金是自清代至民国初年征收的一种商业税，因其初定税率为 1 厘（1%），故名厘金。

② 张志勇：《赫德与中英滇案交涉》，《中国社会科学院近代史研究所青年学术论坛 2006 年卷》，社科文献出版社 2007 年版。

③ 赫德致金登干 Z/37 号函，1876 年 10 月 3 日。陈霞飞主编：《中国海关密档：赫德、金登干函电汇编（1874—1907）》（第 1 册），中华书局 1995 年版，第 449 页。

争局面，确立政府在这方面的主权，并开辟一项新的财源。”

虽说恭亲王压根顾不上邮政这项全国性的公共服务事业，可经不住赫德的软磨硬泡，便允准将本由总理衙门负责的汇集、分送各国使馆邮件工作交给了海关。1866 年 12 月 19 日，赫德仿照西方处理邮政业务的办法，向上海和镇江两处海关下达了开办“京沪间经镇江的邮递服务”指令，启动了海关邮政作业。第二年春天，他又针对当时驻京外国侨民，以海关总税务司署名义签署了英文“邮务通告”，公布了北京至天津邮件封发时刻表和邮政资费标准。

这样一种主要为海关内部及在华外国官方或半官方人士服务的邮递业务，已经具有近代邮政的某些特征，堪称中国国家邮政的萌芽。

但对赫德而言，这纯属小打小闹，他领导的海关怎会满足于“兼办邮递”？他在等待，直到一个合适的契机到来。

> “经屡次之悬想，乃至光绪二年（1876 年）烟台议约之时，冀将一切规模妥为筹备。随由总理衙门派令总税务司，与英国公使威妥玛会商事件，议及设立国家邮政，并拟以其事载入约款，即时举行。不料条约告成之时，邮政语义卒被遗忘，是以此举迁延未办。”①

这里的“悬想”，显然不是字面意义上的“凭空想象”，而是这个词的另一种释义——“挂念”，赫德念兹在兹的邮政大业，到底等来了一个重要的机遇，这就是“马嘉理事件”。

在中英“滇案”谈判中，英国驻华公使威妥玛极尽讹诈之能事，赫德在施展浑身解数尽力调和的同时，也有他的“小九九”，号称为“补救通商大局”起见，他提出了开设“归总税务司管理”的“官信局”。所谓“官信局”，即国家邮政局，赫德希望借条约之力，为海关建立并控制国家邮政扫清障碍。尽管他打着代表中国政府的招牌，但由海关负责管理，就意味着由赫德来掌控中国的邮政！

① 《大清邮政光绪三十年（1904 年）事务通报总论》。

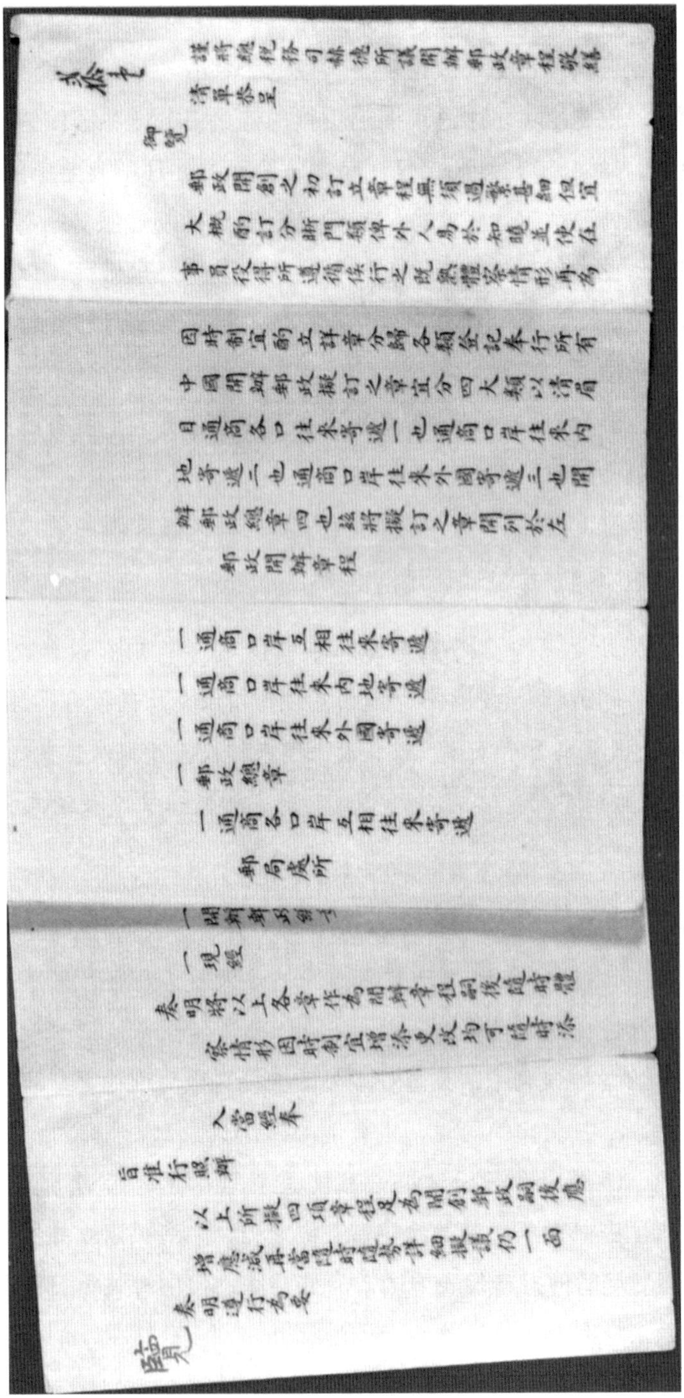

謹將總稅務司赫德所擬開辦郵政章程繕
清單恭呈
御覽
郵政開創之初訂立章程無須過繁且細但宜
大概酌訂分晰門類俾外人易於知曉並使在
事員役得所遵循俟行之既熟體察情形再為
因時制宜酌立詳章分歸各類登記奉行所有
中國開辦郵政擬訂之章宜分四大類以清眉
目通商各口往來寄遞一也通商口岸往來內
地寄遞二也通商口岸往來外國寄遞三也開
辦郵政總章四也茲將擬訂之章開列於左
郵政開辦章程
一通商口岸互相往來寄遞
一通商口岸往來內地寄遞
一通商口岸往來外國寄遞
一郵政總章
一通商各口岸互相往來寄遞
郵局處所
一現經
奏明將以上各章作為開辦章程嗣後隨時體
察情形因時制宜增添更改均可隨時添
入當經奏
旨准行照辦
以上所擬四項章程足為開創郵政嗣後應
增應減應當隨時隨勢詳細擬議仍一面
奏明遵行為要

▲赫德拟开办邮政章程

赴烟台之前，赫德曾两次与总理衙门大臣讨论“官信局”问题。总理衙门表态，“揆诸利害轻重，尚可开办”，让赫德去天津找李鸿章拿出具体办法。作为洋务派头面人物，李认为“信馆则仿照洋法逐步推行，与邮政无甚窒碍也”；“信局牵涉洋商，似非税务司管理不可”，于是拍板定调——“此节可由总税司办理”。

▲清朝邮政宣传中外明信片之一

岂料，正式画押的《烟台条约》文本里，却没有将“由总税务司管理开办官信局”写进有关条文，令赫德大为失望。果真是“邮政语义卒被遗忘”吗？按威妥玛的说法，这是因为协议的三个部分均没有安排这一条的适当位置。而李鸿章则是另一个版本：“威妥玛连日谈判，不吭不声，直到条约快议定时，才对李鸿章说中国开办国家邮政‘闻已准行，请给伊一信为凭’。李鸿章告之‘信局无甚流弊，曾允试行’，但要中方给威妥玛一纸凭证纯属多余。”

真相已无法探究，反正由海关建立并控制国家邮政一案就此搁置下来。这就是中国近代邮史上著名的“烟台议邮”。

条约签就，曲终人散。赫德回到北京都两个月了，仍在给金登干的信中耿耿于怀：

> “威妥玛十天前走了。临行前一天，他像通常那样走进我的书房，但我们之间的关系已失去了昔日的亲热感。我不能就他在‘马嘉理事件’中的处理方法向他祝贺。实质性的好结果是新开四个口岸和沿长江装卸货物的安排。曾向他自愿提出造

币厂及邮政设施，但他决定不要——或者是忘记了！”①

在赫德看来，这不是威妥玛的妒忌又是什么?！他犹豫了一下，还是忍不住向金登干吐露了秘密："我听说威妥玛告诉西华，他之所以反对接受铸币厂和邮政局的提议，是因为那样会把太多的东西——太多的权力和监护地位——放在我的手里！"……

① 赫德致金登干 Z/38 号函，1876 年 11 月 17 日。陈霞飞主编：《中国海关密档：赫德、金登干函电汇编（1874—1907）》（第 1 册），中华书局 1995 年版，第 464 页。

第五章

开了天眼的“汉奸”

1877 年 1 月，清王朝第一个驻外使馆在英国伦敦创设，郭嵩焘成为中国第一位驻外公使。

从 1865 年赫德在《局外旁观论》中提出应“委派大臣驻扎外国，于中国大有益处”起，已是整整 12 个年头。令人扼腕的是，想当年列强积极劝说对等遣使，清政府置若罔闻，现如今却在英国的胁逼下，被迫同意派遣使团前去致歉，“以修和好，而固邦交”，顺势实现了遣使驻外。

无论如何，中国总算从传统的外交体制帷幕后走出来，试着采用西方外交制度这一游戏规则，进入弱肉强食的丛林社会。

郭嵩焘使英，是这个老大帝国在付出沉重代价之后顺应时局的无奈之举，尽管历经艰难曲折，尽管伴随苦痛屈辱，仍然是中国外交的一桩里程碑事件，揭开了中外关系崭新的一页。

还有比这更“毒舌”的吗？

1891年7月18日，郭嵩焘在孤寂中溘然长逝。李鸿章上奏朝廷，请按照惯例，宣付国史馆为其立传、赐谥，未料朝廷颁旨：“郭嵩焘出使西洋，所著书籍，颇滋物议，所请着不准行。”不知是否预感到了有这么一天，在死前不久写的一首诗《戏书小像》中，郭嵩焘这样为自己盖棺定论：“流传百代千龄后，定识人间有此人。”

郭嵩焘对自己有信心，认定学西方以图自强的主张没错，否则不会写下那样傲骄的诗句；郭嵩焘对世人很失望，料定自己的人生价值不会被他们理解，因而将希望寄托于“百代千龄后”。可是他忘了，用不着苦等那么多年，同在这“千年未遇之大变局”的时代里，就有那么一位知音。只不过，他是一个洋人。

▲郭嵩焘（1818—1891）

洋务健将

赫德第一次见到郭嵩焘，印象似乎并不是很好。那是在1864年底，赫德南下巡视各条约口岸，到了广州，照例要到时任广东巡抚的郭嵩焘府上拜访。

> “到抚台处，抚台较为年轻，不超过四十二三岁，湖南人。他面容苍白，气色不佳；目光狡诡，外表粗鲁；但是看来他敏锐机智，好奇爱问，而且讲求实际。”①

① （美）布鲁纳、费正清、司马富编，陈绛译：《赫德与中国早期现代化——赫德日记（1863—1866）》，中国海关出版社2005年版，第304页。

气色能佳吗？赫德登门前是做了功课的，有人向他报告了“郭抚台一家麻烦的全部情况”。“攻下某座城市时，一家上等妓院发现有两个非常漂亮的少女：曾国藩占了其中一个，而郭（嵩焘）发妻已故，得到了另一个。随着时光流逝，两人各有子女——一个是男孩，另一个是女孩。孩子们后来彼此订婚，曾、郭两家由此联姻。”①

正是在曾国藩的提名下，郭被委派广东，因没有“主”妇”，经人作伐，在上海续弦钱氏。这位新夫人随郭来到广东巡抚任上，天天吵，夜夜闹，让嵩焘先生被愁苦的浪潮所淹没，以至于英国领事“罗伯逊有一次听见他（郭嵩焘）用鞭子抽打她”。

从艳福不浅到婚姻困顿，郭抚台的麻烦远不止于私生活。他的仕宦之路也是如此多舛，走得辛苦。但是，他那带头学习西方的步子，却又是迈得如此之大！

就拿赫德投入巨大热情和心血的同文馆来说，郭嵩焘就堪称是他的知音。早在1859年，还是翰林院编修的郭奏请设立外国语学校，这一建议受到咸丰皇帝的高度重视，遂下令筹备建校的各种事宜。继京师同文馆后，当朝仅有的另两所外国语学校——上海广方言馆和广州同文馆，又是他协办和主办。特别是广州同文馆开馆那天，署理广东巡抚郭嵩焘亲自主持仪式，亲笔拟订章程，为西学在中国的传播摇旗呐喊。

其实，郭嵩焘原本也是一个沉浸在四书五经中的读书人。面对内忧外患的严酷现实，他意识到“洋人固可恨，中国之衰弱亦令人痛心”，夷人之所以处心积虑，想把筷子伸长些好来夹中国这块肥肉，是因为这儿地大物博，人口繁多，“只要每个中国人的里衣加长一寸，外国人的工厂就得忙上几十年”，这市场之浩大又有谁能不动心呢？那么，洋人为何非动手不可呢？因为和平手段难以奏效。即使这个古老国家落后了二三百年，国人却无动于衷，照样抽大烟、打麻将，醉生梦死也不买洋人的账。所以洋人只有赶在中国还没有强大起来赶紧动手，把这封闭了千年的铁门给砸

---

① （美）布鲁纳、费正清、司马富编，陈绛译：《赫德与中国早期现代化——赫德日记（1863—1866）》，中国海关出版社2005年版，第301页。

开，那就是他们的炮舰政策。

在接触了西方人，尤其是亲自考察了百战百胜的洋枪队和英国人管理的海关后，这个思想敏悟、眼光明湛的士子有了新的体会，他发现洋人并不是那么可怕。相反，他们举止有礼貌，说话讲道理，办事循约守法。如果不是清朝官员自己妄自尊大，完全有和洋人友好相处的可能。如果一味用蛮力，反而会使夷乱加剧。就像眼前的赫德，年纪轻轻就位高权重，执掌着清政府的财政权柄，将新型海关打造成廉洁高效的一方净土。真是不得不服啊！

这种虚心体察的结果，使郭嵩焘成为向西方学习的积极鼓吹者，俨然是当朝数得着的洋务健将。在广东主政期间，他通过谈判解决了很多外事争端，甚至还援引国际法，要求英国人协助缉拿海盗——英国人还真的照办了！

如果赫德早一点了解到郭抚台的这些事迹，而不是那些花边八卦，他会不会在日记中留下另外的观感呢？及至年轻的总税务司终于认识到这个老大帝国还是有像郭这样的明白人。其时，嵩焘先生已经被一纸所劾，辞去署理广东巡抚，在家赋闲了。

临危受命

同治六年（公元 1867 年）四月初三，郭嵩焘在当天的日记中这样写道："方今天下，能推究夷情，知其所长以施控御之宜，独有区区一人，而不使一效其用。"①

英雄没有用武之地，郭嵩焘的牢骚不难理解。可是，他未免过于悲观了，是金子总会发光，朝廷不会埋没对洋务如此精透的"旷世独苗"，就算朝廷忘了，赫德也不会忘。

当然，这得等到一个合适的契机，这就是引爆边疆危机的"马嘉理事件"。

马嘉理的遇害看似偶然，实则必然，想找借口还不容易？机会有的

① 杨坚、钟叔河编：《郭嵩焘日记》，湖南人民出版社 1981 年版。

是。威妥玛认定这就是有预谋的反英事件，要求惩办。“遂以武力相威胁，要清朝速派‘道歉使团’赴英通好谢罪……可‘道歉使团’派谁去？朝廷选来选去，选中了郭氏。”①

朝廷为什么会选中郭嵩焘，事隔多年，赫德给出了答案。

那是1908年，赫德因病请假回国前，向税务处②呈递了一个申呈，“历述他在任50年所办各事”。在那份凭借记忆奏报的名单里，尽管漏掉了处理“苏州杀降事件”危机，但对三十多年前居中调解“马嘉理事件”，总税务司记忆犹新。

此乃他的得意之作。

赫德只用了几个“派”字，便点出了他在事件中所起的关键作用。

第一“派”，“蒙派赴沪挽回驻华大臣威妥玛”；

第二“派”，“请派直督李鸿章赴烟，商定《烟台条约》结案”；

第三“派”，“奏派郭嵩焘大臣出使英国”。

最后还有一个“派”，赫德据此总结道：“此后委派各国出使大臣，作为定章。”③

其实在事件发生前的1875年正月初九，郭嵩焘就“出山”了。正是他蛰伏多年复出后的惊艳表现，征服了赫德。

彼时，因日本前一年兴师进犯我国台湾，启衅边疆，清廷亟须重新启用懂洋务和军事的人才，便诏命郭嵩焘进京陛见。慈安、慈禧两宫召见时，除详询郭履历外，还再三温语慰藉他旅途劳顿及健康情况。候见间隙，恭亲王请他至军机处小憩，“谈话中一再顾谓在坐诸军机，推许曰：‘此人洋务实是精透。’”各种恩宠、亲切和赞美，让57岁的郭嵩焘受宠若惊。

蒙召后，郭嵩焘出任福建按察使，慨然命笔，将他办洋务的主张和观

① 李冬君：《影响中国近代历史进程的思想巨匠——郭嵩焘日记风波本末》，载《人物》2009年4期。

② 光绪三十二年（公元1906年）成立税务处，总税务司及各海关税务司皆改属税务处，但实权仍在洋员手中。

③ 光绪三十四年二月二十五日总税务司申呈，税务处关字第539号文。

点写成《条陈海防事宜》上奏，认为将西方强盛归结于船坚炮利是非常错误的，中国如果单纯学习西方兵学“末技”，“如是以求自强，恐适足以自敝”。只有学习西方的政治和经济，“先通商贾之气，以立循用西方之基”，即发展中国的工商业才是出路。这样的见识，岂止是洋务健将，简直就是维新先驱了。

郭嵩焘一奏成名，声震朝野，也让极力辅弼恭亲王办洋务的赫德甚为称许，认定郭是当朝少有的较快且深刻接受西方观念的人物，引为知己。适逢朝廷正为何人带团前去致歉而愁眉不展，赫德不“奏派郭嵩焘大臣出使英国”，还能奏派谁呢?

朝廷也认为郭嵩焘乃再合适不过的人选，便将此赴英“通好谢罪”的特殊使命，交给了正欲迎来“第二春”的嵩焘先生，于这年的 7 月正式加授他为出使英国大臣。

郭嵩焘受命于危难之际，先是由闽泛海至天津欲与威妥玛一晤，行前致函，“大清国钦差出使大臣郭嵩焘谨奉书大英国钦差威公使大人阁下……”，将“大清国”与“大英国”并列，此格式乃郭的创造，既不卑不亢，也不降格以求。

原来，“滇案”发生后，威妥玛提请清廷，行文时应按照国际惯例尊重“大英国”，不仅要将“大英国”与“大清国”并列，还要把“大英国”写在抬头上。清廷装聋作哑，现在郭嵩焘按照自己的方式出牌，并列可以，但反其道而行之。

鉴于威妥玛已赴上海，经奕訢的操持安排，郭嵩焘便先赴北京署理兵部侍郎，并在总理各国事务衙门行走，可见恭亲王对其的倚重。上任前，他照例拜会了正为调解事件焦头烂额的总税务司赫德。

> “赫德说，我是英国人，当然要站在英国的立场上，但我还要为中国办事，所以，我起沟通作用。还说，英国对华没有领土要求，只求互利。

郭氏徇以出使事宜，赫德说，宜早不宜迟，早去早有利。”①

不久，由于中英关于马嘉理案交涉“反复多端”，郭嵩焘出使延期。11月，他又有惊动朝野之举。“以在闽期间了解的马案原委，具折参劾”云南巡抚岑毓英，要求将其交部严处。这篇奏折，语言激切，指责岑抚“意存掩护”，“诿过于边境野人”②，顺便也将那些盲目自大、封闭守旧的士大夫们捎带上，尽情抨击。

嵩焘先生莫非是压抑得太久？一连两奏，倒也是名动天下，但一时间，“汉奸”“贰臣”之类的指责咒骂，汹涌而至。

欲罢不能

兜兜转转十年，赫德一直以来孜孜以求的派驻对外使节，就这样不按常规方式出牌，在此非常情势下“修成了正果”。喜悦之余，他致电海关驻伦敦办事处主任金登干：“前广东巡抚郭嵩焘和直隶候补藩台（应为道台）、工部尚书（应为吏部尚书）之子许钤身，被任命为公使馆驻英（应为驻英公使馆）正副公使，请公告。”并向英国政府函告郭嵩焘的为人，称其“为一诚实君子，识见明达，具有决心，但终为一中国人”。

赫德高兴得未免有些太早，就在郭嵩焘静等中英“滇案”交涉结果，确定行期的日子里，他的心态发生了一百八十度的变化，竟打起了退堂鼓。

原来，郭嵩焘虽说从未走出过国门，但借助于广东巡抚的经历和对西洋事务的经意考察，他对西方列强的见解，高出侪辈一头。因此，他一开始接到出使任命，还是有些跃跃欲试的。但是，他万万没有料到，消息一经传出，首先是家乡人民不答应了。素以“霸蛮”之气著称的湘人，把郭

① 李冬君：《影响中国近代历史进程的思想巨匠——郭嵩焘日记风波本末》，载《人物》2009年4期。

② 郭嵩焘：《奏为特参云南巡抚岑毓英轻信浮言无故杀毙翻译马嘉理请旨交部严议事》（光绪元年十一月初七日），中国第一历史档案馆藏军机处档案。

嵩焘的接受“出使番邦”，看成湖南人民共同的奇耻大辱，要求开除他的省籍。当时就在长沙城内玉泉山上，贴出一首讽骂郭嵩焘的对联：“出乎其类，拔乎其萃，不容于尧舜之世；未能事人，焉能事鬼，何必去父母之邦！”

“未能事人，焉能事鬼”是孔子的语录，也就是说“人事尚未处理好，不必考虑鬼事”。真是骂人不带脏字啊！这样的毒舌让嵩焘先生越思越悲愤，越想越委屈，加上弹劾岑毓英不成，却引来毁谤无数，更是意兴阑珊。他干脆抱病请假，进而要求回籍养疴，不愿代表政府出使英国了。

1876 年 5 月 12 日，不太了解实情的赫德还以为问题出在许副使身上，他在给金登干的信中这样写道：“驻英公使郭不想和许那样的人同行，也推说有病，并恳请退休。郭是个有学问、有能力、性情温和和头脑清醒的人。他打算缩手不干，是对政府政策的有力抨击。许是个饭桶，不应衔命出洋。”①

朝廷却清楚得很，偌大的中国，恐怕除了郭嵩焘，再也找不到第二个合适人选，所以坚决不允其辞职，只批给病假。

到了八九月间，在长沙参加乡试的湖南考生闻知郭嵩焘即将出使英国担任什么公使，皆恶从胆边生。堂堂天朝上国，岂能派遣使节常驻蛮夷之邦？况嵩焘此行，还背负着为“马嘉里事件”向英国谢罪的屈辱使命，更让这些“爱国士子”情何以堪？他们行动起来，成群结队前往长沙玉泉山，扬言要彻底捣毁郭家的住宅，郭氏一门为此受惊不小。

受此刺激，郭嵩焘的病，自是愈发地重了。

妇人当政，自有其细腻之处。还是慈禧了解郭臣子，其实病根出在心上。于是，宫中送来绿头签，再次召见郭嵩焘。这回召见，慈禧先问了一些李鸿章在烟台与威妥玛就“滇案”谈判的情况，随即话题有意无意转向了大清第一洋客卿。

> “问：‘赫德替中国办事，尚有心腹否？’
>
> 答：‘赫德是极有心计的人，在中国办事亦是十分出力。

① 转引自贾熟村：《赫德与郭嵩焘》，载《湖南城市学院学报》2010 年第 1 期。

然却是英吉利人民，岂能不关顾本国？臣往尝问之：君自问帮中国，抑帮英国？赫德言我与此都不敢偏袒，譬如骑马，偏东偏西便坐不住，我只是两边调停。臣问：无事时可以中立，有事不能中立，将奈何？赫德笑言：我固是英国人也。可见他心事是不能不帮护英国。'" ①

这段“君臣”对话实在是耐人寻味，赫德再怎么做清朝臣仆，“然却是英吉利人民”，郭嵩焘虽一心推行西法，但“终为一中国人”。各为其主，原属寻常事，只是赫德的所谓不偏不倚“骑马说”，未免有些矫情，被老辣的郭公使打破砂锅问到底，露馅了。

接下来，慈禧便切入正题，询问郭嵩焘的病情。郭答：“臣本多病。今年近六十，头昏心忡，其势不能出洋，自以受恩深重不敢辞。及见滇案反覆多端，臣亦病势日深，恐徒使任过，孤负天恩，不敢不先辞。”慈禧温言：“此时万不可辞。国家艰难，须是一力任之。我原知汝平昔公忠体国。此事实亦无人任得，汝须为国家任此艰苦。”进而安慰：“旁人说汝闲话，你不要管他。他们局外人，随便瞎说，全不顾事理……你只一味替国家办事，不要顾别人闲说，横直皇上总知道你的心事。”②

在谈话中慈安太后曾多次插言曰：“这艰苦须是你任。”平日慈安太后不甚发言，这回却发言多次，可见最高中枢在使英一事上对郭嵩焘的倚重。然而这些对郭所做的思想政治工作，只代表她们赞同他的“和平外交”理念和处理“洋务”的能力，并不赞成更谈不上接受他的学习西方、改革政教、救亡图强的思想。

不管怎样，“皇”恩浩荡之下，原本备受抨击的郭嵩焘不再心灰意冷，原来准备好辞命退隐的一套说辞，一句也说不出来，转而感激涕零，捣头如蒜：“承太后天谕，臣不敢不凛遵”，赶紧着去筹组使团班底，准备远涉重洋去卖老命了。

---

① 钟叔河编：《郭嵩焘：伦敦与巴黎日记》，岳麓书社 1984 年版，第 15 页。

② 同上，第 15~16 页。

中国开始动起来了

1876 年 12 月，郭嵩焘一行从上海虹口冒雨登上“Travancore”号邮船，踏上了使英征途。通常，这段航程需要 50 天左右。

郭嵩焘倒不用担心这漫长颠簸的“苦旅”，自有众多的仆役，将他伺候得妥妥帖帖，他也不会像一般的清朝士大夫，将出洋办理夷务视为“畏途”，毕竟精通洋务正是他的强项。但是，作为清政府派出的第一位常驻西方国家的使节，郭公使却感受不到丝毫的荣耀。

太后的各种恩宠，多方打气，也只能是一剂强心针而已，维持不了太久的效用。在上海候船期间，他在给两江总督沈葆桢信函里的哀鸣，足可窥见其忍辱负重的凄凉心境："嵩焘乃以老病之身，奔走七万里，自京师士大夫下及乡里父老，相与痛诋之，更不复以人数！"①

何谓“不复以人数”？言下之意，不把你当人看了！

关怀备至

颟顸的古老帝国终于向“文明的西方世界”派出使节，但郭嵩焘人还未出国门，就惨遭国人痛诋，成为千夫所指。饶是太后临出发前又一次召见慰勉，一番“汝心事朝廷自能体谅，不可轻听外人言语”的温软之语，已无法烫平众谤之下郭嵩焘疲惫的心。

等着看清朝官员“出洋相”的，也不乏洋人。早在中英《天津条约》缔结时，伦敦《每日电讯》便挖苦“条约中最精彩的一点”，即“英国公使将常驻北京，而有一位清朝大官将驻在伦敦，也许他还会邀请英国女王参加在阿尔伯特门举办的舞会呢”。

内外不被看好，里外不是人。尤其是那副对仗工整、刻毒至极的对联，如影随形，成为郭嵩焘挥之不去的梦魇。于是在这冰冷的冬雨下，赴英使团的此番出洋，倒有些风萧萧兮易水寒的味道。

---

① 黄濬著：《花随人圣庵摭忆》（上），中华书局 2008 年版，第 247 页。

不过，自有人对这趟破冰之旅格外关注。早在郭公使出发前半个月，赫德就给金登干去信："驻英使臣郭大人，偕副使刘大人，两名使馆秘书，……四名随员，四名译员，两名医生，六名军人……还有他的夫人……和三名女仆，以及约四十人左右的使团男仆，上星期由此启程。他可能由上海乘 12 月 8 日的邮船出发，将近元月底抵达伦敦。"

副公使不是许钤身吗？怎么又冒出个刘副使，难道赫德的"饭桶说"被清廷采纳？其实许钤身出身名门世家，才学虽说不上一流，但也绝非像赫德说得那样不堪。总理衙门之所以临阵换将，实有其深意。副使刘大人即刘锡鸿，原为郭嵩焘的幕府，在出洋一年多前那场"筹议海防"大辩论里，对郭嵩焘的《条陈海防事宜》逐条批驳，两人在政见上早已尖锐对立。在此情形下，"作出这种安排，显然是为了使他们互相钳制，彼此掣肘。主其谋者，是军机兼总署大臣李鸿藻……"①

正是朝廷自以为得意的这种驭下之术，造成了日后分崩离析的悲剧。而如果还是让"许饭桶"去做郭嵩焘的副使，说不定又是一番新天地。

历史没有假设。赫德眼下最主要的工作是如何将这个近七十人之众的大团组安顿好，他继续"遥控"金主任："假如他（郭嵩焘）和他的随行人员去住饭店，开支将是十分惊人的，而他又非如此不可，除非你能为他找到住房暂住一两个月，到他找到合适的馆址永久住下为止。"

在伦敦这个寸金寸土的大都市，要找到一所交通方便、租金合适、房间多而宽敞、设备齐全的大公寓，并不是一件容易的事。更何况赫德发出了具体而微的指示，这所房子要"有十四个卧室，四个起坐间，或两所房子有同样多的带家具的房间，将足够开始所需"。为此，金登干走遍伦敦城区和郊区，最后租定伦敦新城东南波特兰（Portland Place）45 号的房屋作为使馆兼官邸，以后，历届驻英使节皆寓于此。

远在中国的赫德，对郭公使一行的种种安排真是煞费苦心，连安排什么人、多少人、住在哪种房间、该添置哪些实用的家具器皿……他都一一具体叮嘱金登干办妥。

① 钟叔河著：《"用夏变夷"的一次失败》，湖南人民出版社 1981 年版。

不愧是海关的大当家，赫德不能不精打细算，因为大清驻英使团此行的所有安排和一应开销，包括“搭坐轮船所需的船票并沿途应用银两以及在伦敦的接待、租赁房屋等，都由江海关以及总税务司署伦敦办事处金登干负责”。[①]

如果认为只是心疼海关官银才予以关注，那也太小看赫德了。事实上，从此往后驻各国的使领馆相继设立，大量的驻外经费均由海关的税收支付，直到民国不变。那么，这种海关买单的传统是从郭嵩焘使英开的先河吗?

非也，事情还得从当年那个出面斡旋“阿思本舰队”遣散事宜的美国公使浦安臣说起。

越组代庖

20 年前，清政府曾派斌椿使团随赫德赴欧洲游历，此为晚清官员出洋嚆矢，不过那仅仅是一次试探性的观光旅行。回到北京后，“（赫德）利用修改条约的机会，对总理衙门关于（出使）这一点的敦促，比以前更加强调了”。

所谓修改条约，指 1858 年《天津条约》规定的十年修约之期将至，在赫德的多次“强调”下，清政府也担心起西方列强会不会趁修约之机“索要多端”，加上“近来中国之虚实，外国无不熟悉，外国之情伪，中国一概茫然，其中隔阂之由，总因彼有使来，我无使往”[②]，于是，遣使出洋笼络各国兼探虚实，便提上了议事日程。

可向来闭关自守的清政府，“把自己的官员窒息了”，连一个合适的使臣都遍寻不着，正当恭亲王奕訢和文祥等衙门大臣焦灼不安时，在欢送卸任美国公使蒲安臣的宴会上，听到他表示“嗣后遇有与各国不平之事，伊必十分出力”之言，恭亲王不禁灵光乍现，何不干脆就请洋人担当此任呢?

这个主意不错。按赫德的话说，“这个想法应该支持”，“第二天，我

---

① 陈诗启著：《中国近代海关史》，人民出版社 2002 年版，第 230 页。

② 同治六年十月二十六日恭亲王等奏折，《筹办夷务始末》（同治朝）第 9 册，卷 51，中华书局 2008 年版。

到总理衙门去，极力表示赞成。董（恂）大人告诉我：‘我们已经七八分有意办这件事，但是现在你是非常热烈地赞同，我们真是已有十二分了。以前认为是好的，现在我们认为更好了’。”①

就这样，前美国驻华公使蒲安臣摇身一变，成了中国皇帝的钦差，“权充办理中外交涉事务使臣”。为了维护清廷的面子，清政府又采纳赫德“一个中国代表团不应该没有中国官员”的建议，任命了两名级别不太高的总理衙门章京，即满人花翎记名海关道志刚和汉人礼部郎中孙家谷，“赏加二品顶戴”，会同蒲安臣出使。同时，出于“笼络英法诸国”的需要，又特地聘请英国驻华使馆翻译柏卓安和法籍海关职员德善前往“协理”。使团还包括中国随员、译员（多为同文馆学生）共三十多人。这其中的熟面孔，除了法国人德善，还有张德彝，两人均经受过斌椿使团的锤炼。

1868 年 2 月 25 日，近代中国第一个外交使团——蒲安臣使团自上海虹口黄浦江码头起航。第一站抵达旧金山，加州州长在招待宴会上祝贺蒲安臣是“最年轻的一个政府的儿子和最古老的一个政府的代表”。蒲安臣俨然中国代言人，答称此次出使，意味着中国已经走在和平与进步的道路上。

▲蒲安臣中国使团

① 《中国舞台纪略》。

到达华盛顿前，蒲安臣按照国际惯例，特意设计制作了第一面黄色的中国国旗，“蓝镶边，中绘龙一尺三长，宽二尺，与使者命驾之时，以为前驱”。此后，这面作为中国象征的黄龙旗，先后飘扬在英国、法国、瑞典、丹麦、荷兰、普鲁士、俄国、比利时、意大利、西班牙等国，直至1870年10月，使团才回到中国。

三十人历时两年八个月环游世界，耗资不可谓不巨。相对于斌椿使团的出游经费“统由总税务司预垫，整装银两亦由海关征收的船钞酌给”，蒲安臣使团所产生的巨额经费，只能“由海关代管的一笔款项支付”了。

在清政府看来，“中国钦命之员，系属试办，并非驻扎各国大臣，其归期以一年为满，期满仍回中国。如该员（蒲安臣）回中国后，察看试办有效，再行另议久远章程”。[①]

但人算不如天算，蒲安臣再也不可能回到中国了。他在1870年的2月于俄国彼得堡患肺炎去世，“这样五十岁不到竟结束了他着实光明的前途”。不过，与那位出师未捷身先死的西班牙卸任公使玛斯相较，这位美国卸任公使倒是干成了一件惊天动地的大事——“这次出使是划时代的行动。这个行动，惊动了驻北京的各国公使。”

正是蒲安臣使团的成功“试办”，使清政府做好了“和各有约国建立长期外交关系的准备，为1876年郭嵩焘出使常驻英国创造了条件”。[②] 尽管仍旧由海关买单，但正式制定了章程，变得有规可循。

嗣后，“各关所收六成洋税，作为十成分算，即于此十成中每关盘结约一成，另款存储，听候指拨，作为出使经费。”[③]

远程控制

对于郭嵩焘作为驻英公使常驻伦敦，总税务司在感到由衷喜悦的同

① 同治六年十一月初一日恭亲王等奏折，《筹办夷务始末》（同治朝）第9册，卷52，中华书局2008年版。

② 陈诗启著：《中国近代海关史》，人民出版社2002年版，第230页。

③ 光绪二年九月十二日总理衙门札行总税务司。（英）魏尔特编：《中国近代海关历史文件汇编》（第6卷），总税务司署统计科，1940年，第465页。

时，也有一些不足为外人道的难言之隐。

原来，经过赫德的精心改组，大清海关驻伦敦办事处已成为实际上的中国准外交机构，在外交斡旋及搜集情报、采购军火等方面都发挥了巨大的能量。现在有了新建的大清驻英使馆，伦敦办事处的作用岂不是要大打折扣？这实在是他不愿看到却可以想见的。事已至此，赫德唯一可以作出的选择，就是尽最大可能，将郭嵩焘牢牢地掌握在自己手中，退一步说，至少要能对郭施加影响。

事不宜迟，郭嵩焘和他的随扈们还在茫茫大海上晃晃悠悠呢，赫德的"机密"信函已经到了。他指示金登干，安排有关亲信人员，将郭嵩焘包围起来。内容很是具体："郭起初想要海关的人当翻译，但有人使他改变了主意。现在他出去只带中国人和一个名叫马格里的人。此人离开金陵机器局之后，李鸿章想给他安排一个职位。很有可能，郭将需要外国译员，而在英国的一些会讲汉语的人（霍尔特、道格思、星察理、佩恩、李泰国等）会试图尽力抓住他。"

这个马格里不是别人，就是当年纳王准备将自己侄女许配给他的那个常胜军军医。

▲马格里（1833—1906）

马格里也是英国人，早年习医，在第二次鸦片战争中随军来到中国。1862 年加入洋枪队，帮助李鸿章镇压太平军，不久又主政金陵机器制造总局。对军械并不内行的马格里，因所铸大炮在大沽炮台试放时接连爆炸而导致解职。李鸿章虽说解除了马格里在金陵制造局的所有职务，但念他鞍前马后，在麾下效劳洋务多年，没有功劳还有苦劳，便将他推荐给驻英公使郭嵩焘当英文译员。从此，马格里即在中国驻英使馆工作长达 30 年。1896 年，孙中山被清政府驻英使馆非法拘禁，就是他主谋的。除了马格里这个唱主角的洋译员外，尚有 3 名中国人任"三等翻译官"，其中，又有我们熟悉的四品衔兵部员外郎——张德彝。

一直以来，中国官员出国，都是由赫德推荐海关人员充当随员和翻译。这次郭嵩焘到英国去，其翻译人选却轮不到赫德插手了！这个多年以来形成的惯例至此被打破，不由得赫德不产生很多联想，看来，加上那几个一向看不惯他的本国同胞，有的是意欲对郭嵩焘施加影响的人。

> "我们必须先下手，并且防止：1. 他落入坏人的掌握中；2. 从海关来源以外招用与使馆有关的外国雇员阶层的形成。因此我授权你立即把屠迈伦和佘德或贾雅格叫到伦敦来（最好是佘德，如果能找到他的话）；派屠迈伦到巴黎去迎接郭，并陪伴他一直到他住进伦敦的住所；还把屠迈伦留在你手边，直到郭完全安顿下来适应了伦敦的节奏。"

屠迈伦、佘德、贾雅格等人，都是正在欧洲度假的海关洋员，属于自己人，赫德是信得过的。那个马格里，自然不被赫德待见。

12 月 27 日，赫德在给金登干的信中写道："马格里，与其说他是使馆的译员，不如说是信使。我对他毫无了解。不要帮助抬高他的地位。"没过多久，又在另一封信中写道："当心马格里这个人。要看住他。不要给他任何'面子'。我从各方面听说，他是反对我们的……不要让他随意出入你的办事处，不要信任他，也不要让他知道我的消息。"①

心想事成

1877 年 1 月 21 日，经过 51 天环绕半个地球的远洋航行，郭嵩焘使团一行抵达英国南安普敦，英国驻华使馆汉文副使禧在明（Walter Caine Hillier）、金登干及屠迈伦前往迎接，随即乘坐火车于暮色中抵达伦敦。只见"街市如明星万点，车马滔滔，气成烟雾"，近代西洋都市文明扑面而来。

一行人在金登干主任代为寻找的那栋四层楼房安顿下来，"房间整洁、器皿齐备、陈设讲究"，而每月租金 105 英镑，不到 400 两银子，郭嵩焘自

① 陈霞飞主编：《中国海关密档：赫德、金登干函电汇编（1874—1907）》（第 7 册），中华书局 1995 年版，第 487 页。

是十二分的满意。

如此，金登干便可以自豪地向赫德报告："为安排中国公使馆所做的一切都是成功的和令人满意的！"

23日晚，郭嵩焘自比"中国出使西洋立教之祖"，仿摩西十戒，召集使馆所有成员立下规矩，约法五章："一戒吸食洋烟、二戒嫖、三戒赌、四戒出外游荡、五戒口角喧嚷。"[①] 不是已经有国人预见他们会发生有辱国体之事吗？郭公使只能万事小心，处处防范。但令人难堪的是，在第二天照会英国外交部询问觐见君主、呈递国书日期之时，郭所持的出使文书却不是正式的公使驻节文书，而是"惋惜马嘉里案"的敕书。此事后由郭嵩焘和英方融通解决，国书照递，但以后仍须补交正式国书。

2月7日，郭嵩焘正使、刘锡鸿副使及张德彝、马格里一行穿着朝服，乘坐双马车来到白金汉宫觐见维多利亚女王，除外交大臣、掌玺大臣、内务大臣等英方要员，驻华公使威妥玛也在场。见面时，郭嵩焘等行三鞠躬礼，女王亦三鞠躬还礼。"德明授郭国书以便诵读"，然后由马格里用英文口译复述一遍。

> "大清钦差大臣郭嵩焘、副使刘锡鸿，敬奉国书，呈递大英国大君主五印度大后帝：上年云南边界蛮允地方有戕毙翻译官马嘉里一案……中国大皇帝之心，极为惋惜，特命使臣前诣贵国，陈达此意，即饬作为公使驻扎，以通两国之情，而申永远和好之谊。"

女王听毕诵词曰："此次远来，为通两国之谊，庶期永保和好。"

文书所言"作为公使驻扎"，淡化了《烟台条约》明文规定的"谢罪"之意。整个文书将中国大皇帝与英国大君主平等相待，充分表现两国平行的新式外交格式，谦恭有礼，既无因马嘉里事件而显卑屈之感，也无天朝蔑视英夷之意。

至此，中国驻英使馆在"相对友好"的气氛下正式建立起来。但在西

---

① 杨坚、钟叔河编著：《郭嵩焘日记》，湖南人民出版社1981年版，第98页。

方人看来，这些大清使团成员，“不仅衣冠奇异，而且每个男人都有辫子”，“英国著名的政治幽默杂志《喷奇》（Punch）在一整页的漫画中，将郭画成一只带辫子的猴子，与英国狮子对眼相视”。[①] 连郭嵩焘新娶如夫人梁氏的那对三寸金莲，也成为谈笑的佐料。

郭嵩焘相信，这些都会随着时间慢慢流逝而被习惯，关键是只有自身行得正，才不会“出洋相”，以致辱没国体。在他的严加管束和以身作则下，中国使者们“积极参与，广交朋友，留心时事，注意彼邦风俗、人情与学问”。尤其是郭，被誉为“所见东方人中最有教养者”[②]，为清廷挣了不少面子。

与郭公使一样，赫德作为朝廷命官，也在自觉地维护清廷的颜面。他通过电报指示伦敦办事处，明确了对外宣传口径——“有人认为郭使团是暂时的，且属谢罪性质。请对此审慎，但坚定地在各方面予以否认！使团携带表示歉意的信，但并非谢罪，使团是常驻公使馆而非临时性代表团，请照此传播。”

当然，赫德也不会忘记他的控制计划，叮嘱金登干：“要设法使屠迈伦对郭成为需要，马格里成为不需要，但一定要悄悄地做工作，不要显露出这是你的目的。”

一切都在照着赫德的构想，“煤气、矿山、铁路、电报线路、觐见、驻外代表机构、扩充海关……全都在‘进行中’了”。虽说郭嵩焘并不是那么好控制，摆平马格里也不是一件容易的事，但凡事总得慢慢来。

这是赫德来到中国二十多年以来的一项重要体会。

在靠近使馆区的柴火阑胡同新居里，尽管“地上还有积雪，风在吼叫，冷得要命！”赫德却感到非常地爽，他用热情洋溢的文字告诉“亲爱的金登干”：

① 转引自（美）汪荣祖著：《走向世界的挫折——郭嵩焘与道咸同光时代》，岳麓书社2000年版，第181页。

② 同上，第182页。

▲北京雪景中的赫德住所花园

“我们这里正为公事忙得不可开交……我确实认为中国开始动起来了！”

向狂妄的威妥玛开火

> “波斯穆斯江口炮台林立，有船曰‘维多里’（译言得胜也），已一百一十四年，炮眼三层尚如新。此水师名将勒尔斯受伤殒命之船，留之以纪其功。船身朽蚀尽矣，而每礼拜游观凭吊常万馀人。”①

郭嵩焘日记里的“波斯穆斯”，指的是英国朴次茅斯军港，而“水师名将勒尔斯”，正是李泰国那位了不起的传奇先人纳尔逊！

1877年2月18日，受金登干邀请，“郭大人在朴次茅斯视察了那些炮艇。这可以说是一次巨大的成功，没有出一点差错，一切安排都十分完善……郭氏在‘伽玛’号炮艇上亲自发射了大炮”。

这些号称能打败铁甲舰，在郭大人笔下被称为“阿拉伐”“北大”“戛麻”号的小型新式炮艇，有一个形象的昵称——蚊子船②，它们是海关

① 钟叔河编：《郭嵩焘：伦敦与巴黎日记》，岳麓书社1984年版，第694页。

② 金登干代购的蚊子船分别用希腊字母命名为“阿尔法”“贝塔”“伽玛”“戴塔”号。

伦敦办事处代清政府向英国阿摩士庄兵工厂订购的。

兴致勃勃的郭公使憧憬着“这种新炮艇将以军舰的雄姿，到达中国海域”，金登干却在担心，“现在他们在伦敦有了中国公使，他们可能通过他订货”。

金主任未免想得太多了，其实郭嵩焘对海关这些日子以来的种种安排满意，对其代购的“铁甲小船”和即将“应赫德之招赴中国”的那些水手满意，尤其对总税务司满意，感叹“赫德精核缜密，条理井然”，“中国求如此人才，固不可得矣”！只是，他没有想到，仅仅半个月后，一桩又是和“船”有关的中英纠纷案就摆在了他的面前，需要他和赫德联手作战，而对手居然就是威妥玛！

这艘船尽管不会动，却引发了不小的震荡。它就是“太古行趸船事件”，又称“镇江趸船案”。

祸起趸船

案子会落到郭嵩焘手中，当然是拜赫德所赐。

10 天前，赫德在给金登干的信中写道：“我还没有为办好那桩讨厌的镇江趸船案的事做好准备。这件事使我伤透了脑筋！我坚信吴得禄在原则上是完全对的，而且他既已做到如此地步，当这事提到我面前时，我不能不支持他。并且以他那个原则为起点，继续照他的做法办……当这个问题提交总理衙门时，总理衙门竟然也‘动怒’起来！”①

这个令总税务司伤神、总理衙门动怒的讨厌案子，到底是如何发生的呢？

原来，自 1874 年起，英商太古洋行拥有的“加第士”号趸船在向镇江海关申请锚地后，停泊在镇江江面，用一座浮桥和英租界相连。这年夏天，英租界东端和海关所在地对面的江流中出现了一股很强的漩涡，很快使河床冲陷，堤岸严重塌方。于是，镇江道台及镇江海关税务司吴得禄

① 陈霞飞主编：《中国海关密档：赫德、金登干函电汇编（1874—1907）》（第 7 册），中华书局 1995 年版，第 499 页。

(F. F. Woodruff)通知英国领事，要求将趸船转移泊位，以便考察堤岸受损原因。话说得倒也委婉，“因为大家都认为该船只的出现导致了损害性的涡流的形成”。①

▲1865年镇江关监察长公馆

▲1870年镇江关验货厂

① （英）魏尔特著，陈敦才等译：《赫德与中国海关》（上），厦门大学出版社1993年版，第3页。

▲1871年镇江关外班公寓

太古洋行拒绝将趸船开走，“说趸船停靠在那里并不是导致产生冲刷的涡流的原因”，对此，领事一声不吭。

无奈，地方当局在数次投放了成千上万吨的土石方修补堤岸后，实在不能忍，再次敦促领事命令公司移开趸船。无果后又向英国外交使团多次交涉，均遭拒绝，使团声言中国地方当局和中国海关无权命令太古趸船转移。

不知吴税务司是否报告了总税务司，还是这个美国人自己的果断决定，反正是动了真格，他扣留了太古洋行趸船的海关许可证，这意味着一切进入镇江的船只都必须绕过“加第士”号趸船方能停靠海关码头，接受海关对货物的检查。

于是，“当1876年7月赫德第一次通知他（威妥玛）此事时，当告诉他镇江的税务司原则上是对的时，当总理衙门支持税务司时，威妥玛暴跳如雷，威胁要采取各种可怕的报复”！他的理由是“帝国海关官员对外国人的财产擅自动用司法行政权，既没有固有的权力支持，也没有规章依据”，换句话说，公使先生的奶酪被旁人无缘无故地动了。

掐指一算，彼时正值两人为“滇案”交涉闹得不愉快之时，难怪总税务司印象深刻，他在给金登干的这封信里再次回忆了细节。

> “……去年7月，当我告诉威妥玛说我必须支持吴得禄的行动时，威大发雷霆，说他有生以来从未忍受过这样的凌辱，并且发誓说：‘对上帝发誓，我要是容忍，就把我打入地狱。’这就是说，他要诉诸英国外交部，他要诉诸议会，他要诉诸全国，他要辞职，他要打烂我们！”

赫德岂能是轻易被人击垮的人？他指示金登干做好应战准备：“那好，我们也不能让步，这件事必须提到英国外交部去，现在总理衙门正准备给郭下指示。我也把这个案件准备好交给你去征求法律界的意见……但是，即是我们胜诉，我们（海关）也会失去英国公使馆的支持，甚或可能遭到它的反对！”

不管怎样，梁子就这样结下了！赫德与威妥玛两个人的战争，还将继续，只不过主战场已经从马嘉里案转移到镇江趸船案。

虽说后者比不上马嘉里事件人命关天，但从1874年的那个夏天拖到现在，居然从一桩小小的商务纠纷，演变成了大清海关总税务司与大英驻华全权公使的全面对抗，如今又杀回英国本土，升级成“涉及海关司法权和条约中某些贸易规定如何正确解释”的大问题。这或许是当事人始料未及的。

抗争到底

趸船案陷入僵局，在赫德的建议下，恭亲王于3月4日决定将“整个事情交给中国驻伦敦公使处理”，总理衙门责成郭嵩焘，“与外交部讨论此事时，阁下应据理力争，主要点是维护中国作为独立国家的主权”。

在伦敦，郭嵩焘公使最主要的对手就是英国外交部。他很清楚，一方是昧于外情的天朝帝国，另一方则是如日中天的大英帝国，在此情形下，办外交之难，难于上青天。但是，这个案子非同一般，貌似很小，却事关国家主权，对他的外交成绩单而言，不啻是第一次大考。

第一要务，先熟悉案情。金登干真不愧是个合格的情报头子，但凡郭公使的一举一动，事无巨细，无不向赫德一一汇报，从3月9日到4月6

日，他共分三次写信向赫德报告了有关情况：

“在我回普利茅斯期间，郭大人向屠迈伦询问了关于镇江趸船案件的事，但是屠迈伦对情况一无所知……郭前天晚上出席了德比勋爵的宴会，同每个人都周旋了许久。”看来公使先生很快进入角色，已经在与外交大臣周旋了。

“本月 17 日，德明来访时说，郭接到总理衙门来的一封信，附有您写给他的信，请他向我探询有关镇江趸船案的情况……郭不愿意让马格里得知此事。”郭公使保密意识还挺强，将此事交办给张德彝而不是首席翻译马格里，德明毕竟是自己人。

“我在巴黎期间，德明在屠迈伦的协助下，把关于镇江趸船案的备忘录译成了中文。他说，郭在听到我的进一步的意见之前不会采取行动。”

金登干的意见，不就是总税务司的指示。既然郭先生如此谦虚，赫德也就当仁不让地发号施令了。

> “郭必须确定他自己的方针，但首先要尽力熟悉案情，然后拟定行动计划。至于威妥玛，他当然急于出头露面。我想，郭还是设法拒绝同他讨论这件事为好，不过郭可能认为不大好意思拒绝他。如果这两个人确实开始讨论起这件事情，威妥玛会变得放肆起来，而郭终于会发现难以坚守住那个要点，即停泊和调整泊位乃是中国的固有权利，从未放弃，而且一向径行裁处，无须通过外国当局……
>
> 一艘船的移动与否，这问题本身是一件小事。但是，英国公使自封的权势也太大了，已经危及一项原则和一项权利的维护，因此，我们必须全力以赴地争个水落石出——争到最后一个人和最后一文钱。”①

赫德在这封信里再一次展示了他“精核缜密”的先见之明，事情的进展与他所预测的别无二致。

---

① 赫德致金登干函，1877 年 4 月 11 日，中国第二历史档案馆海关总税务司署档案。

彼时，正休假在家的威妥玛应英国外交部之邀，来与郭嵩焘会谈。而郭果然没有好意思拒绝威氏，实际上他也希望尽快处理此案。尽管时间的流逝已经使威妥玛的怒气平息，“但他的愤恨之火和受到伤害的自尊仍然埋藏在心里”，他没有忘记上一年7月叫嚣的要给赫德颜色瞧瞧，[①] 因此在与中国全权公使的会晤中，威妥玛把所有的责任全加在海关身上，怪罪税务司撤销趸船的特权，嘲弄海关雇用了两个“乞丐”来调查趸船造成的所谓损害。他甚至编造故事，说赫德已经接受了领事的意见，之所以不屈服，是“以免丢面子”。

郭嵩焘早就见识过威妥玛的跋扈，在其出国前的日记中，不乏“威使气焰殊甚”“竟以出洋期限相逼促，厉色加之”这样的记载。但当时的郭侍郎还是以君子之腹来揣度对方，因为他和李鸿章持同样观点，认为“滇案其詘在我，而中外泄沓，至今不为据实申理，无怪其大肆咆哮”。换句话说，郭嵩焘认为这位同龄人咆哮发泄一番，自有其站得住脚的理由。

可这一次不一样，明摆着是中方占理，却架不住老练的威氏强辩，或许还是赫德说的对，和威妥玛讨论这一事件本身就是一个错误。忧心忡忡的郭公使，只能在日记中感叹：“此事本极有理可据，而威妥玛持之甚力，恐其终至延搁也。”[②]

旗开得胜

郭嵩焘与威妥玛据理争辩，却被他倒打一耙，实乃“中国通商章程未全，遂予英人可乘之机”。眼见案子久拖不决，郭公使又屡次与英国外交部交涉，“外相德尔比虽允予查明，久无结果”。[③]

年近花甲的郭嵩焘钻研起了国际法，他就是要用西洋的律法来作为抗争的武器，所谓以子之矛攻子之盾也。

---

① “他要打烂我们”在另一个中译本里为“他要给我们颜色瞧瞧”，似为英文俚语。

② 钟叔河编：《郭嵩焘：伦敦与巴黎日记》，岳麓书社1984年版，第217页。

③（美）汪荣祖著：《走向世界的挫折——郭嵩焘与道咸同光时代》，岳麓书社2000年版，第191页。外相德尔比即外交大臣德比。

对于威妥玛的给海关颜色看，赫德是这样回应的。

“趸船案件可能会动摇海关的根基，但是，由于我和威妥玛的分歧，我们在中国比他们强大的多，中国人更有力地支持我们，公使馆对待我们不会那么冷淡。至于我自己，我觉得年轻了，朝气蓬勃了，因为为了中国而‘众志成城’。我根本不操心试图使双方都高兴，不再在乎公使馆是否高兴或不高兴！”①

看来两人闹翻未必不是好事，赫德仿若进入了自由王国，心情大好，已经从两头讨好、顾此失彼的烦恼中彻底解脱。怎么办呢？在“帝国油水最多的机构”里工作，拿着大大超出中国最高级官员的薪水，难免会“失去很多英国公使馆和领事官员方面的理解和友善”。

正如上一年他建议用“伟大的李”来对付威妥玛，终使“滇案”尘埃落定，赫德坚信，有当下中国另一个杰出人物郭嵩焘与他联手，一定无往而不胜。连中国都动起来了，还动不了一只小小的趸船？

8 月 31 日，赫德通过金登干转授机宜：

“再次告诉郭，要避开枝节问题。要坚持一点，即无论有无道理，趸船必须移开。不要提出新的要求，也不要放弃任何一点。威妥玛是错的！我没有接受什么领事意见，不是为了面子而战，而是为了中国的权力而战。如果郭放弃观点，或被欺骗，他的行为将损害中国的主权，不会丢掉我的面子。”②

向狂妄的威妥玛开火，仅靠郭嵩焘单枪匹马是不够的，不久，总税务司又一次祭出了“滇案”时运用未遂的“法宝”——舆论造势。根据他指令花了 2000 英镑买下的那家《联合公务报》，该发声了！

赫德向金登干指示道：“我之所以要授权给你去买下那家报纸，就是

① 赫德致金登干函，1877 年 8 月 5 日，中国第二历史档案馆海关总税务司署档案。

② 赫德致金登干函，1877 年 8 月 31 日，中国第二历史档案馆海关总税务司署档案。

为了让它刊登我们可能需要刊登的任何东西，别的时候它一个字也不必刊登有关中国的消息。我曾想过，有关太古行趸船案的梗概就可以构成一篇既有用又有说服力的文章的骨架。如今我已回到北京，今冬也许能够给你寄去几篇文章。在这期间，你能把趸船案公之于众吗？”

转眼就到了这年的11月份，尽管郭嵩焘上个月还在对金登干倾诉他的烦恼——“关于趸船案，他认为德比轻慢了他”，但实际上此时的郭对西洋律法已是运用之妙存乎一心，他早已有了破解之道。当威妥玛辩称中西交涉只能依据条约，不能援引西洋律法时，郭嵩焘这回按照赫德的主意，压根就不接他的茬，而是直接致函外交大臣德比，“严词相诘”，指出通商条约并不能尽列法律事项，“如中国应行管辖地方及江河道路，原属自有之权利”，中国岂能“尽弃自有之权利？”

一番有力指责后，更是气壮山河的声明：

> “此次停止太古趸船准单，实系依照（中国）引水章程办理，尤不得专据保全洋商财产之一言，置大端关系于不问……惟据威公使言，‘中国不能援引各国律法’，诚恐此言一经传播，或至据以为信，则中国律法既不能行，各国通行法律又不得援引，中国实亦无自处之道。本大臣于此实怀焦急之私，不能不据情一言，统希裁夺。”①

接着，郭嵩焘在律师的协助下，“进一步延请英国著名营造司秉公查论”，通过比照西方有关船坞的条例，得出中方要求洋行移泊趸船是正当的结论，并将英国专家的这一意见于1877年11月27日正式照会德比。

这似乎比赫德满天飞的指示和所谓的舆论造势要来得高明，总税务司不得不服，他在3天后给金登干的信中写道：“你来电告知的《工程师意见书》，使我感到意外的高兴。但是，不要让郭停留在这上面。我们为之奋斗要争取得到承认的是：中国的基本权利受到尊重。码头和它受到的损害，那是‘微不足道的’。我想我将为总理衙门起草一封公函寄给郭，要

① 转引自范继忠著：《孤独前驱：郭嵩焘别传》，人民文学出版社2002年版。

他以正常的外交方式向德比勋爵宣读。"[①]

直到1878年2月6日，由于郭嵩焘在情、理、法三方面锲而不舍的努力，终于迫使英方作出让步，外交部复文答允将太古行趸船移泊。但也还留了一个尾巴，即对海关扣留趸船许可证的行动表示遗憾。

移泊一条船，耗时三年半。不管怎样，在郭嵩焘与赫德的密切合作下，终使镇江趸船案胜诉。这难道不是中国外交的一次里程碑式胜利？至此，"中国对其水路的主权被暗示性地承认了"。

巴黎世界博览会

1878年4月27日，"天日晴和，舟行甚适"，郭嵩焘一行穿越英吉利海峡"入法国境……巴黎街道更较伦敦为宽……房屋整齐，不似伦敦之高，而一望鳞次栉比，其富庶之来远矣"。[②]

3天后，巴黎世界博览会开幕式上首次出现了中国外交官的身影，刚刚由清政府任命的兼任驻法公使郭嵩焘，"以头等公使的身份，与法国总统同座，饱览西方科技文明之盛"。在这万余人的出席嘉宾中，郭嵩焘的这张东方脸孔，显得有些孤独，而他的内心，甚至称得上凄凉——半年多前，这位自称从22岁起就开始办洋务的先驱，这位在外交最前沿孤身奋战颇有斩获的公使，居然向朝廷提交了辞呈！

日记毁版

悲剧往往直抵人心，历久不衰。60年后，梁启超说了一个故事，三言两语，就将嵩焘先生在他所属的"天朝帝国"里上演的悲剧经历，呈现在世人面前。

"光绪二年，有位出使英国大臣郭嵩焘，做了一部游记。

① 赫德致金登干函，1877年11月30日，中国第二历史档案馆海关总税务司署档案。

② 钟叔河编：《郭嵩焘：伦敦与巴黎日记》，岳麓书社1984年版，第554~555页。

里头有一段，大概说：现在的夷狄和从前不同，他们也有二千年的文明。嗳哟！可了不得。这部书传到北京，把满朝士大夫的公愤都激动起来了，人人唾骂……闹到奉旨毁版，才算完事。”①

所谓游记，即郭嵩焘出使英国时，从上海到伦敦50天的时间里记下的日记。郭到任后不久，便根据朝廷规定，将其亲自润色整理后抄寄总理衙门，“以期有益于国”。谁知这本以《使西纪程》为名刻板印行，仅有两万多字的小书，竟然一石激起千层浪，引发了轩然大波。

郭嵩焘在日记中所论及的，正是为世人所忌讳的“西洋事宜”，而且“一再称扬”；所针对的正是那些“但以诟毁洋人为快”的朝臣和士大夫，而且严厉质问；所强调的正是“西洋立国，自有本末”，这岂不是动摇“国体”？……这个弄潮儿所称颂的已经不仅仅是制器一类枝节，而是希望学习西方的一切长处，甚而政治、经济制度。这自然触及传统中国的政治意识形态底线，“搅动了几千年来中国的社会心理和思维定式”，换句话说，郭已经走在了前面，而身后的老大帝国仍然拔剑四顾心茫然，怎能不激起朝野上下的愤怒?

编修何金寿挺身而出，弹劾郭嵩焘“有二心于英国，欲中国臣事之”，伏祈皇太后、皇上圣鉴，“立将其《使西纪程》一书严行毁禁，庶于世道人心尚堪补救”。②

于是，围绕这本书或曰郭嵩焘的命运，形成了针锋相对的角逐。

彼时，错综复杂的各种派别中，湘系在曾国藩去世后已大为沦落。政坛的主角是洋务派与清流派，前者在中央的代表是恭亲王奕訢，在地方的代表为李鸿章淮系，后者反对洋务，为以李鸿藻为核心的清流集团。

日记毁版与否，其实就是这两大派别的较量。

奕訢与郭嵩焘素有私交，《使西纪程》是经他亲自审阅并交由同文馆

---

① 梁启超：《五十年中国进化概论》，载《申报五十周年纪念文集》。

② 何金寿：《奏为兵部侍郎郭嵩焘使西纪程一书立言悖谬失体辱国请饬严行毁禁事》，中国第一历史档案馆藏军机处档案。

刻印的，总理衙门大臣宝鋆、沈桂芬、董恂等人与郭嵩焘向来政见融洽，自然挺郭。而几十年来同样致力于洋务的北洋大臣李鸿章，在《使西纪程》刻印前也曾先睹为快，赞叹其“崇论闳议，洵足启发愚蒙”。[①] 因此他们均反对毁版。

但是，总理衙门并非铁板一块，朝廷重臣李鸿藻本身也是衙门成员，以他为首，形成了一股强大的反郭势力。对洋务派的一切言行，清流派几乎不放过任何一次攻击的机会，正如京师同文馆差点在其攻击下夭折，《使西纪程》一书又给了他们一次绝佳的机会——通过支持毁版来打击郭嵩焘，“进而打击洋务派，是同光清流党下的一着妙棋”。

两派唇枪舌剑，你参我奏，官司打到了具有生杀予夺大权的慈禧太后那里。面对朝野上下的一片指责谩骂之声，慈禧自是顾及舆情要紧，于1877年6月16日对总理衙门下发了将此书毁版的谕旨：“相应钞录原奏，传知贵衙门钦遵办理可也。”轻描淡写的“可也”两字，酿成了令郭嵩焘无比痛心的日记毁版事件。而正是这一事件，让他死后都不得安宁。

郭嵩焘是8月18日得知这一消息的，心情郁闷至极。日记传到国内后“群情汹汹”，他多有耳闻，也没太放在心上，郭侍郎早就是“谤毁遍天下”了，何惧于此？但是，嵩焘先生万万没想到，太后居然会翻脸不认，出使前她的那些贴心窝子的温言软语犹在耳畔，真是彼一时此一时也！

心灰意懒之际，副使刘锡鸿也乘机发难了，指责郭有三宗罪：

> “一、游甲敦炮台披洋人衣，即令冻死亦不当披。
>
> 二、见巴西国主擅自起立，堂堂天朝，何至为小国主致敬？
>
> 三、柏金宫殿听音乐屡取阅音乐单，仿效洋人之所为。”

这还不算，后又密劾郭氏十款，明明是会谈比如“镇江趸船案”等涉外事件，却被刘副使揭发为郭与威妥玛“尤相亲昵”，“往往闭门密语，不知何所商谋”，言下之意，简直是里通外国了。

---

① 李鸿章：《李文忠公（鸿章）朋僚函稿》，台湾文海版，第1310页。

当初李鸿藻举荐刘锡鸿出使英国，正是要在郭嵩焘身边安插一枚“钉子”，现在果然派上了用场。

多重打击之下，郭嵩焘萌生退志，奏请因病销差。朝廷一时找不到合适的人选，让他再延长一年。从 1877 年 9 月之后，郭只是权且留任，等待新任公使到来移交，但就是在这样身心俱疲的状态下，他仍旧拖着老迈病躯，忍辱负重，站好最后这一班岗。

赫德赛会

光绪四年（公元 1878 年）正月二十六日，李鸿章致函郭嵩焘，信中写道：

> “本年巴黎炫奇大会巨观，鸿章神往，而力不能赴，藉得游目骋怀，亦盛事也……就近挈随员与会，总署派赫德招商运货前往，闻颇可观，借拓眼界。”

“炫奇大会”，即世界博览会，它还有一个别名，是谓“赫德之赛会”，这，又是怎么一回事？

原来，自从第一次世界博览会在赫德的家乡——英国伦敦举办后，作为一个神秘的东方大国，清政府便经常会收到各式各样博览会的邀请，但晚清国人对海外事务知之甚少，有机会出洋游历者更是凤毛麟角。虽然在列强“坚船利炮”的淫威下，“天朝大国”已从唯我独尊的迷梦中逐渐苏醒，但面对世界博览会这一新鲜玩意，还是既感到迷茫也没有参与的热情。

▲巴黎世博会时期的赫德

负责中西事务的总理衙门对此总是一推了之。就像其掌门人奕訢对赫德西装的态度，虽也有些稀罕，却绝不会套在身上。

赫德自有办法，他不厌其烦地对恭亲王开展了思想工作："各国举办博览会的目的，无非是汇聚本国及各国的新奇发明和商品，中国如能参加，不仅能促进贸易和交流，还能提高国际地位。"适逢奥匈帝国邀请清政府参加维也纳博览会，总理衙门便发布札文，"因海关掌握商品情况、又有专业验货人员，易于进行展品的征集"，授权赫德统管筹办参展事务。

得到尚方宝剑后，赫德抽调精干海关洋员，迅速建立起一个筹办世博会的专职机构，包括组建中国政府正式代表团、征集和发运展品、展馆建造和布展、协调和接待等一系列工作都高效有序地开展起来。自此，世博会大家庭又多了一张新面孔。开了这个先例以后，赫德便将世界博览会当成了自留地。据统计，从 19 世纪 70 年代至 20 世纪初，他领导下的海关洋员承办并代表中国参加海外博览会共计 28 次之多！在清廷档案里，博览会之称谓有"赛会""万国赛奇会""赛珍会""炫奇会"等，有人因此戏称此乃"赫德之赛会"。尽管多有揶揄，但无论如何，其时饱受西方列强欺凌的中国至少有机会走向世界，并在世博会这个奇妙的舞台上收获鲜花和掌声，当属幸事一桩。

在这近三十次博览会里，赫德最最上心的，就是 1878 年巴黎世界博览会。原因很简单，正像李鸿章信里所说"总署①派赫德招商运货前往"，这是世博会历史上总税务司唯一的一次御驾亲征。

整整 12 年了，自从上次回国省亲和结婚，赫德好不容易才争取到第二次回欧洲休假的机会。除了主抓世博会筹备和出席开幕式，他还要为清政府秘密洽购军舰，顺便回家省亲并在度假胜地治病与疗养。

海关事务如此繁剧，是该好好歇息一阵了。

还是在年初，赫德便开始仔细谋划，如何能在众多参展国里脱颖而出呢？赫德与他的得力干将金登干反复磋商，认为只有浓郁的"中国元素"方能激起西方人的兴趣，最终决定要"建筑一座轻巧而明亮的中国式展馆"，使之"成为博览会的一颗明珠"。

连中国代表团驻地等一干细节，赫德都要一一过问，更别说代表团团

① 总署即总理各国事务衙门简称。

长的住处。

> “我所需要的是一所供我从4月20日到博览会闭幕整个这段期间里住的房子，希望房费和家具费一共不超过2000英镑。我所要的房子是一所单独的房舍，而不是别人房舍中的一套住房。我希望有个小花园，供孩子玩耍，至少要有两三间起居室或客厅，五六间卧室……”

可怜的金登干又得跑断腿去费心布置，总税务司不是那么好侍候的！这次荣归故里，或曰衣锦还乡，要的就是大场面，大气派！

“我们一定要在5月1日那天做出一个盛装的亮相，我如到达那里，一定和大家一样穿上制服。如果我能成行，从明天算起，离动身的日子还有四个星期，只有四个星期了——好哇！好哇！！好哇！！！”

看来总税务司是真心激动，以至都有些小小的失态。不过，赫德还是担心总理衙门的人会耷拉着长脸，在最后一分钟阻止他成行。

东方明珠

伦敦和巴黎，此乃西方文明的双城记，“备极一时之盛”。郭嵩焘在前往巴黎躬逢其盛之前，就已经在伦敦领略过世博会的魅力。那是1877年5月，郭率同张德彝等人，受邀前往水晶宫参观，这座1851年伦敦世界博览会的标志性建筑，“宏敞巨丽”，给郭公使一行留下了极为深刻的印象。

及至巴黎筹备世界博览会，郭嵩焘兴致更浓，对清政府的展陈准备倍加关注。当他听闻本次盛会的规模和内容后，在日记中写道：“殆非中国之力所能及矣。”但看到有报纸报道“中国赴法国赛奇会，始终赫德一人任之，国家并未一究心”，感到略有不满，尽管他对赫总税务司相当推重，但我堂堂中华，就再无能人？

1878年5月1日，巴黎世博会如期隆重开幕，共有来自世界各地的36个国家参展。开幕式结束后，郭嵩焘陪同法国总统麦克马洪和其他外国使节，前往中国馆参观。

展馆前龙旗招展，鼓乐喧天，赫德和他的弟弟赫政，以及金登干等手下税务司们，穿着专门定制的海关礼服，列队欢迎。中国馆果然让人眼前一亮，只见它“辕门旗斗，威严壮观如外省公署。左右两辕门，飞檐正厅三间，陈设螺钿几榻。院中央一小亭……”陈列的展品也极富中国特色，瓷器、古铜器、雕刻象牙、折扇等，“奇珍异宝，罔不毕具”。

中国展馆在巴黎世界博览会上大获成功，一共获得 103 个获奖证书，包括 6 个金奖、29 个银奖、29 个铜奖、39 个荣誉奖，成为这届展会上耀眼的东方明珠。由于筹备工作的出色表现，赫德和他的海关洋员们被博览会组委会分别授予“荣誉军团司令”和“荣誉军团军官”的称号。

海关事务包罗万象，为什么赫德对世博会如此重视？我们从其筹备巴黎博览会的总税务司通令里似乎可以发现端倪。他对各口岸的税务司们谆谆教导：“这类博览会，以及很快到来的其他博览会，它的好处在于产生一种有用的结果，一方面，激起（中国人）对别的国家正在做的事情的好奇心，一方面，（博览会）给予中国展品的赞扬可以大大改变过去对这种参与的不情愿，而每一次参与，都使中国可以与外界建立更密切、更友好、更有利的联系。”

其实，赫德真正的良苦用心，是向西方显示海关尤其是他本人在中国的影响力。在这次世博会期间，他如愿以偿，法国政府授予他荣誉爵位上级爵士勋章。这离他自小就有的爵士梦，仅有一步之遥。为什么不是自己的母国呢？难道自己这个不是总督的总督，为维护大英帝国的在华利益做了那么多的工作，那些所谓的大人物都视而不见吗？

▲ 赫德夫人

不管怎样，赫德本身已经是一颗耀眼的东方之珠，一位了不起的大人物，他回到自己的出生地波塔当，一掷千金买下大片土地，他带着浩浩荡荡的一大家子，在法国、德国和英国的疗养胜地尽情地享受生活。感谢上帝！那个当年怀揣一百英镑离家闯荡的年轻人，已经走向了人生巅峰。

就在赫德充分享受一个大人物的风光时，郭嵩焘也被世博会上展出的各种新发明、新制造所吸引，那些落寞和不快都被每天新鲜的刺激所替代。“他看到了太多以前想都没敢想的东西，比如抽水机啊，想要水就抽点过来，不想要了就抽点过去。中国是农业大国，几千年来靠天吃饭，如果有了抽水机这玩意就可以旱涝保收了。”

郭嵩焘有没有买一台试试水我们不得而知，但他却迅速变成了大发明家爱迪生的粉丝，尤其对他发明的留声机钟爱有加，不仅在日记里作了详细的记录和描述，甚至还购买了一台展出的样品。

在展会上，爱迪生还为郭公使等人演示了贝尔发明的电话机——“传声机器”，并详细地解释了声波原理，以及电话之所以能万里传音的科学道理。

事后，忠实粉丝郭嵩焘在日记中表达了滔滔不绝的仰慕，谓“爱谛生以此筒传话，数万里外无或爽者，真神技也”，给予了高度赞扬。

哪里料到，此举又是一条罪状，清廷的保守官员讥讽他“喜好奇巧淫具”。

世博会进行两个月时，法国政府和富商共同出资，举办盛大的灯火和音乐晚会盛典。郭嵩焘再次赴法，带上了夫人和 3 个月大的孩子。

6 月 30 日，巴黎满城竖旗张灯，“树上河中，点亮万盏灯火，皇宫船上，响起欢快音乐”。晚上，街道禁止车行，郭公使一家及随员数人一路步行，“但见玉宇珠霄，无不通明透彻，真极耳目之大观矣”。

在五光十色的烟花映衬下，在此起彼伏的呼啸声浪里，花甲老人郭嵩焘手舞足蹈，兴奋得像个孩子。是的，他就是一个光明磊落的海外赤子，怎么就有辱国体了？不就是在日记里赞美了那个曾发动了鸦片战争、火烧圆明园，还要清廷去道歉的英吉利吗？可是我们为什么不能学习人家先进的地方呢？还有法兰西举办的这届让人眼界大开的世博盛会，难道我们真的能视而不见吗？别说和西洋列国比了，就说说那小日本吧，他们的场馆显得清雅疏淡，天然修洁，而中国之建筑，费用浩大，这就是实实在在的差距啊！

郭嵩焘清楚，他的这番言论，显然不符大国官员身份，一旦传回国内，又是一场轩然大波。

但符不符合身份，似乎已不重要了，巴黎世博会结束时，郭嵩焘的驻英法使命，也已进入倒计时。当郭接到总理衙门电报，已派曾国藩之子曾纪泽来接替他时，不禁发出了“苟延性命以归，实所深幸”的感喟。

此言不虚！“总署本拟将郭氏查办治罪，因李鸿章力持不可”，“姑念郭嵩焘驻英以来，办理交涉事件，尚能妥为完结”，才算保住面子。[①]

① 钟叔河编：《郭嵩焘：伦敦与巴黎日记》，岳麓书社1984年版，第43~44页。

第六章 业余外交家

自从洋人的坚船利炮轰开了清王朝的大门，“四海升平、八方宁靖”便成了清王朝的古老传说。到了19世纪80年代，边疆危机愈演愈烈。西北面，沙俄侵占新疆部分地区，中俄战云密布；东南面，法国从越南侵入广西，中法爆发战争。

“战争爆发了，但海关并没有垮。由于海关所起的作用，海关反而更加强壮。”早已走向人生巅峰的赫德，此时插手清政府的外交活动，已是如鱼得水。特别是在中法战争中，他使出浑身解数，主导了一场“中国不败而败”的闹剧，成为其在华生涯中的一件大事。

不过，赫德还是谦逊地将他进行的外交活动称为“业余外交。”

这也太任性了吧！

1875 年 5 月，陕甘总督左宗棠受命于危难之际，被朝廷下诏授为钦差大臣督办新疆军务，率领大军西征。对于这位晚清名臣来说，这是一场只能取胜不能失败的战役，他没有退路。

烈士暮年，壮心不已。64 岁的老将军携带着林则徐当年绘制的地图，志在收复新疆，抵御沙俄。

这是一次来之不易的征伐。

▲左宗棠

厉兵秣马

清朝社稷，大好江山，既是中国的，也是世界的。大英帝国在华占绝对优势的贸易使所有大国感到嫉妒，如此甘美的肥肉，谁不想分一杯羹？还是在 1864 年，浩罕国军官阿古柏借民乱之际窃踞新疆，自立为王，这标志着 160 万平方公里的万里腴疆，脱离了清朝的实际版图。眼看阿古柏在新疆得手，俄国便有了可乘之机。此前，俄国已经在第二次鸦片战争中，趁火打劫，侵占了中国 100 多万平方公里的领土，但沙皇的野心远不止于此，又以“安定边疆秩序”、保护陆路贸易为由，于 1871 年出兵号称“代清朝占领伊犁”，次年却又承认阿古柏政权，换取了在南疆通商的权益。

阿古柏侵入新疆，正值日本侵犯我国台湾，东南吃紧之时，一时间，朝廷内部引发了一场“海防”与“塞防”的大辩论。李鸿章认为平定新疆年需兵费三百余万两，“纵令收复，徒增今后漏卮，殊为不值”。而日本为中国大患，主张暂停西征，节饷以备海防。所谓“新疆不复，于肢体之元气无伤，海疆不防，则腹心之大患愈棘”。

左宗棠不这样看，大清的江山社稷已然丧失得太多，作为陕甘总督，不能再让哪怕一寸国土从他手中“溜走”。他主张塞防，“宜以全力注重西征，俄人不能逞志于西北，各国必不致构衅于东南”。

各地方督抚除少数支持左宗棠的“塞防”主张外，多数官员支持李鸿章的“海防”建议。其中最主要的原因，还是朝廷财政困难，经费奇缺。对于年收入不足8000万两银子的清政府，无论是海防或是塞防，均难以应付。关键时刻，文祥挺身而出，既积极主张筹办海防，又极力支持左宗棠进军新疆，加强塞防。

他相信左宗棠，相信他那支无坚不摧的军队。在廷议时，力排众议，坚决主张西征，坚决打响新疆战役。文祥的显赫地位和坚定态度直接影响了慈禧太后，太后终于下了决心。

1875年5月30日，总理衙门奕䜣等上奏，给这场大辩论画上了一个句号。当天，朝廷明发上谕，派李鸿章督办北洋海防事宜，派沈葆桢督办南洋海防事宜。这就是所谓的“分洋分任”。至于海防塞防之争的另一位主将左宗棠，朝廷任命他为钦差大臣督办新疆军务，“速筹进兵，节节扫荡”。

而左宗棠也的确没有辜负朝廷的希望，西征大军兵锋指处，所向披靡。阿古柏见大势已去，日夜哭泣，服毒自杀。于是，天山南北两路收复后，整个新疆只剩下伊犁仍被俄国占据。

伊犁土地肥沃，有丰富的石油和矿产资源。赫德断定，“俄国肯定要掠夺这块宝地”，不会轻易吐出这块到嘴的肥肉。果然如总税务司所料，当年俄国信誓旦旦，一旦清军收复北疆就立即归还，如今左宗棠的西征大军连南疆都收复了，俄国仍恋栈不去。

新疆之名为乾隆所起，意思是“故土新归”，“伊犁”为维吾尔语，取义于“犁庭扫闾”，只要“塞外江南”伊犁一天不回归故土，新疆危机便一天不能解除，“犁庭扫闾”的寓意“西陲永保安宁”就只能是一纸笑谈。

既然俄国许下了诺言，没实现怎能就作罢？清政府指望通过外交途径进行交涉，谁想到，昏聩无能的外交大臣崇厚，出使圣彼得堡后擅自带回一纸《里瓦几亚条约》。“一回到北京，这个自鸣得意的特使就得意不起来了：他被逮捕革职”，原来，在崇厚签订的条约中，俄国虽然交还伊犁，但割去霍尔果斯河以西、特克斯河流域等战略要地，使得伊犁以西以南险要尽失。“实际上把伊犁富饶部分的土地和天山关隘拱手相让，由于如此罪大恶极，刑部判处他砍头死刑。”1880年2月，清廷再派接替郭嵩焘的驻英法大使曾纪泽前往俄国重新订约，同时命左宗棠统筹新疆南北战守事宜。左总督当即调兵遣将，定下兵分三路、武力收复伊犁的战略方针。

中国政府表现出了难得的硬气，不仅直截了当地拒绝批准《里瓦几亚条约》，还厉兵秣马磨刀霍霍。“在北京的中国人和外国人都感到战争是不可避免的。”

俄国代办谴责如此判决崇厚，说是“中国的阴谋。他要外国公使联合起来，要不就会一个一个被赶走”。德国公使并不反对战争，因为战争往往给中立国带来巨大利的益，他乐观其成。而法国代办则认为，法办崇厚乃杀鸡儆猴，实际上是排外的一个信号！

英国人又怎么看呢？英国驻华全权公使威妥玛面对将要爆发的战争，感到非常吃惊！赫德担心中国马上就会被打得四分五裂。考虑到英国巨大的利益受到威胁，威妥玛甚至有了与中国结盟、帮助中国组织自卫的打算。如此这般，英国军官又能加入中国军队，就像当年一起对付太平军那样。热心的赫德表示，假如“没有法律上的障碍，他明天就可以得到授权，招募100个英国军官，开始训练一支1万人的中国军队”。

同威妥玛一样，赫德与已是直隶总督的李鸿章保持着密切的联系，“很自然，一讨论到中国需要现代军队时，就要提到戈登的名字。16年前，赫德是李鸿章和戈登之间受欢迎的中介人”，过了这么些年，当赫德再次提出建议，要邀请戈登来中国了解情况时，李中堂大人又作何感想。

正所谓不打不相交也。在当年“苏州杀降”一事上，戈登无疑站在了道德的高地。连李鸿章自己都在私信中说：“此事虽太不仁，然攸关大局，不得不为。”尽管李清楚戈登鄙视他，但他一方面得意于自己的驭夷成功，一方面又佩服戈登的契约精神。其实李鸿章有所不知，两人还在因杀降事件闹僵时，戈登就曾致函英国公使称：“彼所认识之中国人中，只有鸿章最杰出之人才，最热心于西化。”

看来，这对“冤家”还真是惺惺相惜，再加上赫德这样出色的中介人，缘分还未到结束的时候。

天降甘霖

1880 年 5 月 26 日，左宗棠率领大军离开肃州大本营，向伊犁进发。抱病出征的他命人抬了一口油漆成黑色的空棺材，紧随其后，表明战死沙场的决心。《清史稿》里记载的“宗棠舆榇发肃州”，便是这悲壮一幕的真实记录。与此同时，曾纪泽也辗转抵达圣彼得堡，重启谈判。5 天后，身在英属印度的戈登接到了赫德通过金登干转给他的电报。电文如下：

> “戈登上校，我奉命邀请你到中国来。请你务必要亲自来看看，这个干一番大事业的机会，不要贻误。工作、地位、条件可以在你来时同你本人商定，会令你满意。一定要请 6 个月假到这里来一趟，通过金登干回电。”

如果说这世界上有一种雨叫作及时雨的话，那么这封电报就是从天而降的甘霖。“对于戈登来说，赫德的邀请是上帝的召唤”，此时，他刚刚辞去印度总督私人秘书职务两天。秘书这个职务，完全不适合暴躁好斗的战争狂人，他从不愿接受哪怕是来自总督的任何命令，他极端厌恶英印社会虚设的职业和虚伪的奉承，他至死也弄不明白英国陆军部的蠢蛋怎么会做出如此荒唐的安排。

▲19世纪80年代的戈登

戈登当即决定接受邀请，就像上了发条一样，他立刻就有数不完的事情要去做。先通知陆军部他要到中国去，要不准假，要不就接受他的辞呈，然后要制定中国如何对抗俄国从满洲入侵的方案，还得仔细研究怎样切断俄国的交通。

离开孟买前，戈登向新闻界发表讲话，说他到中国去，决心要说服中国，为了中俄两国的利益，特别是英国的利益，不要同俄国打仗。他的话很有轰动效应，很多人知道这话应该反着听，上校是在明确地向世界宣布：他将再次为中国效劳，只不过这一次不是去镇压反对清廷的叛逆，而是去同强大的沙俄帝国作战！

“这个古怪的天才，一直都在追求冒险，幻想如果发生战争，中国再一次给他领导权，组织和装备一支现代化国防军的问题就会基本上得到解决。”

现在，机会来了。

戈登也许是太长时间没有仗打，或者说他是被憋坏了，这一连串行为怪异举止乖张口无遮拦的举动，不能不让英国有关方面感到紧张，“对戈登独断独行的态度很不满意”。这下，又轮到赫德出场了。他通过金登干向英国陆军部这样解释为什么要邀请其麾下的上校军官到中国去：

> “在目前的情况下，中国政府还不能向英国政府申请要戈登上校为他们服役，因此只是通过赫德，请他出来看看这是什么工作。就是戈登上校什么事也没做，他到中国就会有巨大的道义影响：也许就会挫败围绕在中国当局的冒险家和别有用心的顾问。实际上，这可以看成是阻止战争，保护和平的一个步骤。”

有理由相信戈登并不清楚赫德在背后所起到的推动作用，否则他不会在回到阔别16年的中国后，干出抛开总税务司的事来。7月初，当上校终于抵达上海时，他所熟悉的太平军时代的落后旧中国已经过去，不过兜头给他一盆冷水的是，他发现过去战争时代的中国朋友都发胖了，“发胖的过程使他们失去了社会和政治冒险的雄心。他们成家立业，不打算为了国家的利益而牺牲生命和财富”。戈登了解得越多，情绪就越是低落。记得他当年离开中国时曾经这样寄语：“中国人民耐劳易使，果能训练有方，贵国自可转弱为强。”如今危机四伏，哪有半点转强的影子？

这时，他收到赫德热情洋溢的信函，催他直接到北京，越快越好。没人知道当时到底发生了什么，是不是总税务司的信来得不是时候？反正“对于戈登的脾气来说，这样的建议是不妥的”。他倒是往北一路进发，但却直接到了天津，并待了好几个星期。直隶总督兼北洋大臣李鸿章热情地欢迎他，希望值此中俄战云密布之际，利用他的声望来说服各主战大臣。

从老上司口中，戈登获悉了此时中国复杂的政治局面，“以醇亲王、左宗棠和沈桂芳为首的反革命分子的势力正在上升，他们叫嚷要进行战争，而尽管中国作了广泛的准备，但还无法同俄国开战，而且国外还有一股强烈的反满情绪，因此一宣战，中国就会被打败，也许就成为清王朝的末日了”。

戈登还从其他的渠道听到，外国正阴谋通过兵谏来拥立新的皇帝，皇帝的人选，就是李鸿章本人！出于对老上司的忠诚，戈登决定留下来，帮助他对付“反革命”。

这个天才古怪倒也罢了，天晓得他怎么超前到了如斯地步，在19世纪80年代就能冒出“反革命”这样的词汇。

然后戈登就到了北京，他绕过赫德，直接就来到总理衙门，拿出一份详细分析中国西北危机的备忘录，开始高谈阔论，“他鼓吹和平，就是支付赔偿也要和平，但是如果他们决心要打的话，要把皇帝和中国政府搬到中国的中部，使北京郊区和农村成为荒地。这样就是俄国要占领北京，也会感到尴尬，战争以游击战为基础”。

大臣们听得目瞪口呆。如果让皇帝离开北京的话，那么清王朝岂不是有垮台之虞？真乃朽木不可雕也！戈登发现他的建议得不到附和，当即又叽里呱啦好一顿数落，吓得译员连气都不敢出，更别说翻译了。于是戈登拿出一本字典，翻到某一页，将他想说的关键词指给大家看。

这个词是“愚蠢”。

临别赠言

对戈登这匪夷所思的言行，包括刻意回避自己之举，总税务司并没有生气，他认为那是“因为误解，一时冲动的行为”。赫德写道：“戈登还在天津，非常古怪，他几个小时的祈祷，以灵感来行事。他到北京来，吹嘘中国弱小，俄国强大，必须和平，而总理衙门根本听不进去。他从不和我见面——认为我是麻烦的起因——他写信给法国和英国公使来谴责我，他已放弃了他的使命，可能还想吵架，过几天又会放弃李鸿章。”

看来，最了解戈登的人还只能是赫德，他的预言真的成为现实。就在前些时，戈登还打电报给英国陆军部，说为解决中国目前的危机，他无法离开，要求辞职以便支持李鸿章。这使英国当局大为愤怒，立即由陆军部电令他回国，但戈登“说他不理睬，继续干他的”！谁曾想，还没过几天呢，“戈登，可怜的家伙，他放弃要与李鸿章共命运的使命，现在又向李鸿章说再见，启程回去了”！

据说戈登向李鸿章辞行时，面对李大人慷慨解囊的一千两赠银，戈登展现出他并非赳赳武夫的一面，将他这些年来对这个清王朝未来的思考，化作二十条赠言。

择其要者有：

“一、凡中国与外国议约须在中国商议，因中国官员若往外国则易于受蒙必致失其本心，终于获罪……

五、中国必为自强之计，否则洋人不能相助整顿一切。务须逐渐兴办此条，必当切记……

六、中国一日以北京为建都之地，则一日不可与外国开衅。因都城距海口太近，洋兵易于长驱直入，无能阻挡，此为孤注险……

九、中国须遍地设立电报，修理运河。此二事较整顿水师尤为紧要。中国有不能战而好为主战之议者，皆当斩首。中国欲与外国争胜，当使华商自往外国，径向制造厂家购买各货，则洋商不能于中取利……

十三、中外交涉未结之案甚多。中国宜派专员查究并从公了结。因各案不结，外国不无介意，实于中外交情有……

二十、中国急宜设立税务学堂，令华人学习关税事宜，以备接替洋人。”①

最后一条逆耳忠言，仿佛就是说给赫德听的……

这还没完，戈登一回到英国，便通过金登干给赫德写信，“说是个误会”。

真是此一时彼一时，赫德再次领教了这个中国成语的深刻含义。除了那些临别赠言，看不出戈登的中国之行还有什么别的价值。或许，邀请他来，本身就是个错误。没有他掺和，曾纪泽在圣彼得堡不是照样干得不错?

的确，“传统科举出身的、以曾纪泽为代表的清政府早期外交官群体”，尽管在外交交涉中尚显稚嫩，但也并非乏善可陈，至少敢与“老毛子”叫板，就勇气可嘉。实际上，曾公使此行带来的两个左膀右臂都没有派上用场，“马格里和日意格都没有参加在俄国外交部的谈判。他们都留在背后。曾到达彼得堡时就得到暗示，如果英国人和法国人来指点他，那谈判就不能顺利进行”。

谈判是战争的延伸，彼时，“中国军队结集在边界上，而俄国的军舰则结集在日本海”，俄国在谈判中还是像对付崇厚一样蛮横无理，几次恐吓曾纪泽要开战。但得知清军在前线调动频繁，左宗棠更是抬着棺材到了新疆，也不敢贸然启衅。

以左宗棠在新疆的布防为后盾，曾纪泽据理力争，总算为中国争取回部分主权和领土。1881 年 2 月 24 日，清政府与俄国签订《中俄伊犁条

① 《李文忠公全书》,《译署函稿》卷十一，中华书局 1987 年版。

约》。“俄国退还所有窃据的领土，换取在伊犁最西部边境的一片狭长的土地和900万卢布的赔偿金。”这一条约依旧是不平等条约，但相较崇厚所签订的条约，实在是不可以道里计！

1886年，当直隶总督李鸿章得知苏丹总督戈登殒命后，失声痛哭。身经百战的戈登少将，即使侥幸逃过了中国太平军起义士兵的大刀，终究也躲不开苏丹马赫迪起义士兵的长矛！为纪念平生打心眼里敬重的仅有的两位外国人之一①，李鸿章当即召见津海关税务司德璀琳，授意他在天津为戈登建一座纪念堂，即天津英租界工部局大楼。

这就是著名的戈登堂，恢宏、气派，两端为三层圆形塔楼，中间两层，两层正中设计为高耸的碑形入口。落成仪式上，望着挂在会场中央的戈登的巨幅照片，李鸿章一边追忆其军事才能，一边百感交集。

▲戈登堂

又过了10年，李鸿章出访英国期间，专程前往戈登墓拜祭。当年戈登“尝上书文忠，论外交军事甚悉，皆荦荦大端，使早从其言，何至有后来丧地失权之祸？不幸而戈所深戒者，吾事事莫不蹈之……戈登有知，应亦自叹其言之不幸而中也”！②

呜呼！甲午战败，丧权辱国，上一年刚刚在《马关条约》画押的大臣

① 另一位是美国总统格兰特将军。
② （清）李岳瑞：《春冰室野乘》下卷之《戈登遗言》篇。

李鸿章，思及春帆楼之耻，再忆起戈登诤言，怎能不老泪纵横？

戈登遗孀甚是感激，送给李鸿章一条在英国名犬大赛中荣获冠军的小狗。李鸿章回国后给其复信，以示礼貌，信中云：

> “厚意投下，感激之至，惟是老夫耄矣，于饮食不能多进，所赏珍味，感欣得沾奇珍，朵颐有幸。”

“朵”是动的意思，“颐”指脸颊，“朵颐”就是动腮帮进食。呵呵，李鸿章把这只洋狗给烹吃了！

巅峰之作

战场上一百个英国军官未必抵得上一个戈登，但在外交战线，戈登的糟糕表现只能证明——每个人只有在适合自己的舞台上才有用武之地。大千世界，又有几个罗伯特·赫德呢？又有谁像他那样具有卓越的无师自通的外交才能呢？在赫德看来，自己的密友金登干，那个忠实实践他“业余外交”理论的伦敦办事处主任，倒也是个难得的外交人才。他所负责的大清海关驻伦敦办事处，本来就担负着这样的职责。

高光时刻

金登干的才干多得“不要不要”的，其中最令总税务司满意的，当属操办 1884 世界食品与卫生博览会，此乃他的登峰造极之作。

这届博览会因在赫德的祖国英国伦敦举办，而且英国王储威尔士亲王亲自担任博览会的名誉主席，故而海关上下均格外上心，尤其是总税务司本人。

20 年来，赫德在大清海关已经确立了他的绝对统治地位，并成功地将威慑力扩张到中国政治、军事、外交、文化、教育等诸多领域。可是，在他的英国老家，人们似乎并不了解他在中国建立的伟大事业，英国政府对此也未予足够的重视，这与他在中国如日中天的声誉实在是不相匹配的。

因此，赫德认为这届博览会是千载难逢的好机会。只有通过办展之机，讨好王室，在上层社会和英国民众中间广泛宣传海关的功绩，才能让他名扬英伦三岛。

金登干很有些跃跃欲试。但时值中、法在越南北部军事冲突不断，东京湾硝烟味越来越浓，战争随时可能爆发，总理衙门一时犹豫到底要不要参会，迟迟未予答复。这下赫德急了，一面不停地在恭亲王面前聒噪，一面索性先斩后奏。

于是，在总理衙门尚未同意的前提下，赫德就和金登干一起“加紧筹划备办，以迎合英国方面对中国参展的热切期望”。1884 年 1 月 14 日，他指示金登干拟好工作进程，并作出最坏打算，“3 月 20 日以前开始干这项工作。到 4 月底你可把东西、你的建筑物准备好。到 6 月 1 日就可把展品等准备好。如和法国发生战争，我们可能不是在一方面而是更多方面完全停下来。或者是，如果总理衙门决定不予合作（虽然我认为不大可能作出那样的决定），那我只能给你寄去少量的物品以帮助展览会”。

赫德真的是有些急不可耐了。当总理衙门又以考虑到经费不足为由而期期艾艾时，总税务司表示可以直接动用他的特别账户，先行垫付。看来，他是铆足了劲以精心打造一场中国传统文化盛宴为名，向英国王室和家乡人民宣扬他的“海关成就”。好在这一番诚心也终于让恭亲王松了口。

既然是食品与卫生博览会，那就先从“吃”入手。曾几何时，中国美食一直为西方人津津乐道，但也只有少部分洋人有此口福。赫德决定借博览会的东风，让中国菜走向世界。按照他和金登干的精心策划，中国展馆里应该有一家中国餐馆、一家中国茶馆及出售中国土特产的商店。餐馆里还要配备能歌善舞会乐器的演员，在客人就餐时伴唱伴奏伴舞，以增进食欲。于是，一支“由海关征召，分别来自北京、九江和广州，由乐师、厨师、侍者、店员，木工、泥瓦匠、油漆工等 30 人”组成的浩浩荡荡的队伍来到伦敦。

彼时，不远万里漂洋过海去英国参展，确实不容易。这些海关洋员口中的“中国佬”都是第一次出国，都不会英语，金登干让伦敦办事处工作人员发给每个人一张卡片，系在胸前，上面用英文写明“系博览会工作人员，若是迷路，请指明回博览会的路”。赫德对这支海关“雇佣军”也分外“关心”，甚至在许多细节上也亲自过问。他指示金登干：“他们不需要宫殿似的套间。你应把他们安排在一起或彼此很近，最简陋的住处也比他们在中国的房子好些。我们须管他们的吃住，大米、蔬菜、咸鱼和猪肉就足够了。可以这么说，他们都是些苦力，他们往返的路费要花一大笔钱，但我希望他们带回好的报道。”

生活起居条件简陋也就罢了，他们在人格上也得不到应有的尊重。中国乐师和厨师刚到伦敦一星期，就发生了比利时籍海关洋员阿里嗣当着警察的面脚踹中国人的事件，虽然金登干出面调解平息了事端，但阿里嗣的行为正是海关洋员长期歧视中国人的结果。可就是这些在赫德和洋员们眼中的“苦力”，凭借着勤劳和智慧，出色地完成了本职工作，可以说如果没有他们的参与，就不会有美轮美奂的中国展馆。

就在赫德与金登干各自分头为博览会忙碌时，前线传来了军事挫败的消息，慈禧以“萎靡因循”之名，将恭亲王为首的军机五大臣全部罢黜，总理衙门改由庆亲王奕劻主持，同时授权李鸿章与法国代表举行和谈，在津海关税务司德璀琳的协助下，李鸿章在天津签订《李福协定》，承认法国对越南的保护权。

▲庆亲王奕劻

法国人的胃口远远不止这些。1884 年 6 月 23 日，法军突然到谅山附近的北黎地区“接防”，炮击清军阵地，清军被迫还击。法国以此作为扩大战争的借口，照会清政府要求驻越清军立即撤退，并赔偿军费 25000 万法郎（约合白银 3800 万两），并威胁将占领中国一到两个海口当作赔款的抵押。清廷明知此乃无理勒索，仍派两江总督曾国荃赴沪谈判，以求息事宁人。结果是尽管曾总督得到赫德的支持，谈判也毫无希望，法国重新诉诸武力。

李鸿章曾经预言：“如果爆发战争，海关就可能会垮台。”这使赫德倍感恐惧。事实上，“战争爆发了，但海关并没有垮。由于海关所起的作用，海关反而更加强壮”。而海关驻伦敦办事处主任全身心投入操办的博览会，也如火如荼地开展了。

头脑风暴

1884 年 7 月 9 日，这一天，身在上海的赫德已经无暇顾及在此谈判的曾国荃了。是日，正是伦敦世界食品与卫生博览会中国展区开幕的日子。在“长 150 英尺、宽 50 英尺”的中国馆内，琳琅满目地陈设着来自中国南北各地的古玩、字画，以及与“衣食住行、生老病死”相关的各种生活用品。这是赫德带领他手下的一批税务司们“分别在北京、天津、汉口、九江、上海、宁波、福州、厦门、广州等地搜集的”，引人注目的是在展厅靠近接待室的显要位置，除了从清驻英使臣曾纪泽处借来的中国典籍、画轴、笔记小说、京师同文馆和江南制造局出版的译作、中国民间工艺品外，还有 40 多种中国古今乐器。在专为展览会编辑出版的《中国展品图示目录》中，还有近 40 页的关于以上每种乐器的制材、形制及功用的简介，中国音乐体系的概说，16 首翻译成五线谱的中国歌曲、乐曲谱例和 8 幅精心绘制的乐器图示。更有意思的是，来参观的人群并非只限于静静地观赏中国展品，或细细地阅读展品下面的解说词，“他们还可以聆听到其中一些乐器所发出的实际音响”。

亏金登干想得出，原来，在中国展厅内有一个由来自北京的 6 名乐师组成的小乐队在现场演奏。

展览取得了空前的成功，英伦三岛掀起了强劲的“中国风”！大批观众纷纷涌入中国馆参观，品中国菜、饮中国茶、买中国货，俨然已成为最流行的伦敦时尚。威尔士亲王等王室成员也多次前来，在中国展馆流连忘返。

威尔士亲王对中国展馆的特殊好感由来已久，这首先要归功于金登干做足了功课。一年前，还是在伦敦召开的渔业博览会上，中国展馆被从各省订购的装饰品装点得别具特色，其周围修建了中国式凉亭茶室和小桥，引起了英国王室的浓厚兴趣，以至于亲王在开幕前就迫不及待地要先睹为快。金登干抓住时机，向亲王汇报赫德的种种海关成就，深得亲王的赞许。在赫德的授意下，金登干扩大“战果”，向英伦三岛的主要报社都送去了精致的中国展品目录，上面印着“赫德爵士敬赠”字样，收到良好的公关效果。

等到渔业博览会开幕以后，威尔士亲王携王妃再度光临中国展馆，依然是那么兴致勃勃。金登干又有新花样，别出心裁地安排了一场仪式——由赫德夫人向王妃献花。在这其乐融融的和谐时分，金登干趁机向亲王夫妇重点介绍海关在中国的光辉成就——灯塔。

其实就算不是为了英国商业和航行的利益，那指引航向的灯塔也拯救了无数生命，成为航海人不可或缺的守护神。赫德确实是有功之臣，颂扬一番也无可厚非，但在金登干口里，赫德简直就成了大英帝国在东方的一座灯塔，光芒万丈。

亲王颔首称许之余，金登干又不失时机地将那些来自九江的花盆、广州的藤椅统统献上。

正是因为上一次尝到了甜头，威尔士亲王夫妇这次有空便来中国展馆，更何况还有种种美食的诱惑！金主任当然照例不会让他们空手而归。亲王夫妇回宫后，向母后维多利亚女王进行了绘声绘色的介绍，女王不便出宫，但也想见识一下到底是什么美味让儿子儿媳如此回味无穷。于是，特地颁旨请中国厨师来温莎城堡，烹制了一桌中国大餐。女王大快朵颐，尤其对那雪白的燕窝汤赞不绝口。《泰晤士报》等多家西方报纸据此进行了大幅报道，中国菜就此名扬四海！

维多利亚女王已经75岁高龄，在她的时代里，大英帝国空前团结，成为有史以来英国最强盛的所谓“日不落帝国”，因此女王在位时期也被称为“维多利亚时代”。这其中，赫德也功不可没。不用威尔士亲王夫妇美言，女王也高度肯定赫德这位“中国新海关的实际缔造者”的能力。正是因为他为大英帝国带来巨大的利益，仅仅半年以后，英国政府便决定由赫德担任英国驻华特命全权公使。但赫德不愿放弃总税务司之职，婉言谢绝，此乃后话。

为了让英国民众更好地了解中国音乐，金登干在伦敦安排了一个正式的剧场，邀请一流的英国乐队和演员来与中国乐师同台演出。这本是赫德与其商量好的规定动作，但英伦三岛刮起“中国风”，金主任也刮起“头脑风暴”，他别出心裁，要求不识五线谱的中国乐师跟着钢琴和八音盒，学习演奏英国的流行乐曲，以此来表达对英国的友好。

这个创意看起来不错，可是赫德认为他们在这么短的时间内是不可能学会的，担心不伦不类的惹人嘲笑，如果出洋相岂非前功尽弃？他便要求乐队只演奏中国乐曲，一向言听计从的金主任却坚持己见。好在中国乐师聪明好学，居然很快就学会了英国乐曲。在专场演出时，英国观众不仅欣赏到美妙的东方丝竹，也被《上帝保佑女王》《上帝祝福威尔士亲王》《快乐的家庭》《再见吧老友》等耳熟能详的乐音所深深打动，在中国乐师谢幕时发出由衷热烈的喝彩，久久不愿离去。

如果说精致华美的中国展品在之前的博览会上只是给予世人悦目的视觉享受，那么这次赫德遥控、金登干操办的世界食品与卫生博览会则另辟蹊径，在味觉和听觉上也给游客们带来了全新体验，以至于金主任在给赫德的总结报告中得意地写道："这次成功是辉煌的！"

"飞虎"号事件

就在伦敦的那支6人小乐队咿咿呀呀地演奏中国风乐曲时，中国的东南沿海出大事了！

1884年8月22日，法国远东舰队司令孤拔率6艘军舰侵入福建马尾港，福建水师坚决执行清廷"彼若不动，我亦不发"的旨意，待法舰从容发起进攻才仓皇应战，多艘舰只未及起锚，便被击沉或重创。不到30分钟，兵舰11艘（扬武、济安、飞云、福星等9舰被击毁，伏波、艺新2舰自沉）及运输船多艘沉没，官兵殉国760人，经此马江[①]一役，南洋水师即福建水师全军覆没。

十几艘舰船悲壮地沉入滚滚波涛，当然，还有清廷撒下的3000多万两银子。

① 闽江下游从福州东南乌龙江与南台江汇合处，至入海口的一段俗称马江，又名马尾。

另辟蹊径

马江海战，本在赫德意料之中。当法军在台海肆虐，将基隆“炮台的炮火打哑了”时，总税务司就断言，如果不采取相应措施，福州岌岌乎怠哉！

彼时，身在上海插手中法谈判的赫德，建议中、法各请一国调处，被法方拒绝，又建议邀请三国调停，但均无结果。面对法国方面节节升高的漫天要价，他派遣税务司贺壁理到总理衙门称：“基隆现被法人轰没炮台，占据煤矿。总税务司面见法国巴使，据云前议四百万恤款，中国不允；现在情形不同，改恤款为边界经费，加至一千万两，仍可了结，基隆亦即退回中国，法不占据。如不肯允，定要轰夺船厂并福州省，再驶船北来索款。到那时候，台湾地方即归法国，是不退还的了！”

如今，法国远东舰队不仅“轰夺船厂”，连南洋水师都“一锅端”，“发生福州事件后，就只有战争，没有其他选择了。退让来换取和平是办不到的。应该是法国必须为袭击基隆和福州进行赔偿”。

的确，这一届的法国内阁，其政治主张中最核心的一项就是殖民扩张，总理茹费理曾直接参与镇压巴黎公社，被恩格斯誉为“镇压公社的可耻的刽子手中最可耻的一个”。如此看来，法国违背对英国的承诺，撕毁《李福协定》，继中越边境后，又在中国东南海疆点燃战火，实在不足为奇。

但是，此举严重影响了英国的在华利益，因此赫德在他的私人信件中忧心忡忡地表示：“五年战争，完全可以扼杀二十五年的贸易。”值得欣慰的是，赫德这一次看到了中国人抵抗侵略的决心，他评价道：“法国人尽管在福州取得了所谓的胜利，但那天真正的荣誉应归于战败的人们，虽然他们无力抵御敌人有预谋的进攻，但他们奋战到底，并且和燃烧着的、千疮百孔的船舰一齐沉没……”这位“中国通”认为，战争拖得越久，中国越不会退让，也越可能发生对中国有利的事情。

8月26日，清政府下诏对法宣战。上谕除了强烈谴责“法人先启兵端”并在军事上作了相应部署外，还严厉声明，今后满朝文武如有再敢陈言赔偿和解者，即交刑部大狱伺候。

这样的态度，无疑对言和妥协的人是个打击。但凭着对清政府数十年的了解，赫德深知，清廷的抵抗是被迫的，抵抗不可能持续太久，它随时都需要通过谈判和第三者的调停来与法国达成妥协。同时他也看到，对调停充满兴趣的人，远不止他一个。

单单那个在《李福协定》上“牵线搭桥”的德国人德璀琳，便已经让赫德十分不爽。他甚至有些后悔，不应该将他从东海关税务司任上调任津海关的，正是在天津，他与直隶总督兼北洋大臣李鸿章越走越近，已经不把总税务司放在眼里了。

不是吗？现在的德璀琳不仅自诩“是李鸿章总督的忠实朋友”，甚至还想和赫德一样，“成为可信赖的指导者，哲学家和中国政府的朋友”。由于“他比一些外交家对东京湾争议的细节更熟悉”，所以李鸿章委托他趁回国度假期间，为中法之间的调停而奔走。尽管赫德对他在欧洲的活动感到不安，写信叫“他好好度假，不要管这里发生的事”，没想到反而刺激他更加积极地进行活动，因为“他把李鸿章比作没有舵的大船，在天津他就是李鸿章的舵”！饶是赫德将他调任粤海关税务司，但德璀琳硬是在广州，就一手完成了《李福协定》的所有前期准备，最后由“李鸿章马上建议总理衙门，指示赫德叫德璀琳赶快到天津来”。

这已经摆明了是让总税务司下不了台，与总税务司对着干。这个叫作德璀琳的税务司，牢牢地占据着粤海关这样显赫大关的负责人职位，却公开地身在曹营心在汉了。眼下，中、法两国一直在军事和外交两条战线上纠缠，这不仅会削弱英国的在华势力，也会殃及自己在海关的地位。中法争端的解决怎么能离开得了他总税务司呢？又怎么能让德璀琳之流专美呢？

转眼到了10月下旬，清政府收到法国总理茹费理提出的议和条件：中国从越南撤兵；重新批准《李福协定》；在条约完全履行之前，法国占据基隆和淡水等。

一时间，英、美、德等国又纷纷打着“调停”的旗号，前来怂恿清政府向法国妥协。总理衙门门庭若市，恭亲王被罢黜后的萧条一扫而空。正当其时，法国人在台湾淡水遭遇的挫败，让清政府有了足够的底气去拒绝法国政府的所谓“和平”方案。

列强的调停陷入了僵局，但是私底下，在慈禧太后、奕劻等人的授意下，李鸿章明里暗里与法国人的求和行动，就一直没有消停。

天津的李鸿章俨然已是可以和总理衙门分庭抗礼的人，“由于他的地位，他的身份，他的老练，他毫无疑问的能力，他对外国人和外交事务的充分了解，他逐渐成了没有委任的外交部长”，马嘉里事件最后的终极谈判便是在这位老练的总督手里完成的，但这一次，赫德有“决心要把他与茹费理的谈判完全掌握在自己手里”！因为他也从来都是“唱主角”的人，号称业余外交，其实活干得异常漂亮，绝不逊色于职业外交家！

赫德知道从哪里入手。清朝最高统治阶层在对法国战与和的问题上充满矛盾，满、汉官僚之间，不同派系之间纷争不断，展开了激烈的权利角逐，导致对法和谈缺乏连贯政策，加上总理衙门信息不灵，对法国国内状况知之甚少。这一切，都给他操纵中法和谈提供了可乘之机。

他所希望的机会，由于下面两件事情的发生更有了可能。

一是英外相格兰威尔出面，在中国驻英公使曾纪泽和法驻英公使瓦亭顿之间的斡旋宣告失败。

二是美国和德国劝中国赔款的调停，因清政府拒付赔款而终止。

赫德喜不自禁，电告金登干：“两者都已失败，我们即可自己着手！”随即指示金登干不妨直接与茹费理打交道，另辟谈判的新途径。

可是，似乎还缺少一个契机。到了 1884 年冬季，清政府在新疆设立行省，使西北得以久安长治，法国人却发出了扩大侵华战争、进攻中国内地的威胁。尽管在赫德的多方奔走努力下，清政府总算表示愿意接受英国的调停，但他还是无法真正走到前台。外交谈判很多时候是很微妙的，中间隔着一个英国外交部，要多麻烦有多麻烦，许多事情操作起来，那是相当不方便。

脑洞大开

每每到了关键时刻，命运之神似乎总会关照赫德，这次也不例外。还是在这年的10月，发生了一起海关巡船被法军扣押的事件，这起本来毫不起眼的纠纷，居然让总税务司一下子脑洞大开。

彼时，法国海军已经宣布封锁台湾海面，但大清海关方面并没有当回事，因为“这种基于一般人道主义考虑的国际工作，不应受到干涉”，负责这片海域各灯塔给养的海关巡船“飞虎”号，照常执行任务。不知是否出于对中国近代海关因战争爆发拟解聘法籍雇员一事的报复，法国海军以“飞虎”号想冲破封锁为由，将其扣押。

“飞虎”号巡船在青天白日进入台湾海域例行公事，既没有进行掩盖，也没有回避检查，所有的证件完整无缺，携带的货物明显是灯塔用品，只是和往常一样，带有少量对付海盗的武器弹药。或许正是这些“可疑物品”，让法国人抓到了把柄。

赫德起先并不以为然，“认为这可能是两个船长间的误会，‘飞虎’号上的英国船长不懂法语，而法国船长不懂英语。当要求释放‘飞虎’号时，得到的答复是，这个问题只能在巴黎解决”。

这样的回答纯粹是推脱搪塞，其用意无非是回避进一步的询问，却在无意间给了赫德一直等待的契机。能不能以此为突破口呢？谁又能说“飞虎”号事件不是老天刻意安排的呢？

现在，伦敦谈判破裂，清政府拒付赔款，该是打出王牌的时候了。赫德写道：“这种非职业的外交手腕，所处理和影响的问题非常重要，就像纸牌游戏……我认为我手上的这张牌是这副花色的最后一张！”

1885年1月7日，赫德指示金登干到巴黎去，直接向法国总理解释“飞虎”号事件。如果茹费理好相处，就和他泛泛地讨论东京湾的问题，解释停火和最终和平的条件，以抓住改善谈判的机会。他再三叮嘱，务必要严格保密，“那些被授权和没被授权在中国或欧洲插手调解的人中，有许多人还很活跃。在伦敦有曾侯和马格里，在中国有李鸿章和德璀琳，他们同以前一样忙碌着……”

4天后，金登干第一次受到茹费理的接见。法国总理不得不俯低身段，因为连《泰晤士报》都开始炒作了：“台湾南部的两座灯塔已经失灵了，中国大陆有11座归‘飞虎’号照料的灯塔很可能要熄灭了，因此将使所有航海的人受到威胁。”金主任并不仅仅代表大清海关，他还代表所有航海人的利益。

▲1883年落成的台湾鹅联鼻灯塔

会谈主题始终围绕“飞虎”号事件，并未跑偏，没有涉及金登干希望的话题。又过了两星期，当第二次会谈即将结束时，法国总理突然问道：“还要我告诉他（赫德）什么事吗?”

这正是金登干需要的机会！他顺杆上爬接下话茬，回答茹费理，“如果要提起总体局势的话，他得到指示，有个机密信息要让阁下亲自考虑”，那种敏捷的样子让人很难想象他是一个瘸子。

然后，金登干询问茹费理，可否接受赫德的建议，在《李福协定》上增加单独条款。得到否定答案后，他像变戏法一样立刻抛出赫德的另外一个建议，如果中国放弃其所建议的边界线，法国放弃对淡水的关税和基隆矿产的要求，就能达成妥协。如果法国愿意讨论这样的妥协，赫德相信他能够使中国接受。

金登干尽力让茹费理相信，“总税务司可与中国最高当局直接联系，如能得到关于以上各点的确实意见，或可能使活动成功，如法国要在现阶段和平解决，这就是最合适的机会。总税务司是中国的官吏，自然要求能有对中国最好的解决方法，但也渴望推动任何可能的方法”。

此言不虚，或许，相对于曾纪泽的血气方刚、李鸿章的圆滑老练，赫德的左右逢源更对法国总理的口味。茹费理说“这种办法从没有人向他提过，这是他所听到的唯一合理办法”。不过，目前他还不能就这个建议作出任何承诺，除非这个建议是从中国的总理衙门传递过来，正式递交给他。

“茹费理的反应令人鼓舞”，不管怎样，终于又有了和平谈判的希望。

对赫德来说，只要打进一个“楔子”，下面的事就好办了。至于取得清政府对法谈判的授权，以他的功力和能量，并非难事。接下来，经过金登干和茹费理在2月8日、2月20日进行的第三次、第四次会谈，事情很快就有了头绪。又经过讨价还价的“拉锯”，赫德已经可以自豪地告诉金登干：“目前的谈判，完全在我手里，我要求保守秘密，并不受干预。皇帝已有旨，令津、沪、闽、粤各方停止谈判，以免妨碍我的行动。”

到了2月26日的第五次会谈，茹费理明显对谈判的进展感到满意。会谈结束时，他用法语通过金登干传递信息给总税务司，“我对赫德爵士给我的希望，感觉满意。我同意只通过一个唯一的居间人，即他自己，并对每一件事保持极度的秘密，直到我们能恢复公开谈判为止。”

2月28日到3月1日，大概是法国军队在越南谅山附近的胜利促进了谈判，赫德电告金登干：“中国政府真诚希望和平，批准津约，宣布媾和。”① 他还让金主任向茹费理转达中国方面的议和条件。这是御前会议刚刚结束后总理衙门王大臣请其转递的，与法国方面的要求基本一致。

虽然中法双方的底牌已经摊开，但真正达成协议仍须经过艰苦的博弈，特别是在谈判期间，中国方面取得了镇南关大捷，法国军队损兵折将，被迫退出谅山。

战败消息传到巴黎，激起公愤，茹费理内阁被迫倒台。被中国人打败后，这位“第二帝国的民主斗士”再也没能爬起来，成了巴黎人的笑柄，直到数年后即将离世还耿耿于怀：“是那些中国人毁了我的一生。”

但中国人的做法，茹费理是到死也不会明白，明明在军事上取得了决定性胜利，但他们却将此作为妥协求和的资本，主张“当借谅山一胜之

---

① 津约指在天津签订的《李福协定》。

威，与缔和约，则法人必不再妄求”，要求赫德赶紧解决谈判问题，否则，“拖延一个星期就可能使几个月的耐心和坚持不懈的努力化为乌有”。

总税务司心领神会，叮嘱他在前方的代言人，“如果同意，马上签字，但决不要在 4 月 1 日签字。‘愚人节’是个不祥的日子”。

1885 年 4 月 4 日，金登干和法国外交部首席政务长官比洛，分别以中法双方合法授权代理人身份在议定书上签字。“赫德像东方人一样，若无其事地向总理衙门宣布这条消息，说从他们把同法国的谈判交给他处理刚好九个月。大臣们顿感轻松快活，欢呼道：‘孩子降生了！’”

岂止是总理衙门当值大臣，整个满朝文武都有理由好好庆贺一番。这终归是中国近代史上唯一一场在军事上不败的战争，签订的和约尽管被法国人打开了西南门户，但一没割地，二没赔款，还有什么不满足的吗？

这一天，正是中国传统的清明节，可以向列祖列宗报喜了。

恋栈不去

对赫德来说，议定书也就是停战协议的签订是“巨大的胜利”，不仅最大限度地确立了总理衙门作为外交部的合法地位，也使总理衙门的新首领庆亲王成为海关的亲密朋友。尽管利用“飞虎”号事件有赌博之嫌，却又堪称神来之笔，以至于他在给金登干的信中反复回味：“我甚至都没让李鸿章巨头知道，或插手这个问题……我肯定直接找茹费理，我们不会有损失。这样做，如果不是厚颜无耻，也是充满风险。但是‘飞虎’号事件正是上帝安排给我们的钥匙，来打开茹费理这扇门。”

或许除了金登干，没人知道这段时间赫德的焦躁和不安，成功的花，人们只羡慕它现时的明艳。对这次堪称典范的外交斡旋，自然是一片喝彩：“大多数的评论，特别是巴黎、伦敦和华盛顿政府官员的评论都是热情的赞扬。”

但令人遗憾的是，英国驻华公使巴夏礼却没有发出一丁点声音，这位老资格的外交家，在协议签订的两周前就死于北京。

要说赫德担任总税务司以来，一共与 4 位英国驻华公使打过交道。他与第一位卜鲁斯、第二位阿礼国关系尚可，毕竟前者曾推荐赫德进京晋见恭亲王，后者是募用洋员海关制度的设计人。第三位威妥玛，那是相当不喜欢赫德的，《烟台条约》谈判期间两人彻底决裂。第四位就是因疟疾在北京去世的巴夏礼，他和威妥玛一样属于对华强硬派，“对中国人又暴躁又傲慢”，对赫德也是不无微词。

海关首长是清政府的雇员，至少名义上应维护中方的利益，驻华公使是女王陛下的使臣，代表的是大不列颠及北爱尔兰联合王国的利益，这两者的关系本就对立的时候居多，相处大为不易。因此，赫德在3月30日参加巴夏礼的葬礼时，很有些百感交集，但就在此时接到的一封电报，更让他五味杂陈了。

这是一封来自伦敦的电报，英国外交部任命赫德担任大英帝国驻中国公使。

赫德的第一个反应是感到茫然不解。巴黎议定书的谈判正处在关键时刻，在安全签字并得到圣旨批准前，千万不能透露这个消息。4月4日大功告成，紧张的时刻一过，一股幸福的暖流将总税务司包裹。从19岁时被英国外交部录取漂洋过海来到中国，到如今的知天命之年被任命为特命全权公使，难道不是达到他当初投身外交事业的巅峰？又难道不是对他海关成就的充分肯定？

尽管与夫人长期两地分居，但这样事关整个家族荣誉的大事必须与之商量。在加急电报中，赫德说“如果他接受，他待在中国的时间也许还得延长，工资也比较少，可能还没有退休金，不过这给他机会做有用的工作，使他在中国的事业达到顶峰”。

电报是明码的，有些事却不能说在明处。谁不知道公使职务是个大大的肥缺，好处多多呢？

赫德要求远在英伦的夫人迅速答复，因为他须立即打电报将最后的决定告诉英国政府。可当夫人回电明确表示接受，而自己也做好履新打算时，不知怎的，那封电报却一直没能发出去！

难舍难分啊！26年的海关生涯，不是挥挥手说离去就离去的。但除了那些近乎血缘般的牵绊，似乎还有些不足为外人道的缘由。

一言以蔽之，接班人问题。

当总理衙门征求赫德的意见谁来接替他时，总税务司提议了他的弟弟赫政。

虽然赫政“喜好游乐，不太喜欢长时间的持续工作”，是仰仗乃兄“在海关内的被保护者”，但经过前文述及的多方历练，即使他现在离开了哥哥的关照，也是个有能力的管理者。由赫政出任海关首长，加上赫德的指点，海关不会偏离既有航向。

按理说举贤不避亲，况且此项提议也得到英国政府的支持，但事实证明，这只能是赫德的一厢情愿，觊觎此职位的，大有人在。不要说海关内部风头最盛的德璀琳，甫立新功的金登干，连老朋友丁韪良博士也得到了提名。当然，中国方面也认为必须“抓住这个机会，把一个高级的中国官员安插到海关首脑的位置上”。

自从李泰国上位，英国人已经把持海关 26 年了，或许风水也该轮流转转不是？

接下来的几个月，去或留，赫德陷入两难的抉择。尽管他无法抗拒出任公使这样崇高的荣誉，但为了海关的信誉和效率，他的底线是必须由自己人来接班。在这场激烈的博弈中，赫政一度胜出，以至于赫德向各口税务司们发出了通报，“充满感情地向他多年的战友告别”，他甚至定在了 8 月 22 日去公使馆履新，因为这天不仅是他的结婚纪念日，而且他担任总税务司的年头也恰好是 22 个。

但在最后的关头，赫德终归还是没有成行，因为他已经明确地得到消息，不管赫政会不会得到任命，总理衙门都无法承受来自李鸿章的压力。一直以来，手握重权的李鸿章大人认为自己才是外交谈判的适当渠道，虽说赫德当下的影响已经达到了顶点，但海关业余外交家们在中法谈判上的嘚瑟表现显然惹恼了李鸿章，他不得不把赫德“看成是在顾问事务上的批评家和竞争对手，而不是合作者”。

现在，“业余”就要“转正”了，就让赫德成为职业外交家吧！李鸿章意识到，他的机会也来了。“让能听从他的指令的人来担任总税务司对他很有利。这会加强他在总理衙门的权力，使他能够容易地利用海关组织来执行他批准的计划。”因此，李千方百计地为他提名的候选人德璀琳争取这个空缺。

赫德不能容忍。“德璀琳要比赫政更出名，他是李鸿章巨头的信徒，在天津促成很多官方事业，如果德璀琳要来担任总税务司，德璀琳就会受到野心家李鸿章的支持和支配。对海关将是有害的！大家都知道，为了使他的靠山高兴，德璀琳很可能会实际改变海关人事和一般组织”，这会使海关冒着倾覆的危险，而且这个危险已经迫在眉睫！

▲德璀琳

总税务司知道他要怎么做了。要维持海关的现行路线，唯一绝对安全的解决办法就是保留现任，就是恋栈不去！由于他在工作上业已取得的成就，深受慈禧太后的欣赏，因此，只要他在，纵然李鸿章想干预海关，也是枉然。

在给英国外交部的一封长长的电报里，赫德既阐明了留任的原因，又直白地向自己的祖国表了忠心。

> “我离开海关，就会使海关受到某些伤害，我就任公使，除了我个人能得到的好处外，我看不到会有相应的益处，经过充分的反思，我决定留任总税务司，我觉得我这样才能对英国最有用处，当然也对中国有好处。我个人对公使馆并不重要，但对海关却是很重要。担任公使职务，环境会削弱我的地位，担任总税务司，则会使我的地位加强。外交部可以相信我，在争取英国的进一步利益上会得到我的合作。”

这真是以不变应万变啊！赫德情不自禁地写道：“中国人对我的决定很高兴，作为总税务司，我的地位比以前更强了。实际上，海关现在可以吹嘘，我们的总税务司被任命为公使，但他拒绝了！”

是的，做一个业余外交家，也挺不错！

第七章

你所不知道的义和团

义和团又称义和拳，本是晚清以来长期流行在山东、直隶一带的民间秘密会社，与当时大部分秘密团体一样，反对满族统治，以“反清复明”为己任。

1898年，以救亡图存为宗旨的戊戌变法以失败告终，在列强瓜分中国的狂风恶浪前，中华民族面临亡国灭种。满汉之争不再成为主要矛盾，义和团转而“扶清灭洋”，支持清廷抵抗西方列强。

这场主要发生在华北地区，中国社会各个阶层广泛参与的民乱运动，最后以1900年数万义和团“拳民”开进北京围攻使馆而达到高潮，直至被八国联军镇压。

义和团事件又被史学家称为“庚子国变”，西方人则称其为“拳乱”。从变乱到善后，赫德“扮演了他在中国一贯扮演的角色——最大限度地维护英国在华利益，同时兼顾列强利益，某种程度上考虑中国特别是清廷的利益”。当然，也没忘了趁机扩大海关的权益。

千古奇变

1898年6月，苏慧廉（W. E. Soothill）牧师偕爱妻苏路熙（Lucy Soothill）来到北戴河避暑。当苏路熙在海滨散步时，遇见一位“秃头，胡子灰白，眼睛灰蓝色”但却“天庭饱满”的老头，她的朋友，瓯海关（驻温州）税务司的妻子介绍说，他是大清国的海关总税务司。

总税务司很风趣，说自己从镜子里看又老又丑。不过，他丰富的人生阅历和过人的文学修养，还是让两位年轻貌美的太太露出仰慕的眼光。

从此，赫德打着蓝色的领带，“每天都到阳关居来给苏路熙等英国人讲述自己的早年经历，回忆太平军占领上海的往事……处理马嘉里事件的经过”。①

直到某一天，苏慧廉牧师被赫德召到别墅，他惊讶地发现这个小老头“脸上放着光彩”，指着桌上刚刚收到的几份皇帝诏书，用一种后来被苏牧师称作“我永远难以忘怀的神情”，大声诵读。

这种大喜过望的神情，深深感染了在座的每一位总税务司客人。

事不关己

1898年注定是一个不平凡的年份。在这一公元纪年的第一天，赫德便进行了一项自从新型海关创设以来从未有过的人事安排——设立副总税务司一职，由其内弟裴式楷来担任。在赫德接手海关的35年中，之所以不设副手，多半是担心大权旁落，或者说这个“工作狂”根本就不需要什么左膀右臂，他有的是精力。

难道63岁的赫德真的老了，感到力不从心？这倒也未必，日后在海边邂逅美女，“佝偻着背”的总税务司不是腰板也直了，全身都充满活力？

① （英）苏路熙著：《乐往中国》，西文善本1931年初版。

有了副手，赫德便放心地将海关日常事务交给裴式楷，在6月11日这一天离开北京，到自己刚置办的北戴河别墅度假去也。十几天前，比他年长两岁的恭亲王终于宣告不治，从今往后，再也听不见这个几十年的上司，几起几落的政治家，亲昵地称呼他“我们的赫德”了。

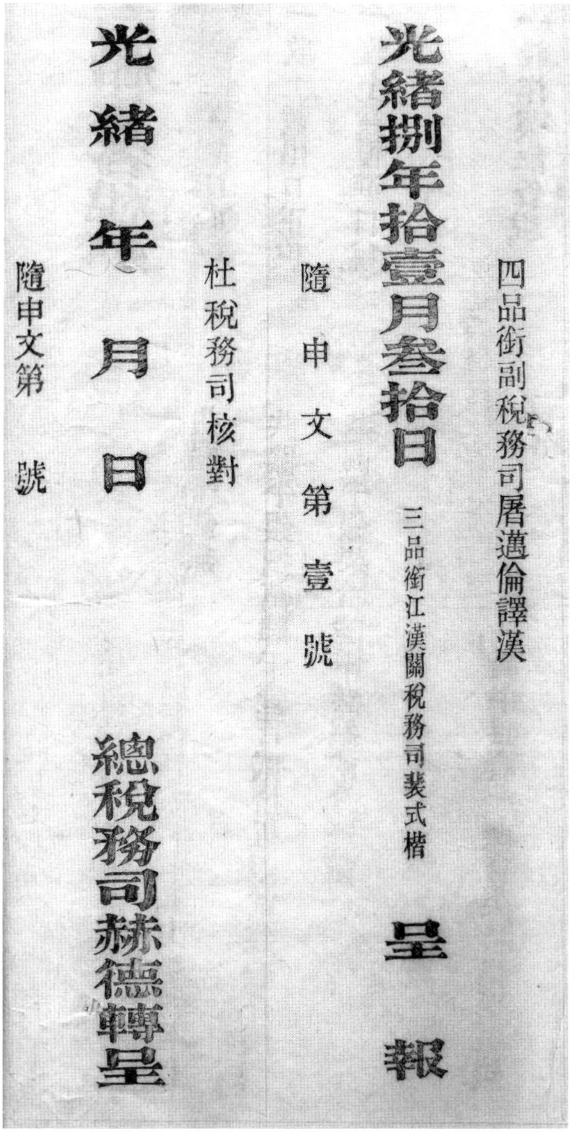
四品銜副稅務司居邁倫譯漢
光緒捌年拾壹月叁拾日
三品銜江漢關稅務司裴式楷
呈報
隨申文第壹號
杜稅務司核對
光緒　年　月　日
總稅務司赫德轉呈
隨申文第　號

▲ 裴式楷呈报华洋子口税款文件

不过，赫德的确没有辜负恭亲王的殷切希望。这一年的海关税收，已经达到了惊人的3000万两白银，是他入主海关时600万两的整整5倍，几乎占了清政府财政收入的1/3。但是，再多的银两也无法填补这个帝国的千疮百孔。如果不是北洋舰队全军覆没，“洋务新政”黯然收场，恭亲王会不会多活几年呢？

怅然若失的总税务司，的确应该好好休息，不说一身的毛病，这么多年，除了在家乡滨海胜地布赖顿疗养，赫德在北京还是第一次离职休假呢。

9月21日，赫德回到北京。偷得浮生三月闲，沐浴着凉爽的海风，接受着美女的膜拜，心情不再悒悒。这一百来天真的只是在避暑休闲养病？那几份皇帝诏书到底是何内容？熟悉中国近代史的人，从他这一去一回两个时间节点，不难发现端倪。

离京的6月11日，不正是光绪帝颁布明定国是上谕，实行新政那天？回京的9月21日，恰好是慈禧发动宫廷政变，捕杀维新派，囚禁光绪帝的日子！这惊心动魄的103天风云变幻，正是中国历史上惊天动地的大事件——“戊戌变法”，又称“百日维新”。而赫德在北戴河收悉的那些皇帝诏书，便是这次变法所颁布的新政法令。

这样的巧合真乃天造地设。莫非神通广大的赫德通过高层关系事先就获得光绪改革的准确消息？这种情况完全有可能，还是在年前，德国借口巨野教案，强占胶州湾，列强的瓜分狂潮促使改革提上议事日程，光绪的老师翁同龢几次到总理衙门与赫德会晤，探讨能否一起做一些赫德过去提出过的改革设想。1898年1月16日，两人密谈后，翁同龢在日记里记下了赫德的话：“四十余年，食毛践土，极思助中国自强，前后书十上，无一准行者，大约疑我不实不公耳。今中国危矣！虽欲言无可言矣。”

翁同龢评论说："其言绝痛，有心哉斯人也。"①

看来，虽说赫德主张改革的政治立场肯定站在光绪一边，但仅仅是持同情的态度，对维新党人的某些做法，并不是完全赞同。他事后的尖锐评论印证了这一点："皇帝的变法的方向是正确的，但是皇帝身边的顾问康有为为了实现自己的政治抱负，将原本应该花 9 年时间按部就班推行的政策，在短短 3 个月时间就强制推行，再大的胃也不可能一口气就消化！"

那么，会不会是赫德知道消息后，考虑到他如果留在北京，很难避免卷入维新运动，于是故意离开政治中心，来到北戴河休养呢？在这个多事之夏置身事外，既能取得帝党的谅解，又可保留太后的信任，所谓不偏不倚，两派都不得罪，不正是这个"有心人"多年以来的一贯做派？

如果说这样解释 6 月 11 日离开北京，也还符合逻辑，那么，为何赫德正好又在 9 月 21 日这天出现在北京？依据当时的通讯和交通水平，赫德绝对不可能在当天得到消息后立即赶回京城。难道说慈禧太后要发动政变的情报，他居然也会事先知晓？这种可能性微乎其微，调集军队软禁皇帝这样的绝密，是不可能泄露的。换句话说，如果走漏了风声，这场宫廷政变恐怕早就"流产"了。

或许，根本就不需要这么多的推测，这种日期上的高度重叠，纯属巧合。是冥冥之中的天意，让赫德远离是非之地，明哲保身，从而继续得到慈禧太后的宠爱，在接下来的更大的事件中，得以发挥他独特的作用。

回京 4 天后，赫德在给金登干的信中倾吐了他的担忧：

> "此间的形势，一瞬间发生了变化，我们如堕五里雾中，慈禧太后把皇帝推入阴影中，自己亲政。我担心改革在目前是没有希望了，但是以后一定还会再次实行改革，并且最终取得成功。

① 陈义杰整理：《翁同龢日记》，中华书局 1998 年版。

……皇帝的下落和处境看来谁也无法确知，现在和今后一段时期的局势非常严重！”①

正如总税务司所言，“局势非常严重”！正当此时，一场巨大的排山倒海般的排洋风潮，正在直隶、山东交界一带滥觞，即将席卷华北，直捣京津。

这场民乱事件的主导者，正是义和团，或称义和拳。赫德再也没有那么幸运，能够超然物外，静观其变。事实上，他是身不由己卷入其中，甚至差点丢掉性命。

从事后的结果来看，实在不敢想象，假如没有赫德斡旋其中“力维大局”，清王朝的命运将会如何？这，似乎也是冥冥之中的注定……

扶清灭洋

世纪之交，总归要发生一些奇怪的事件。义和团原本就成因复杂，再加上一连串复杂的外因，终使其从反洋人洋教的“义和拳乱”，鼓荡成鬼神泣血的“庚子国变”。试想，“如果没有德国教会在山东的霸道，民众也不会排外，而纵使民众排外，如果没有天灾频繁，民众可能也不会变得如此疯狂，纵使民众疯狂，如果没有官方的纵容，也不会酿成这千古奇变”。

这个官方，既不是地方官员，也不是中央高层，而是彼时清王朝实际上的最高统治者——慈禧太后。

义和团初起山东时，慈禧是主剿的。为了镇压义和团，她走马灯似的撤换了三任巡抚。最后还是依靠袁世凯的新军，才将其一举扑灭。

而当义和团继起直隶后，太后的主剿态度却发生了变化，在上谕里将义和团亲切地称为“国家赤子”。②

由主剿变为主抚，实在是因为此时的慈禧太后，在对待洋人的态度上

---

① 赫德致金登干函。陈霞飞主编：《中国海关密档：赫德、金登干函电汇编（1874—1907）》（第6卷），中华书局1995年版，第891页。

② 故宫博物院明清档案部编：《义和团档案史料》，中华书局1979年版，第118页。

已经与一个普通的义和团“拳民”别无二致，甚至可谓心意相通，那就是在内心深处，埋藏着一股对洋人的仇恨。

这都是“戊戌变法”种下的因。

光绪帝实行改革，英、美、日等国洋人是大力支持的，尤其是英国人，没有他们暗中相助，一心嚷嚷着变法的“南海先生”早就伏法了。及至慈禧好不容易“重新听政把皇帝的维新计划砸得粉碎”，那些洋人们还是处处与她作对！

慈禧之所以出手镇压维新派，最根本原因就是担心失去权力，虽说光绪帝已被困瀛台，无力回天，但不斩草除根，保不齐哪天就东山再起。于是，“她散布光绪帝病重的谣言，想从肉体上消灭他”。谁知洋人似乎看穿了她的心思，驻京各国公使不仅跑到总理衙门警告，还派法国医生入宫验看，结论是“血脉皆治，无病也”。①

一计不成再生一计。1899年底，见时机已到，慈禧计划将端郡王载漪之子溥儁立为大阿哥，准备将光绪帝给废了，不料派李鸿章前去试探各国公使的态度时，又遭集体反对，这两个回合下来，慈禧对洋人已经从一头恼火升级成恼羞成怒。

皇帝办不了，办几个爪牙总该行吧。当梁启超在日本办报揭发慈禧丑恶时，她精心策划的刺杀行动却遭到日方阻挠；当康有为逃到香港依然“妖言惑众”时，她派人前去捉拿，“而英兵卫之严，不可得”……

呜呼！太后本来就窝着的一肚子火，怎能不熊熊燃烧？一向仰洋人鼻息的她，怎能不“由是痛恶外人”?!②

垂帘听政数十年，慈禧对洋人还从来没有过这样大的仇怨。列强入侵中国，管他杀中国人也好，抢中国钱也罢，只要她的执政地位稳固，似乎都不打紧。但这回不一样了，洋人支持光绪帝变法，是要把她乾纲独断的最高统治权给变革掉，这就万万使不得了。用她自己的话来说：“我本来是执定不同洋人破脸的，中间一段时期，因洋人欺负得太狠了，也不免有

① （清）李希圣：《庚子国变记》。

② （清）胡思敬：《驴背集》。

些动气。"①

既然又气又恨，总得找一个发泄口，可拿什么来跟洋人抗衡呢？那些天天喊着要杀"洋鬼子"和"二毛子"的"拳匪"，倒是越来越闹得欢腾，他们打出了"扶清灭洋"的旗号，"一倡百和，从者如归，城市乡镇，遍设神坛"，势力像滚雪球般越来越大，仅涿州一县的义和团就有二三万之众。能不能借助"民气"，利用他们来"驱逐洋人"呢？当然这一定不能包括爱卿赫德。

"扶清灭洋"这四字，已经很对眼缘了，不想义和团还"扬言当尽灭诸夷，不受赐，愿得一龙二虎头"，这更是说到了慈禧的心坎上，那些可爱的"拳民"，居然一口咬定"一龙"光绪就是洋教教主，简直就是天意啊。

或许正如载漪所言，那义和团正"是天上差下来驱逐洋人的"，而对慈禧来说，内忧外患之下，"处于她那种几乎要被淹死的情形之下，爱国的拳民好像是一根巨大的原木"，她有什么理由不去牢牢地抓住呢？

向死而生

早在中日甲午战争期间，赫德就预料到外国的侵华政策一定会以百姓起义告终。他写道："两千年来，中国人所接受的思想教育已经把他们的血液冷却下来了。但是，我觉得他们十分可能在某一天，以最狂怒的方式来表达他们的失望，把我们这些在北京的外国人全都消灭掉。人人都会说，要不是这些可恶的番鬼（外国魔鬼），我们就不会遭这份罪，趁我们自己还没有被毁灭，让他们先尝尝毁灭的滋味。"②

6 年过去了，赫德爵士的预言就要实现了。

---

①（清）吴永：《西狩丛谈》。

②（英）魏尔特著，陈敦才等译：《赫德与中国海关》（下），厦门大学出版社1993 年版，第 400~401 页。

▲赫德在私人办公室工作情形

风暴骤起

慈禧希望借助义和团巩固权位，灭洋泄愤，每天“必将神团咒语诵70次，诵毕由李总管言以又亡洋夷一名等语”，除了口惠，她又是接见义和团大师兄，又是发放粳米和赏银，还索性将原先监禁在各狱中的义和团“拳民”，“一律释放”。

率先垂范的结果当然是上行下效，不少原来对义和团持主剿态度的官员纷纷转变，对义和团首领“奏而奖之”，对广大团众，“则是要枪给枪，要炮给炮，要马给马”。

老佛爷这么给面子，极尽笼络招抚之能事，广大“拳民”怎能不响应号召进京灭洋？不说京城洋人最多，就说那光绪在戊戌变法时效法外洋，这笔账就必须清算！于是在庚子年（公元1900年）六月，成群头戴红巾标志，扛着大刀长矛的团众，“不分昼夜，鱼贯而来……通衢大街，尽是大兵，团民滔滔而行”。

一夜之间，北京商铺里的洋货被销毁一空，凡是卖洋货的店面都被砸掉了，甚至连店铺招牌上都见不到一个“洋”字。“洋货铺”改叫“广货铺”，“东洋车”改叫“太平车”，“天主教”改叫“天猪教”。

“拳民”们的智慧远不止这些，他们把“洋人”的“洋”字都变成了“羊”，而教民就是披着羊皮的“二毛子”，其他按照与“洋”的接近程度，一直数到“十毛子”。不管你是几毛子，只要被逮到，只有一个结果——杀！有的“拳民”甚至将漂亮的女教民“挖坑倒栽填土，而裸其下体，入一蜡烛，取火燃之，以为笑乐”。[①]

在“无往不胜”的神术受挫后，“拳民”更是插上了想象的翅膀，将其失利归于洋人用了义和团忌讳之物。比如，久攻不下西什库教堂，便言之凿凿：“此处与别处教堂不同，堂内墙壁，俱用人皮粘贴，人血涂抹，又有无数妇女赤身露体，手执秽物站于墙头，又以孕妇剖腹钉于楼上，故团民请神上体，行至楼前，被邪秽所冲，神即下法，不能前进，是以难以焚烧。又兼教堂有老鬼子在内，专用邪术伤人，固难取胜，反多受伤。”[②]

实际上，当义和团蜂拥进入北京后，清廷也曾试图将这帮“乌合之众”归入其统辖和调度之中，但渐渐慈禧发现，京城已处于白色恐怖之中，局势完全失控。

一个月前，使馆区还是歌舞升平，“当此良夜，灯光灿烂，口饮佳酒，耳闻佳乐，尚有何事挂于心乎？……然对于拳民皆轻藐视之，不觉其重要”。现如今，北京义和团日夜持械巡行街市，到处打砸抢烧，甚至连西山英国公使别墅也被焚毁。

巨大的恐惧，堪堪袭来。虽说还未攻打使领馆，但赫德已经嗅到了血

① （清）柴萼：《庚辛纪事》。

② 仲芳氏：《庚子纪事》（下），《庚子五月义和团进京逐日见闻记略》，中华书局1978年版，第28页。

腥的味道。他致电两广总督李鸿章，疾呼："京城局势危险已极，各使馆甚虞被击，均以为中国政府若非仇视外人，即系无力保护，倘稍有不测，或局面无速转机，各国必定并力大举。中国危亡即在旦夕，应请中堂电奏皇太后，务须将各使馆保护万全，并宣明凡有臣工仇视洋人之条陈，朝廷必不为所谣惑。"

事不宜迟，李鸿章当天即将赫德急电转达总理衙门，称"事关紧急，不敢壅于上闻。请速代奏"。① 说时迟那时快，未待回音，一切与外国人有关的事物都成了被攻击的对象。赫德考究的四合院，甚至远在北戴河的别墅，都被愤怒的"拳民"一把大火，化为一堆灰烬。幸亏四等帮办桑德克从屋内抢出了赫德的全部日记，而其他家居什物皆付之一炬，总税务司匆忙中只拎着一个箱子，避入英国使馆。

▲赫德与税务司人员的合影

最后通牒

易守难攻的东交民巷使馆区成为在京外国侨民最后的避风港，除此之外，"浑身受烧伤和砍伤的教民不断地逃到使馆区"。或许认为进攻是最好的防守，外交官和使馆卫队开始主动出击，大开杀戒，开始了所谓的"猎

① 顾廷龙、叶亚廉主编：《李鸿章全集》（三），上海人民出版社 1987 年版。

取拳民行动”。

这支仅有400余人的小部队并不是常规意义上的使馆卫兵，而是在局势已经非常严峻的情况下，“几乎就在最后的关头”，各国使团从大沽的外国军舰上调来的。从事后来看，若没有他们后果不堪设想。

“猎取拳民行动”直接导致“几千暴民在使馆周围彻夜呼喊野蛮的口号，威胁要杀尽洋鬼子”，红了眼的“拳民”几次试图冲破防线，都无功而返。在这场攻防战中，连当年的同文馆总教习，现在的京师大学堂总教习丁韪良都脱下道袍，背上步枪，参加到射杀义和团“拳民”的战斗中，而“年老的总税务司赫德满脸恐惧之色，背着一把大号柯尔特手枪”。

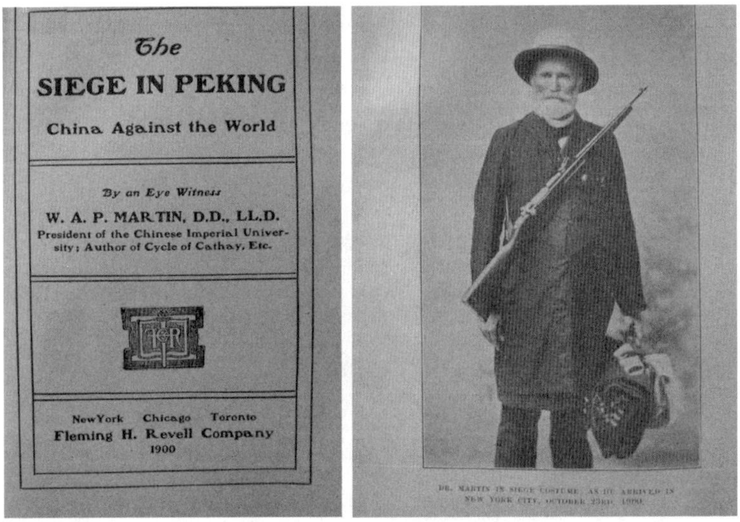

▲丁韪良与他的《围困在北京》

眼看着事态步步升级，战争一触即发的关键时刻，清廷也不乏有识之士，针对仇洋派发表了不同的见地：

“我中华财赋，全视海关入款，若一失欢，则饷源立绌，此其不可失和者一。甲午之役，仅一倭国，尚不能与敌，若合数大国之师，协一谋我，众怒难犯，此其不可失和者二。义和团神术即足以敌洋人，然直隶有义和团，岂各海口、各直省均有义和团乎？此其不可失和者三……”①

可惜最清醒的李鸿章，选择了装聋作哑。他在收到赫德的求救急电后，虽也感到形势紧迫，但也只是将“皮球”踢给总理衙门。老谋深算的他并不打算轻易表态，门生相询，他才吐露“鄙人知内意主抚，电奏无益……”

李鸿章真正是把慈禧太后的心思给摸透了。

此时此刻，尽管京津一带已是天下大乱，中外双方却尚未正式开始交战，直到6月17日，中国最重要的要塞——天津大沽炮台被八国联军攻陷，列强用损失6艘战舰、172名官兵的惨重代价，又一次实施了不宣而战的对华战争行为。

朝廷上下一片混乱。

▲建于1880年的大沽灯船

对慈禧来说，“大沽炮台在四十年前的第二次鸦片战争中失守是最揪心的一段往事”，如今，历史再次上演，通往北京的门户被打开，“此时若再失了民心，真不能立国了”。可真要和这么多如狼似虎的列强抗衡，还

① 故宫博物馆明清档案部编：《义和团档案史料》，中华书局1979年版，第156页。

真下不了决心，要知道，大清国连一个日本“尚不能与敌”啊！即便如此，她还是“采取了非凡的行动”，在19日召开的御前会议上宣布将洋人驱逐出京，限定24小时内执行，也就是说截止时间在20日的下午4点。

清廷的驱逐照会并未提及宣战，只是宣布各国驻京公使为不受欢迎的人，这些照会除了给11位公使外，有一份是单独给总税务司的。

值此非常时刻，太后也只好一视同仁了。

当总理衙门大臣携带着12份照会前往公使团时，“这十二份通牒像炸弹一样在使馆区炸开”！

天啦！中方要求所有洋人在24小时内由清军护送前往天津，否则不能保证其安全。所有人，包括“白皮黄心”的赫德。清廷并没有对总税务司另眼相看，这让“赫德心灵受到震撼”。他当晚就在日记中写道：“大事不好！舰队恐已占大沽炮台，衙门已与公使团断交，我们大家都要完了！”

数十年如一日为朝廷殚精竭虑，没有功劳也有苦劳，现在落到这步田地，赫德情何以堪。他的心境，或许只有丁韪良才能领悟。总教习在日后*Seize in Peking*[①]一书中，记录下与总税务司面面相觑时的心路历程：“我俩互相端详对方的脸色，都为我们一辈子的工作毫无成就感到脸红。这位把中国海关收入从三百万两银子提高到三千万两的人成了中国人的屠杀对象。而我在华教了三十年的国际法，中国人到头来却对外国使节的生命视如草芥！”[②]

此言差矣！丁博士有所不知，中国人从来都不会“亏待”自己人，中国人对自己的驻外使节更狠！曾经的清政府第一任驻外使节，那个早已郁郁而终的郭嵩焘先生，纵使其长埋在地下已经足足9年，也躲不开这场声势浩大的反洋运动——有京官上奏，要求对他开棺鞭尸！

连死人都不放过！饶是浸淫中国文化数十载的赫德，这个被自己的同胞讥讽为“一个年老昏庸、受中国文化毒害太深的人”，恐怕至死都无法理解……

---

① 中译名《围困在北京》，丁韪良1900年著。

② 转引自相蓝欣著：《义和团战争的起源》，华东师范大学2003年版，第323页。

围攻使馆

最后通牒造成如此强大的冲击波，恐怕连慈禧本人都不会想到。“十二份文件像十二份炮弹在公使团的防线以内向十二个方向轰击。”真是太有才了！感谢这位淡定的外交官，在“所有的人都感到窒息的时候”，他还能用如此华丽丽的语言，形容当时的场景。以至于让我们能够得知在何去何从的生死关头，公使团失去了方寸。

赫德已经顾不上自怨自艾了。他在公使团召开紧急会议商讨对策前，致信英国公使窦纳乐：“我从来不赞成举手投降，但我一想到我们的妇女和儿童，就不断地思考怎样才能使他们得到安全的保障。”到底是总税务司，说话总是那么委婉，言下之意，按中方的要求去做得了。

长达6小时的会议充斥争吵，空气仿佛凝固，紧张到据说荷兰公使当场泪奔。当晚，各国公使复函清廷，请求展期赴津。20日上午，公使团仍未接到复文，德国公使克林德便自告奋勇前去总理衙门理论，以向清廷提出抗议。他只带一名翻译乘轿出了使馆区，“轿顶以猩红和绿色绒布为装饰，显示外交官的地位”，不知是否要显示大丈夫气概，公使手拿左轮枪，破例地命令轿夫不要把帘子放下，这样的后果自然很严重，途经东单牌楼时，被清军神机营霆字枪队的章京恩海爆了脑袋。

克林德事件至今仍是未解之谜，有说是清廷故意预谋，有说是纯属意外偶发。到底是公使先挑衅，还是恩海先动手，或者只是被流弹击毙？众说纷纭。赫德甚至怀疑是某亲王干的。

这一切似乎已不重要，重要的是，公使死了！

25年前，一个小小的副领事马嘉理被杀，都震惊中外。遑论堂堂一国驻华公使？

清廷被推到了悬崖边上，已经没有退路。

当天下午最后通牒时间一到，所有电话线都被扯掉，总税务司署和同文馆等16个机关“咸遭焚炬”，“义和团和中国兵开始了对公使馆的攻击”！①

6月21日，清廷发布诏书，向“英国、美国、法国、德国、意大利国、日本国、俄国、奥斯马加国、日国、比国、荷兰国”② 同时宣战。这是当时世界上最强大的11个国家，清政府真是作了一项疯狂的决策——等于是向全世界宣战。在这份以光绪帝名义发布的诏书里，慈禧发出了这样的豪言：“与其苟且图存，贻羞万古；孰若大张挞伐，一决雌雄。”宣战同时，传檄各省，要求召集义和团参加作战，一致排外，并悬赏捕杀洋人，规定“杀一洋人赏五十两；洋妇四十两；洋孩三十两”。

宣战的上谕一经颁布，使馆区更是成为首要攻克目标，被里三层外三层围得水泄不通。除了原先围馆的义和团，现在又多了一支正规军加入战团。它就是被英国公使窦纳乐称为“中国兵”的“甘军”。

原来，当义和团席卷京城，成为一支“扶清灭洋”勤皇军的同时，“政府还让排外色彩浓厚的董福祥的部队也进入北京”。③ 董是甘肃人，因此他的部队被称为“甘军”，这位极端排外主义者有句著名的口头禅，“我除了杀洋鬼子没别的本事”，正是排外运动的合适人选。

▲赫德在自己花园里举行招待会

由于总税务司署被烧毁，赫德与手下员司避居使馆，“全国海关成为无首群龙”，上海领事团征得上海税务司署造册处税务司戴乐尔同意，并经南洋大臣刘坤一委派，任命戴乐尔暂代总税务司职务。

① 《窦纳乐致白尔特信》，转自《义和团史料》（下册），第556~557页。

② 奥斯马加国即奥匈帝国，来源于匈牙利语“Osztrák-Magyar”；日国为日斯巴尼亚国，即西班牙；比国即比利时。

③ （日）陈舜臣著，郑民钦译：《中国的历史》（第7卷），福建人民出版社2013年版，第222页。

不能不佩服总税务司，在这生死存亡的非常时刻，还在惦念着海关工作。他“利用代表危险物品的红色标志，不定期地把信送出包围圈”。然而，直到被围困整整一个月之后，赫德才收到总理衙门送来的一张纸条，告知南洋大臣任命戴乐尔为海关临时首脑，并询问他有何意见要转达。

赫德起草了致江海关税务司的电报，请总理衙门转发。这份后来被编为总税务司第 961（Ⅱ）号的通令，读来令人肃然起敬：

> “很高兴仍然活着！
>
> 我授权你和戴乐尔继续开展总税务司的工作。
>
> 尽量节约，有困难电告总理衙门。
>
> 无法直接联系，还有气候等，都使这儿所有的人备受煎熬。
>
> 7 月 15 日贷款的利息付了吗？厘金定期送到了吗？……”①

电文又将近一个月才被辗转送到上海。在这期间，外界的人普遍相信，各国使团被消灭了，所有困在使馆里的人都被屠杀殆尽！英国圣保罗教堂当局甚至已经定好日子，为“北京使馆惨案”的受害者做追思弥撒。

金登干在感情上无法接受，在理智上坚信总税务司仍然活着，他找到教堂主持，极力主张取消弥撒，因为缺乏能证明公使和使馆里所有人都确实死亡的证据。谁知大主持固执己见，指着几天前刊登在《泰晤士报》上的赫德讣告，这，不就是证据？

在金登干执着的奔走下，追思弥撒最终“无限期地延期了”。26 年几千封函电的往返，海关伦敦办事处主任已经不仅仅是总税务司的下属，更成了贴心密友，赫德有什么心事，总愿意向他述说。莫非两人真的已是心意相通？总税务司果真没有辜负金主任的一片苦心，不仅和他属下的海关洋员们“在可怕围困的严峻考验中幸存着”，而且用与众不同的观察，思考着这个帝国的前世今生，以及它的未来……

① 总税务司通令第 961（Ⅱ）号，1900 年 10 月 5 日。

天才预言家

1900 年 8 月 10 日，酷暑。绝望的野草开始在每个被困者的心里疯长，包括一直都保持着镇定的赫德。54 天过去了，仍然看不见曙光。这封赫德起草的求救电报，还原了使馆里的真实景象。

> "现在对我们既不保护，又不供应粮食。切不可相信任何与上述相反的话。食品等虽尚可维持两周，但随时都可能被屠杀。如再无救援，定遭大难，务必从速！6 月间有谕旨调各省军队来京，因此援军仍可能被围，须再派第二只军队支援，以解救所有白种人。
>
> 现死伤约六十人。此电送外交部阅。"

实际上，此时此刻，离使馆解围只剩下短短的 4 天！

人之将死

被国际法视为神圣不可侵犯的外国使领馆，惨遭蹂躏，从全权公使到翻译文员，皆命悬一线。此虽"中外皆无成案"，却在 20 世纪初的中国北京，实实在在地发生了。

时人李希圣在《庚子国变记》中有生动的记叙：

> "欲尽杀诸使臣。礮声日夜不绝，屋瓦自腾，城中皆哭，拳匪助之，巫步披发，升屋而号者数万人，击动天地。夷兵裁四百，四面为营垒，穿地道，令教民分守之，人自为必死，皆奋。围攻五十馀日，昼夜番战，苦相持。董军及武卫中军死者无虑四千人，拳匪亦劣有伤亡，皆引退。"①

难道董福祥的"甘军"及武卫中军在数万义和团"拳民"的助力下，

---

① （清）李希圣：《庚子国变记》。

围攻50多天，还攻不下仅有区区400名卫兵防守的东交民巷使馆区？这，未免也太夸张了吧。要知道，当时的大清正规部队已经装备了克虏伯大炮、马可沁机枪和来复枪，“炮一发，使馆立成齑粉矣”！看来，慈禧还是不想把事情做绝，其真正用意不是“夷平使馆”，而是“以战促和”。否则，为什么每每使馆防线堪堪被破时，清军攻势立减？为什么洋人不仅能花钱买到弹药给养，慈禧甚至还派人“以酒果冰瓜联翩致送”呢？

还是太后自己说得好，倘若真有心来攻，岂有一个使馆打不下来的道理？

可惜这样的道理，连那么会揣度太后心思的赫德也没能深刻领会。尽管清军“向使馆外空地，射击一昼夜，未损使馆分毫”①，但嘶嘶作响的炮弹在头顶飞来飞去，那种随时大难临头的恐惧和绝望，恐怕没有亲身经历的人，是无法了解那种滋味的。

总税务司的绝望，并不仅仅是害怕肉体的消失。

曾经，赫德是那样的骄傲。还是在数年前外籍税务司制度运行50周年之际，“他对他已经完成的事感到有理由的自豪”。

> “在我就任期间我们在各处设立了海关，在香港（英国），澳门（葡萄牙），蒙自（云南），龙州（广西），重庆（四川），汉城（朝鲜）等，现在又在亚东（西藏），这些真令人感到欣慰。我们帮助了中国保持安定，帮助了王朝站稳脚跟，我希望这很重要，因为除此之外我看不到我们所做的一切工作，我们所花费的一切心思有什么回报！”②

---

① （清）李岳瑞：《春冰室野乘》下卷之《庚子拳乱轶闻》篇。

② 赫德致金登干函，1894年1月8日，中国第二历史档案馆海关总税务司署档案。

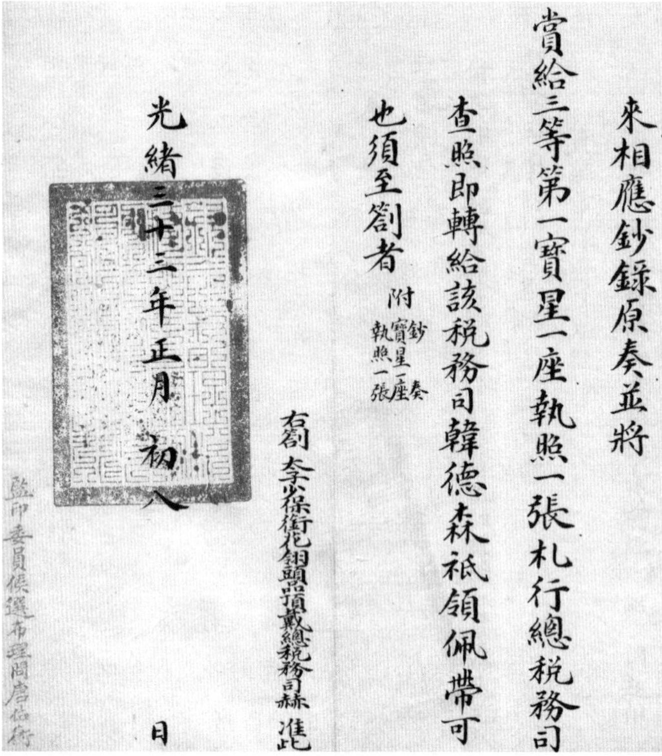
來相應鈔錄原奏並將
賞給三等第一寶星一座執照一張札行總稅務司
查照即轉給該稅務司韓德森祗領佩帶可
也須至劄者
附 鈔奏 寶星一座 執照一張
右劄太子少保銜花翎頭品頂戴總稅務司赫 準此
光緒三十三年正月初八日
監印委員候選布理問唐佑衍

▲税务大臣关于请赏给亚东关税务司宝星之事给总税务司赫德劄文

确实，作为一个备受信赖的海关首长，他满意地看到，随着海关的活动遍及整个帝国，他领导的这个“具有统一力量的机构”，已经不单单是政府的财政支柱，更成为中央政府权威的标志和象征。总税务司当然有理由为自己喝彩——“我们 40 年的生存时间现在已成历史的一部分，我们所做的事情已经织入宇宙之网。”

相应地，荣誉纷至沓来，他的头上戴满花环。从 1864 年被授三品按察使，1869 年被授二品布政使，直到被授“享有殊荣的一品红顶顶戴，一品二等花翎双龙宝星，赏三代一品封典”，清廷待他可谓不薄。尤其，与他自己的国家一对比，他愈加知道感恩。

不是吗？“通过他为中国的服务，通过他为文明世界的服务，他将荣誉与好处带给了英国”，可是，自己的祖国啊，却视而不见，“迟迟不愿承认他的价值和工作”。直到他担任总税务司长达 16 年之久，“直接和间接地为英国的利益做出大量的工作，这才获得圣迈克尔和圣乔治英国文官勋章。10 年之后，他才被授予大十字勋章，过了 4 年，被封为男爵”。

其实更加准确的称谓应该是“从男爵”，地位还要在“男爵”之下，虽说可以世袭，却并不属于贵族！好在，他终于实现了少年时代的爵士梦，人们从此可以在他大名前面冠以“Sir”（爵士）的尊称了。

可是，造化弄人，这个现在每天疲惫不堪，连一身换洗衣物都没有的爵士先生，这个被清廷以一纸单独照会无情抛弃的一品高官，对过去的荣光，还能有什么留恋？如今的总税务司，还有那些曾经骄傲地不可一世的外交官们，不都变成了一只只困兽？

这真是一场“中国闹剧”。“历史上还不曾发生过把全体外交使团都消灭掉的先例！”眼见在他“合理的指导帮助”下，这个古老的帝国从封闭状态中好不容易解脱出来，“进入了与世界各国不受限制的来往的现代状态”，可就像当年郭嵩焘衔命出使、铩羽而归一样，现实再一次无情揭示，经过那么多年，中西方两种文明的对立依然尖锐，义和团事件的全面爆发，其根源不正是洋人洋教与中国传统文化的格格不入？

他开始怀疑自己的价值，是的，“他现在已经 65 岁了，为中国全心全意地服务了 40 年。他的工作似乎是徒劳的，他所努力争取的一切，似乎都被破坏殆尽”。

惊人预见

难道就这样坐以待毙，等待所有的一切就此毁灭？

这不是赫德的风格。他必须留下些什么，与中国打了近半个世纪的交道，没有人比他更有发言权。在他眼中，“中国人是一个有才智、有教养的种族，冷静、勤劳，有自己的文明”。这个民族，在经过数千年唯我独尊与闭关自守之后，已经迫于形势和外来者的巨大优势，同世界其余各国发生了条约关系，但是他们认为那是一种耻辱，他们知道从这种关系中得不到好处，所以正在指望有朝一日自己能够十足地强大起来，重新恢复昔日的生活，排除同外国的交往、一切外来的干涉和入侵。用睡眠来形容，这个民族已经酣睡了很久，但现在他已经苏醒，他的每一个成员身上都激荡着一种中国人的情感——“中国是中国人的，把外国人赶出去！”

这就是事件的真相。从8月4日起，在断断续续的枪炮声中，赫德用铅笔写下了他的理性思考。

> “今天的这一事件不是没有意义的，它是一个要发生变革的世纪的序幕，是远东未来历史的基调：2000年的中国将大大不同于1900年的中国！民族感情是一个永久性的因素，这是必须承认的，在研究一个民族世纪状况时，决不能排除这个因素，而在中国，唯一普遍存在的感情就是对中国制度的自豪和对外国一切的蔑视”。①

以往写文章，赫德最喜音乐相伴，没想到这隆隆炮声伴奏，文思照样泉涌。又有谁有过这样奇妙的体验？总税务司早已将生死置之度外，给他的得意之作——或许多半就是遗言，拟出了这样的标题——《北京使馆：一次全国性的暴动和国际插曲》。

看看赫德在文章中怎样评价“巫步披发，升屋而号”的“拳民”吧。这些吼叫着要取他性命的中国人，如果知道总税务司居然为他们开脱说情，会不会惊讶得从屋檐上掉下来呢？

> “义和团无疑是官方煽动的产物，但是这个运动已经吸纳了群众的想象力，将会像野火一样烧遍中国各个角落。简单说来，它是一个纯粹的爱国的自发运动，其目标是使中国强盛起来——以实现中国人的计划。通过武力来达到它所预期的目的，即根除外国宗教和驱逐外国人的目的，它的第一次实验并不是十分成功，但是，作为一次对志愿行动是否可行的试探，或者作为将来所要采取的途径和手段的一次试验，它并不是一次失败。”②

---

① 赫德：《这些从秦国来——中国问题论集》，中国第二历史档案馆馆藏档案。
② 同上。

爱国运动！赫德居然充分肯定了义和团事件的正义！他没有被大炮震昏头吧？

接下来，总税务司的“遗言”变成了“预言”，他用数十年的功力修为，对这个他已经服务了46年的帝国，作出了惊人的预测。

> “‘危及世界未来’这几个字无疑将引起哄堂大笑，好吧，让他们去笑吧，但愿他们会一直笑下去，两千万或两千万以上武装起来的、训练有素、纪律严明而又被爱国（即使是被误解了）动机所激励的团民，将使外国人不可能再在中国住下去，将从外国人那里收回外国人从中国拿去的一切，将额外加价的报复旧日的怨恨，将把中国的国旗和中国的武器带到许许多多现在连想都想不到的地方去。
>
> 五十年以后，就将有千百万团民排成密集队形，穿戴全副盔甲，听候中国政府的号召，这一点是不用怀疑的！如果中国政府继续存在下去，它将鼓励（而这样鼓励是很对的）支持并发展这个中华民族运动；这个运动对世界其余各国将是不祥之兆，但是中国有权这样做，中国将贯彻她的民族计划！”

50年后，不是诞生了一个新中国吗！不是把外国人都赶走了吗！不是从外国人那里收回从中国取走的每一样东西吗！不是有一支中国军队队列森严地跨过了鸭绿江吗?!

> “中国将会有很长时期的挣扎，还会做错很多的事情和遭受极大的灾难，但或迟或早，这个国家将会以健康的、强大的、经验老到的姿态呈现于世界，并拥有这个世界强加给它的军事力量，而且，既然它必须拥有，它必将拥有最好的——最好的武器，最适当的训练，最高级的教育，士兵的数量将视人口的允许和情况的需要而定，士兵的质量将会一代胜过一代。今天，为了义和团在去年的所作所为而惩罚中国，西方在禁止向中国出口的物品中包括武器，关于这一点，一位贵胄子弟曾

> 对我说：‘很好，这将迫使我们成为生产者，且请记住我的话，总有一天我们会成为出口商，不仅那样，而且还会比现在的制造商卖得更便宜’。”①

哦，天啦！现在世界上还有哪个角落没有“中国制造”？赫德呀赫德，你是神灵附体还是福至心灵？你怎么就预见到公元2000年中国的崛起？世界上怎么会有你这样伟大的天才预言家？

10天后的8月14日，天才的文章终于画上了句号。也就在这天下午的4时许，一支英属印度军团的先头部队经西直门杀进内城，在被围困人群的欢呼声中，进入了东交民巷。

帝都最耻辱的地方

庚子年“七月十九日（8月13日），联军已抵京师城东。七月二十日（8月14日），俄兵破东便门，日军攻东直、朝阳二门，均昧爽入城。法兵由城南，英兵由广渠门，皆陆续至使馆。禁军皆溃。是日黎明，太后扮乡间农妇，服蓝夏衣衫，梳汉式头，令帝、后服蓝布衣裤。将出奔，传令妃嫔不许随行……”②

不让跟着也就罢了，在从紫禁城出逃前，慈禧命人将珍妃推入水井。这位绝世佳人在戊戌变法失败后胆敢为光绪帝辩护，留着也是个祸害。

据说慈禧是哭泣着徒步走出西华门，才坐上骡车，蒙尘西安的。

北京已成无主之都。

众望所归

制造祸端的清朝皇太后仓皇逃离北京，尽管她为了保住权位，献媚列强，重又发布主剿上谕——“此案初起，义和团实为肇祸之由，今欲拔本

① 赫德：《这些从秦国来——中国问题论集》，中国第二历史档案馆馆藏档案。

② 中国台湾三军大学编：《中国历代战争史》（第17卷），中信出版社2013年版，第6271页。

塞源，非痛加剿除不可”，但列强岂能善罢甘休？八国联军展开了疯狂的报复，这些“基督教国家卓越的军士们”烧杀抢掠奸淫，让北京再次沦为人间地狱。最狠的当属德军，因其公使被杀，德皇命令将大清国作为野蛮国家来对待。

所幸大学士倭仁死得早，否则这位理学名臣庆祝同文馆被毁还没几天呢，又得眼睐着90岁的老妻被联军凌辱致死。

“大乱特乱。朝廷不知逃往何处，各国使团都与中国官方失去了联系。”在这一片不可救药的混乱中，得有人站出来。这个人，就是大清海关总税务司赫德。

受朝廷委托，大学士昆冈带着翻译官张德彝找到他。“称实觉对不住各国大臣及赫大人，国事如此之糟，我等前来奉求阁下，设法斡旋，以救眉急。重大事件我们不敢擅定，最急者，保护宗庙社稷，百万生民性命。”

昆冈纯粹是抱着试试看的态度，先把人往死里整，现在又有求于人，这变脸简直比翻书还快。换作是他又能怎样？多半是趁机退休回国安享晚年了。谁想赫总税务司就像料到他们会来一样，居然不谈任何条件就一口应承。这倒将昆大学士给惊住了，赫大人莫非是天人，怎会有如斯高尚的情操？

我们不妨来看看赫德自己是怎么说的：

> “已经发生了的一切使我深受其害，但是，情况就是如此，我们只能尽力而为！我要坚持为海关服务，为中国服务，为大众的利益服务。我认为我可以发挥作用，在这个三方交汇处，也只要我才能发挥作用，否则，我就会启锚离开。”

作为总税务司，他的职责是留在北京，只要政府需要他，他随时准备效劳！赫德电告金登干“速寄两套公事房穿用的衣服”，他就要工作了！还好，海关洋员只有一人中炮身亡，总税务司署很快就在崇文门附近的高井庙恢复了临时办公。

这还真是感动朝廷，“知该总税务司目击时艰，力维大局，数十年借材异地，至此具见悃忱。朕心实深嘉慰。现已派庆亲王即日回京，会同该总税务司与各国妥商一切”。

▲恢复办公时海关总税务司署人员合影

庆亲王即奕劻，为乾隆帝第十七子永璘之孙。早在1884年慈禧罢斥恭亲王时，就接掌总理各国事务衙门大臣，主持外交。9月6日，庆亲王自宣化回京，和赫德商量如何“挽此大劫”。总税务司给出了两点建议：一是镇压在京义和团，以免有碍“和局”；二是建议“皇帝回京”，以便速开和议。由于各国公使或出京，或未到任，“且各国同床异梦，利害冲突，难以调和”，故和议之事一直无法进行。

一方面为之说情，一方面又毫不留情，这就是赫德的逻辑。凡成大事者，岂能让一干庸人猜透？就像总税务司坚持留下，当真是为了这个的利益，为了那个的利益？实际上，他是为了他自己的利益！嗜权如命的赫德之所以决心收拾残局，其终极目的还是要在这关键时刻掌握局势。

掌握局势必须有理论支撑。从使馆脱困后，总税务司忍受着前列腺的不畅，在他那用仓库改成的家里再接再厉，撰写了一系列的论文。“根据他在中国海关工作40年的经验，从其和中国官民、特别是清政府权力机构当权人物长期频繁的接触，站在中国募用人员和列强代理人的观点、立场上，提出如何处理义和团事件、如何处理好中外关系问题。”①

这些字字珠玑的文章在庚子年的年底由《双周评论》合编出版，书名由赫德定为《这些从秦国来》。有好事者也贡献了一个书名——《这些从爱尔兰来》。

文章的发表，为中国问题的解决向欧洲提供了一种思路。在欧洲盛行的瓜分中国论，受到他的批驳之后，便很少有人再坚持了，因为“那样一来，骚动、不幸就会贯穿于世世代代”。赫德也不同意改朝换代，认为这个办法将造成中国四分五裂。“他认为必须维持清政府的统治，并且竭力

① 陈诗启著：《中国近代海关史》，人民出版社2002年版，第343页。

利用它，这是恢复安宁的最简捷的办法”。

真是说到了老太后的心窝窝上！

太子少保

1900 年 12 月 24 日，圣诞前夕。在京外国公使齐聚西班牙公使馆，“把一份联合报告交给中国政府的高级代表庆亲王”。这份联合报告被他们称作“定而不移之十二款”，也就是十二条“议和大纲”：

> “一、残害德使一事，由中国派亲王专使往德谢罪，并于被害处树立铭碑；二、严惩祸首，其残害凌虐各国人民之城镇，五年内停止科考；三、残害日本书记生事，须用优荣之典，以谢日本政府；四、于污渎发掘各国人民坟墓之处，建立碣碑；五、军火及专为制造军火之材料，不准运入中国；六、赔补外人及为外人执事之华人身家财产所受损失；七、各国驻兵护卫使馆；八、北京至海边须留出畅行通道，大沽炮台一律削平；九、由各国驻兵留守通道；十、张贴永禁军民人等仇视各国之谕旨；十一、修改通商行船各约；十二、改变总理各国事务衙门及各国公使觐见礼节。”①

庆亲王只是皇室代表，全权谈判代表还得是李鸿章。“对于列强们来说，李鸿章已不再是 20 年前的大人物了”，可对大厦将倾的清廷而言，李中堂仍是栋梁，尽管已是独木难支。庆亲王和李鸿章将列强开出的和议条件电告“临时居住在西安府的朝廷”，不日，西安来电谕示接受，命他们在和约大纲上画押。

这算是给列强的圣诞礼物吗？

和议开始启动，在前台唱戏的是亲王与李中堂，“但背后拉线的全是总税务司”。出于做好幕后工作的需要，赫德提出要求：“若令效劳，须将

---

① 黎仁凯等编：《义和团运动 · 华北社会 · 直隶总督》，河北大学出版社 1997 年版，第 227 页。

全案卷宗随时赐看。并请嗣后来往各文件均随时抄送。”于是整个谈判过程，一切尽在掌握。

所有条款中，赫德最关切的是“影响最为深远的”第六款——赔款。

为确定赔款总额，公使团由英、德、荷、比四国组成“赔款委员会”，研究赔款的标准和范围，又由英、法、德、日四国组成“财源调查委员会”，摸清掌握清政府的最大偿付能力。或许是两个委员会涉及六个国家的多位委员，实在是人多嘴杂，争来吵去，不管是赔款总额，还是偿付赔款的办法，都难以达成一致意见。

如此，便急需一个权威人士的可靠情报来做参考，以便在赔款问题上协调一致，扭转这一混乱状况。还用猜这个人是谁吗？“在关于中国的一切事情上，没有一个活着的人比赫德爵士更有权威，他担任中国海关总税务司已有三十七年以上。”①

考虑到甲午战争已经使中国人背上了苦不堪言的重债，赫德强调：“无论如何，中国总要被加上一个沉重的负担，希望列强会把它减至最轻，同时本着同情和迁就的精神对待这位不幸的负债人。”他向赔款委员会提交了一份意见书，对中国的财源提供了全面详细的资料，并在征询奕劻和李鸿章后，阐述了对庚子赔款最好偿付方式及担保办法的见解。②

总税务司必须为中国谋得一些好处，这是他的职责所系。但是，在想方设法减轻雇主负担的同时，赫德也时刻提防着其他列强。要知道，中国近代海关就是英国的禁脔，这块肥美的肉，不容他人染指。

因此，谈判一开始，赫德就保持着高度的警觉。由于11个国家的代表各怀鬼胎，意见不一，所以进展缓慢。当国际共管中国财政渐成趋势时，赫德嗅出了压制海关的意味。他担心，如果“成立一个欧洲国际委员会管理中国财政，则可能使海关处于不利的地位”，说不定总税务司将不复存在。“如果还允许中国享有完整的行政管理权，独立进行工作，那么，总

---

① 赫德致金登干Z/34号函，1876年5月12日。陈霞飞主编：《中国海关密档：赫德、金登干函电汇编（1874—1907）》（第1册），中华书局1995年版，第176页。

② 徐从花：《试析赫德的“骑马”理论——以庚子赔款谈判为例》，中国海关学会编《赫德与旧中国海关论文选》，中国海关出版社2004年版。

税务司这位大人物今后会成为比过去更大的人物。”

赫德当然希望成为更大的人物。他的勃勃野心不会因为获封一个小小的从男爵就止步不前。他不能允许染指海关的情况发生，他要竭力避免列强共管中国财政。不顾年岁已高和疾病缠身，总税务司立下了这样的誓言：“我要竭力待下去，直到有个结局，因为我若隐退，会使‘洪水’泛滥。”

洪水没有泛滥，一切复归平静。只是，中国为实现这一和平，付出了沉重的代价。

这场旷日持久的“和议”，是在1901年9月7日的西班牙公使馆落下帷幕的。

中国全权代表和11个国家代表签署了《辛丑条约》，清政府向列强赔偿关平银4.5亿两，年息4厘，分39年还清，以海关税收等作抵押。

这就是中国近代史上著名的异常耻辱的“庚子赔款”。

作为谈判的幕后策划者，赫德可没忘了借机给海关扩权，以常关税来补海关税收担保之不足，真是一个不错的理由。于是，“各通商口岸的常关均归海关管理”顺理成章地列入了条约。

“庚子赔款”又被西方人称为“拳乱赔款”（Boxer Indemnity），代表清政府进行谈判的李鸿章，在签字回来后大口大口地吐血。赔款数量居然是按中国当时的人口计算，四亿五千万人，每人一两！一纸条约，每一个中国人都实实在在地感受到了赔款的存在，蒙受了国家无能的奇耻大辱。这笔巨款连本带息，总数达白银10亿两以上，相当于清政府年财政收入的12倍，堪堪将这个原本就千疮百孔的帝国，推向了悬崖之边。

更有甚者，克林德被杀地点，熙来攘往的京城繁华处，将根据条约建起一座石质牌坊，碑上左华文、右德文，双语叙述事件经过和清廷道歉文字。从此，往来车马行人都将从碑下通过，“是为庚子后，京中一个最明显也是最刺目的国耻污点”！①

这又有什么要紧呢？

---

① 全国政协文史资料委员会编：《文史资料存稿选编》，中国文史出版社2002年版，第196页。

“慈禧太后眼里闪着泪花，对赫德加以奖勉”①，还是在两宫銮驾返京途中，清政府就发布谕旨，以“总税务司赫德，随同商办和约，颇资赞助”，封他为太子少保。

“外人加宫保衔。于此为创典矣！”

这是一个外国人所能获得的最高荣誉！在给金登干的信中，赫德回味了太后接见的美好时刻：“皇太后谈话的声音悦耳和娇柔，对我很恭维。我说很多人早就准备接替我的位子了，但皇太后说，她就是要我。她还谈到英王的加冕典礼，她祝英王陛下万福。谈到乘火车旅行事，她笑道，她在想即使远游异国，她也会高兴！”②

呵呵，“她就是要我！”

……

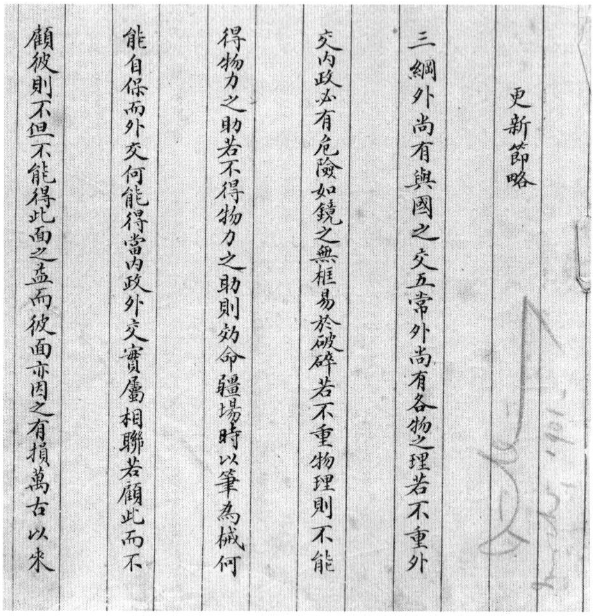
更新節略
三綱外尚有與國之交五常外尚有各物之理若不重外
交內政必有危險如鏡之無框易於破碎若不重物理則不能
得物力之助若不得物力之助則効命疆場時以筆為械何
能自保而外交何能得當內政外交實屬相聯若顧此而不
顧彼則不但不能得此面之益而彼面亦因之有損萬古以來

▲《辛丑条约》签订后，赫德向清政府提出“认真改革才是最好的办法，”并且煞费苦心地写了一份《更新节略》

① 黎仁凯等编：《义和团运动·华北社会·直隶总督》，河北大学出版社1997年版，第229页。

② 转引自王宏斌著：《赫德爵士传》，文化艺术出版社2000年版，第392页。

征引文献

档案资料

1. （美）布鲁纳、费正清、司马富编，傅曾仁等译：《步入中国清廷仕途——赫德日记（1854—1863）》，中国海关出版社 2003 年版。

2. 蒋廷黻编著：《近代中国外交史资料辑要》，湖南教育出版社 2008 年版。

3. 中国科学院上海历史研究所筹备委员会编：《上海小刀会起义史料汇编》，上海人民出版社 1958 年版。

4. 英国外交部档案。

5. （美）布鲁纳、费正清、司马富编，陈绛译：《赫德与中国早期现代化——赫德日记（1863—1866）》，中国海关出版社 2005 年版。

6. 中国第二历史档案馆海关总税务司署档案。

7. 聂宝璋编：《中国近代航运史资料》，上海人民出版社 1983 年版。

8. 北京大学文科研究所、北京图书馆编：《太平天国史料》，开明书店 1950 年版。

9.（清）李岳瑞：《春冰室野乘》。

10.《清季洪洞董氏日记六种（二）·砚樵山房日记》。

11. 美国国务院行政文件，中国部分第 26 卷。

12.《总税务司在北京——赫德中国海关书函 1868—1907》，中国第二历史档案馆海关总税务司署档案，第一卷。

13. 中国第一历史档案馆馆藏总理各国事务衙门档案。

14. 中国第一历史档案馆馆藏军机处档案。

15. 杨坚、钟叔河编：《郭嵩焘日记》，湖南人民出版社 1981 年版。

16. 钟叔河编：《郭嵩焘：伦敦与巴黎日记》，岳麓书社 1984 年版。

17. 黄濬著：《花随人圣庵摭忆》，中华书局 2008 年版。

18.（英）魏尔特编：《中国近代海关历史文件汇编》（又名《中国海关起源、发展和活动文件》），总税务司署统计科，1940 年。

19. 陈霞飞主编：《中国海关密档：赫德、金登干函电汇编（1874—1907）》，中华书局 1995 年版。

20. 陈义杰整理：《翁同龢日记》，中华书局 1998 年版。

21. 全国政协文史资料委员会编：《文史资料存稿选编》，中国文史出版社 2002 年版。

论　著

1.（加）葛松著，中国海关史研究中心译：《李泰国与中英关系》，厦门大学出版社 1991 年版。

2.（英）魏尔特著，陈羖才等译：《赫德与中国海关》，厦门大学出版社 1993 年版。

3.（美）马士著，张汇文等译：《中华帝国对外关系史》，三联书店 1958 年版。

4. 陈诗启著：《中国近代海关史》，人民出版社 2002 年版。

5. 中国科学院近代史研究所资料编辑室编：《洋务运动》（第二册），上海人民出版社 1961 年版。

6. 罗尔纲著：《太平天国史》，中华书局 1991 年版。

7.《马克思恩格斯全集》（第 15 卷），人民出版社 1963 年版。

8. 吉伯特・威尔士、亨利・诺曼著，邓海平等译：《龙旗下的臣民——近代中国社会与礼俗》，光明日报出版社 2000 年版。

9. 李时岳、胡滨著：《从闭关到开放》，人民出版社 1988 年版。

10. 谌旭彬著：《中国 1864—1911》，浙江人民出版社 2012 年版。

11.《海关洋员与近代中外关系国际学术研讨会论文集》，2013 年 11 月，广州。

12. 李细珠著：《晚清保守思想的原型——倭仁研究》，社会科学文献出版社 2000 年版。

13. 齐如山著:《齐如山回忆录》，辽宁教育出版社 2005 年版。

14. 张功臣著:《洋人旧事——影响近代中国历史的外国人》，新华出版社 2008 年版。

15.（美）费正清、刘广京编:《剑桥中国晚清史》（上、下卷），中国社会科学出版社 2006 年版。

16. 赵长天著:《孤独的外来者——大清海关总税务司赫德》，文汇出版社 2003 年版。

17.（美）汪荣祖著:《走向世界的挫折——郭嵩焘与道咸同光时代》，岳麓书社 2000 年版。

18.（英）苏路熙著:《乐往中国》，西文善本 1931 年初版。

19. 顾廷龙、叶亚廉主编:《李鸿章全集》（三），上海人民出版社 1987 年版。

20. 相蓝欣著:《义和团战争的起源》，华东师范大学 2003 年版。

21.（日）陈舜臣著，郑民钦译:《中国的历史》（第 7 卷），福建人民出版社 2013 年版。

22. 中国台湾三军大学编:《中国历代战争史》（第 17 卷），中信出版社 2013 年版。

23. 黎仁凯等编:《义和团运动 · 华北社会 · 直隶总督》，河北大学出版社 1997 年版。

24. 王宏斌著:《赫德爵士传》，文化艺术出版社 2000 年版。

25. 中国海关学会编:《赫德与旧中国海关论文选》，中国海关出版社 2004 年版。

后记

春秋卫国有个著名的贤人伯玉，不断地反省自己，到50岁时知道了自己以前49年中的错误，因此后世用“知非”代称50岁。

仿佛不经意间，我也到了“知非”之年，回眸半世人生，似乎没发现什么错误。比照上述典故，愚钝如吾者，看来不仅离贤明遥不可及，若再不自省，离无知也相距不远了。

33年前，我迈进厦门大学的校门，看着那些嘚瑟的“外文系”“企管系”“计算机系”同学，包括我在内的班里大多数同学陷入了集体自责，怎么就选择了这样一个专业？“钱途”何在？岁月如刀，青丝染霜。回眸几十年的风风雨雨，“85历史”的小伙伴们在越来越被“吓大”的同时，也越来越有“洞见”。虽说仅有少数人从事与历史相关的职业，但我们班微信群的群聊名称是“我看还是历史好”。

确实挺好，尽管我还没有“矫情”到将历史视为信仰，可就是靠着吃历史档案这碗饭，我也平平安安衣食无忧地走过了半辈子。于是，我也不能免俗，像许多无聊文人一样，试图将自己写过的一些文字固化，美其名曰总结一下阶段性成果。

记得在我奔五之年的某个春日，我接到了大学同学、现任福建某海关关长孙建国的电话。我这位无论哪方面都很了得的同学找我，那一定是好事要来。

原来，在孙关长参与某次海关系统人员会议的间隙，时任中国海关出版社社长的王桦女士提到我曾在该社出版的《大事件：帝国海关风云》一书，说读者反响很热烈。话音刚落，孙关长便道：“这个作者就是我大学同班同学！”说完，孙关长便给我打来电话，说王社长还要到南京公干，介绍我认识一下。

2017 年 11 月，我有幸参加了中国海关出版社在京召开的“旧海关史料数字化应用研讨会”。作为嘉宾上台发言时，我由衷赞赏了该社在海关史料数字化方面的深入开发与产品创新；作为作者台下交流时，我和盘托出了我的再版构思以及新的写作计划。更大的惊喜来了，王社长不仅高度肯定了我的作品，而且提出了一个更为大胆的计划！那就是将初版的《大事件：帝国海关风云》，以及我曾在浙江大学出版社出版的《海关密档：民国海关事件掠影》一起再版！在王社长的心目中，既然我的书深受读者喜爱，那么将两本书合璧形成系列，一本晚清，一本民国，岂不圆满？

正式签订出版合同后，当时王社长或通过微信，或打来电话，多次以探讨的形式，对我的修订写作工作进行具体而微的指导。有时候一个电话甚至长达几十分钟。这在我过去与 5 家出版社打交道的经验中是从来没有过的。要知道，王社长的社务和党务工作多么繁忙啊！但平心而论，我对王社长的这种“越位”行为持欢迎态度，心悦诚服。

经过近十个月的孕育，我的又一对“孩子”即将面世。较之初版，这次再版除变更书名、润色章节标题及文字，对一些谬误进行订正外，还修正增补了不少内容，弥补了初版的缺憾。《潮起潮落：帝国海关秘辛》初版涵盖了 19 世纪 50 年代英法联军侵华，60 年代太平天国运动、洋务运动，70 年代烟台议邮、包办世博会，直到 90 年代戊戌变法、义和团运动等晚清时期的重大历史事件。可惜当时由于交稿时间紧张和档案材料阙如关系，没能叙述海关参与的 19 世纪 80 年代的任何事件。这次增加的“业余外交家”一章，可谓下了大工夫，因为赫德插手中法战争的谈判，时间跨度长，经过复杂，线索凌乱。简言之，整个谈判过程是琐碎枯燥的，怎样给读者带来良好的阅读体验，对我的文字驾驭和史料运用能力都是不小的考验。好在我也是贾起余勇，向出版社和读者交上了一份自以为尚可的“答卷”。不仅以海关缉私艇“飞虎”号事件破题，还前铺后垫出更多发生于 19 世纪 80 年代的海关事件，如参与调解中俄新疆争端、通过举办世博会宣扬海关成就、赫德拒绝驻华公使任命，等等。如此，全书内容更加充实，形成完整的逻辑链条，也尽可能地给予读者更多的历史信息。

对《潮起潮落：民国海关秘辛》一书的内容，我也作了大量关键而有益的补充。这就不能不鸣谢3位女士，没有她们的襄助，我就不可能根据新发掘的档案史料援笔成篇。第一位是李红女士，她在百忙之中替我寻觅到30年前上海档案馆出版的当事人回忆录；第二位是李宁女士，她在春节假期间提供给我的数卷英国公共文献馆外交档案，仿若迷雾中的灯塔，让我豁然开朗；第三位是杨潇同学，她提供了实质性的帮助——快速而准确地翻译了若干海关英文档。我们父女俩灯下阅档的画风看起来很美，却也难抵我心中惆怅，假如我的英语有她那个水准，或许我会成为真正的海关史专家。

还有3位先生也让我心怀感激。前两位分别是为本系列图书赐序、推荐的复旦大学历史系吴景平教授和北京大学历史系王奇生教授。第三位先生是上海海关学院的姚永超教授。在我和责任编辑探讨书名时，我们觉得百年海关从风生水起到逐渐式微，总的来说在晚清是一个起的过程、在民国是一个落的过程。故我们将此系列图书的主书名定为《潮起潮落》。未料却与剑桥大学方德万教授所著、姚教授翻译的海关史力作《潮来潮去》名称颇为相似。当我将此向姚教授说明时，大度的他慨然允之，不仅毫不介意，将拙著定位为“方德万先生的姊妹篇”，更不吝溢美之词，谬赞其为“海关通俗史的经典”，并告诉我他的许多学生爱读我的书。这对一位作者而言，实在是莫大的安慰！

确实，一本书只有得到读者的充分认可，作者的所有辛苦才没有白费。拙著《晚清海关》曾有幸忝列第四届中国读友读品节指定书单，我至今无法忘怀得知这一喜讯时雀跃的心情。要知道每年有多少种社科类图书出版，而入选的图书仅仅只有20种！不知《潮起潮落》系列图书面世后，是否会再获“最值得阅读的好书”殊荣呢？

一切都让读者来检阅吧……

杨智友

2019年3月于南京国展中央花园